Tokio, Lindenstraße

ms

MännerschwarmVerlag

P-P Hartnett

Tokio, Lindenstrasse

«I want to fuck you»

Roman

Aus dem Englischen von
Volker Oldenburg

Männerschwarm Verlag
Hamburg 2007

Titel der Originalausgabe:
I Want to Fuck You

Bibliografische Information der Deutschen Bibliothek
Die Deutsche Bibliothek verzeichnet die Publikation in der Deutschen Nationalbibliografie; detaillierte bibliografische Daten sind im Internet über http://dnb.ddb.de abrufbar.

P-P Hartnett
Tokio, Lindenstraße. Roman
Aus dem Englischen von Volker Oldenburg

Neuausgabe:

Umschlaggestaltung: Carsten Kudlik, Bremen
Druck: Interpress, Ungarn
1. Auflage 2007

ISBN-13: 978-3-939542-04-9

MännerschwarmSkript Verlag GmbH
Lange Reihe 102 – 20099 Hamburg
http://www.maennerschwarm.de

Dieses Buch ist
einem verheirateten Mann in Mayen
gewidmet.

MONTAG

月

#7B

Sie wusste, es war falsch, was sie vorhatte, aber sie wollte es trotzdem.

Matte Lichtstreifen tasteten sich durch die winzigen Spalte zweier Augen, die Schlaf vortäuschten, und trafen die Netzhaut. Eingeschränkte Sicht. Sie roch wie immer, aber ihre Augen waren dunkel und sehr lebendig.

Er spürte den Atem seiner Mutter; sie atmete unendlich langsam. Ihre dunkelroten Lippen und die kleinen Muskeln um ihren Mund sahen von unten – er lag ausgestreckt auf seinem jungen Rücken im Bett – voller und jünger aus.

«Takeo?», flüsterte sie kaum hörbar.

Der glänzend schwarze, perfekte Bob, den sie an jedem letzten Samstag im Monat mit Liebe schnitt, wurde sanft gestreichelt. Drei Mal. Jedes Mal wenn die Finger der Frau durch das fedrige Haar ihres Sohnes glitten, war es, als würde ein kleiner Pfad in den Dschungel geschlagen. Der Junge verharrte absolut reglos.

Das Gesicht der Frau senkte sich und legte sich an seins, genau wie in den Soaps aus dem Nachmittagsprogramm. Anfangs fand der Sohn die Wärme schön, dann war es zu viel. Zu nah, zu heftig.

Kuss auf ein Ohr.

Der Abend war heiß und schwül gewesen und das rhythmische Schwirren der Insekten war nur während des kurzen, heftigen Gewitters verstummt. Takeo hatte sich vor dem Fenster T-Shirt und Schlafanzughose ausgezogen. Es war ein großes Fenster, eins, das viel Himmel hineinließ. Die Blitze hatten den blassen, schlanken Körper des Jungen erstrahlen lassen. Er mochte das Wetter: Es beunruhigte und erregte ihn.

Kuss auf ein Ohr.

«Schläfst du ?», fragte sie zwei Sommersprossen und einen Leberfleck.

Sie wollte, dass seine zarte Jugend und seine Anmut sich bewahrten. Vielleicht machte ihr die Entwicklung ihres Ein und Alles sogar Angst. Der Körper des kleinen Jungen, den sie geboren hatte, würde bald mit dunklen Haaren bedeckt sein. Bald würde er nur noch Fakten, Zahlen und hübsche Mädchen im Kopf haben.

Seine Abnabelung gab ihr das Gefühl, nicht mehr so wichtig zu sein wie früher. Die Frau fürchtete sich davor, bald nicht mehr zu wissen, wo er sich rumtrieb, was er dachte und wonach er sich sehnte; irgendwann würde sie sich damit abfinden müssen, dass ein Mann aus ihm geworden war. Nicht mehr lange und er würde Geheimnisse vor ihr haben und sie anlügen. Natürlich würde er sie irgendwann verlassen. Sie fühlte sich machtlos.

Früher hatten sie ganze Tage im Schatten der Bäume verbracht und gespielt. Sie hatte ihm Kiesel aus den Zehenzwischenräumen entfernt, seine kleine warme Hand gehalten und auf die glatten, schneebedeckten Bergkuppen gezeigt.

«Was habe ich in der Hand, Mami?»

«Vier rote Blätter.»

«Woher weißt du das?»

«Mami weiß alles.»

Der Kuss, den sie ihm auf den Hals gab, kribbelte auf Takeos Haut. Ihre Lippen waren kälter als ihre Wange. Ein leichter Schock: erst trocken und dann feucht.

Mit geschlossenen Augen fühlte der Kuss sich an, als käme er von einem anderen Menschen: Noriko, Fumie oder Handa San, dem Sportlehrer, der in diesem Halbjahr neu an die Schule gekommen war. Handa San, der nur ein klein wenig älter aussah als die Jungs aus dem Abschlussjahr.

Sonnenstrahlen drangen durch das Fenster und überzogen die Haut mit warmen tanzenden Sprenkeln. Seine Körperwärme drang durch das dünne weiße Baumwolllaken, das überall an seinem Körper klebte.

Ihr Kimono war mit zarten Wildblumen bedruckt, ein bunter Garten, der ihren ganzen Körper bedeckte.

Takeo versuchte sich einzureden, dass alles nur ein Traum war. Sein Herz schlug so wild, dass es in den Ohren pochte.

Als er hörte, wie der Kimono sich leicht öffnete, riskierte Takeo durch schmale Pantheraugen einen raschen Blick.

Der Sohn drehte sich langsam auf die Seite, nur so weit, bis er seiner Mutter den Rücken zukehrte. Ihre dünnen, kalten Finger begannen leicht über seine Schulterblätter zu streichen. Takeo konnte die ungeheure Müdigkeit nicht sehen, die ihr Gesicht überzog, eine Müdigkeit, die aus Dankbarkeit, Melancholie und tiefer Enttäuschung bestand.

Das Laken, mit dem er sich diskret zugedeckt hatte, war im Schlaf verrutscht und entblößte seinen langen, mageren, blassen (vollkommen passiven) Körper. Aus ihrer Perspektive wäre ihr Sohn für ein großes, mageres Mädchen durchgegangen. Er trug keine Unterhose und sie sah seinen blanken Hintern vor sich. Diese Pobacken hatte sie vor zwölf, fast dreizehn Jahren mit exakter Regelmäßigkeit geküsst und gepudert. Bald schon würde in der Mitte ein Büschel langer feiner Haare wachsen, das sich schließlich verdichten und ausbreiten würde. Ihre eigenen Pobacken waren schlaff und voller Schwangerschaftsstreifen.

Takeo hatte gelernt, dass die Welt von vielen, vielen unausgesprochenen Regeln bestimmt wurde ... besonders was Berührungen betraf. Wer durfte wen wann wo warum wie und womit berühren? Ärzten, Lehrern und Eltern musste man vertrauen.

Als sie sich wieder abwärts bewegte, um seine Taille zu küssen, beschloss Takeos Mutter den Blick abzuwenden. Der Kuss schmeckte nach Abschied.

«Du bist der Allerbeste», flüsterte die Mutter langsam und ganz, ganz leise.

Klein und vollkommen, ein winziges Vogeljunges. Zarte Knochen zeichneten sich als sauberes Filigranmuster unter der Haut ab. Am meisten hatte die Mutter ihn geliebt, als er fünf gewesen war und seine Füße in der Luft baumelten, wenn er auf einem Stuhl, Hocker oder Sofa saß.

Die Frau sog den Geruch ihres Sohnes ein, den sein Genick, sein Haar, die Kuhle unter den Schulterblättern und die Falte in den Armbeugen absonderten. Er strömte in sie hinein wie eine sanfte Brise. Er roch so herrlich und warm, dass sie weinen musste. Sie konnte es nur durch tiefes Ein- und Ausatmen unterdrücken.

Er glaubte, sie würde gehen – jeden Moment –, mit all dem aufhören und Frühstück machen. Ihre Tage bestanden aus einer immer gleichen Abfolge von Verrichtungen, fast Ritualen. Geh schon und raschel mit der Cornflakespackung, dachte Takeo. Mach mir meine Brote.

Als sie neben ihren Sohn glitt, merkte er, wie seine Körpertemperatur erst sank und dann steil anstieg. Das Kind bemühte sich so zu atmen, als schliefe es.

Die Frau mochte Muttergefühle verspürt haben, doch ihre Finger fühlten die langen, feinen, schwarzen Ponysträhnen ihres Sohns.

Als sie sich an ihn kuschelte, klemmte sich Takeo seinen kindlichen Ständer zwischen die Beine – jetzt hätte er ein Mädchen sein können.

Hinter dem Wecker des Jungen kletterte ein riesenhafter Kakerlak mit glänzendem Panzer hervor, der mit tastenden Fühlern das Zimmer nach etwas Essbarem absuchte, was im Fall eines Kakerlaks alles sein kann, angefangen von Fernsehkabeln bis hin zu Kaffeepulver, verschwitzten Socken und Bananenschalen. Ein unberechenbarer blitzschneller Läufer, begierig so schnell wie möglich seinen Magen zu füllen.

Mit gesenkter Stimme – es war kein Flüstern mehr – sprach Mutter/Mami/Mama die drei Silben aus, die den Namen ihres Sohns bildeten.

«Ta-ke-o.»

Zwei Körper, die zusammen ein Bett wärmten. Ihrer dunkelmilchkaffeebraun, seiner weizengold. Ihr Atem ging gleichmäßig.

Angst flatterte im Bauch des Jungen wie die großen schwarzen Schmetterlinge, die in dichten Schwärmen über Gräbern fliegen.

Der Schuljungenwecker würde erst in einer halben Stunde piepen. Kein Hundegekläffe, keine Krankenwagensirene waren zu hören, kein letzter Moskito summte im Ohr. Keine Ausrede, um plötzlich aufzuwachen. Sein Vater, der seit sieben Jahren fort war, kehrte nicht von den Toten zurück, um die Hand seiner Frau wegzunehmen, die erst über und dann zwischen die festen, mageren Beine ihres Sohns glitt.

Atskos faule Zähne, dachte er verzweifelt, damit er bloß nicht wieder steif wurde, wie meistens beim Sportunterricht, wenn er in der ersten Reihe der (fast schon) pubertierenden Jungs stand – die Augen geradeaus gerichtet, nur einen Meter von seinem Lieblingslehrer, seinem Lieblingsmann entfernt: Handa San.

Takeos Mutter, die spürte, wie ihr Besitz ihr langsam entglitt, sagte die Koseworte, die sie früher ihrem kleinen Bruder ins Ohr geflüstert hatte: «Süße kleine Gräte.»

Durch den Schleier seiner Wimpern sah Takeo verschwommen den riesigen Kakerlak, der neben ihm auf dem Kopfkissen saß. Er schaffte es nicht, so tief und entspannt wie ein Schlafender zu atmen, und hielt die Luft an. Er erstarrte. Warme Lippen, die früher Tränen weggeküsst hatten, strichen über seine nackten Füße, die zwei Blumen waren, und schmeckten salzige Zehen.

Sie hätte abtreiben können, so wie ihr Mann es gewollt hatte, aber sie hatte ihn still in sich wachsen lassen und von ihrem Blut genährt. Sie war so glücklich gewesen, so stolz. Dann hatte er sich gewaltsam den Weg nach draußen gebahnt. Sein Kopf hatte ihre Vagina bis zum Aufreißen gedehnt und dann hatte er den ersten Atemzug in ihrer Welt getan.

Als seine Mutter endlich in die Küche ging und er das vertraute Knochenknacken in ihrem linken Fuß hörte, atmete der einzige Sohn einer fantasielosen Ehe so heftig aus, dass der Kakerlak durchs Zimmer wirbelte.

#8A

Shigeru trug das einzige Kleidungsstück, das er besaß, eine weiße, nagelneue Levi's 501. Sie war zu neu und noch ganz steif.

«Wenn du erst mal auf die Todai gehst», hatte sein Vater so oft gesagt, «wird alles gut.»

Shigeru stand wie so oft am Fenster; in seinem Gesicht lag etwas Starres und zugleich Gelöstes. Ein Ausdruck zwischen Lächeln und Trauer. Er verspürte Erleichterung, während er die Aussicht betrachtete, die er so gut kannte, mit der er aufgewachsen, in die er hineingewachsen war.

Er stand da und tat im Zeitlupentempo nichts. Dann gähnte er.

Haut, die spürte, dass sie nur noch kurze Zeit am Leben sein würde, löste sich in Luft auf. Sein Atem hatte um seinen Kopf herum einen grauen Nebelring gebildet. Als er es bemerkte, schrieb er rückwärts seinen Namen hinein und wischte ihn dann mit der empfindlichsten Stelle seines linken Handgelenks aus.

«Alles wird gut.»

Gestern war der letzte Septembertag gewesen. Gestern waren seine Eltern im Morgengrauen nach Kagawa aufgebrochen. Sie brachen immer früh auf, wenn sie verreisten, damit sie möglichst viel vom Tag hatten.

Nach Kagawa, wieder nach Tsuda. Sie hatten sich im Kuatarso-Sanuki-Tsuda-Wellnesszentrum angemeldet, ein armseliger Versuch, *genki* zu werden. Wahrscheinlich konnten sie den fünfzehnminütigen Fußweg vom Bahnhof in Tsuda zum Kiefernwald mit geschlossenen Augen zurücklegen, dachte Shigeru. Sogar mit verbundenen Augen. Wieder würden sie am Strand des Seto-Meers spazieren gehen und sich gegenseitig mit der Polaroidkamera fotografieren, wie sie es seit 1972 in jedem Oktober taten. Immer derselbe Fleck, vor den riesenhaften frei liegenden Baumwurzeln, auf denen seine Mutter gesessen hatte, als ihre Blicke sich zum ersten Mal begegneten.

Wieder würden sie sich die vierte Sonntagsaufführung des Toramaruza-Puppentheaters in Ohchio-cho ansehen. Sie würden in ihren Taschen und in den grauen Haaren weißen Sand mit nach Hause bringen. Der Sand würde im Ausguss zurückbleiben, nachdem sie die getragene Kleidung einer vorsichtigen Handwäsche unterzogen hatten. Er würde zu sehen sein, wenn sie ihr erstes langes heißes Bad nahmen. Wenn alles gut ging, würden sie Sonntag am späten Nachmittag zurück sein mit denselben alten Urlaubsgeschichten und denselben Grüßen von Herrn oder Frau Sowieso.

Ein Gefühl von Freiheit, das ihn jedes Mal überkam, wenn seine Eltern verreist waren, durchströmte ihn. Dieses Gefühl war kostbar. Bei ihrer letzten Reise im April, als sie an einem Mittwochmorgen um fünf aufgebrochen waren, hatte er ihnen von diesem Fenster aus zugewinkt, während überflüssiges Gepäck im Taxi verstaut wurde. Anschließend hatte er zweiundsechzig Stunden lang bis Freitagabend um zehn am Fenster gesessen und durch die klare Glasscheibe hinaus in die Stille und auf die winzigen, zielgerichteten Bewegungen der Menschen und Maschinen gestarrt, als wäre alles ein Film.

Es hatte ihm immer Spaß gemacht, stundenlang am selben Fleck zu sitzen. Früher hatten Bahnhöfe ihn fasziniert: Menschen beobachten, träumen. Die Frau, die unbedingt den nächsten Zug nach Maibara erreichen wollte, der ausländische Student, der mit dem Fahrplan kämpfte, der Mann, der auf eine Geliebte, einen Freund, seine Mutter oder seinen Bruder wartete. Oder jemanden, den er noch nicht kannte – Chiffre 8583 aus dem *Barazoku* vielleicht.

Ein Regenschauer um acht reinigte für eine Weile die Luft – dann setzte ein schwacher Wind ein. Die Sonne stand träge hinter Nebelschichten und hauchzarten Wolken. Der Himmel war fast vollständig von einer schmutzig weißen Decke überzogen.

Zwischen roten Dächern, blauen Dächern, ausgestelltem Neonlicht und orangefarbenen Fernsehantennen gab es siebenhundertfünfzig Variationen von Grau. Was er sah, war nicht alt, aber es wirkte so. Fast alles war in den letzten zwei Generationen entstanden. Wenn die Sonne schien oder unterging, sah es gar nicht so schlimm aus, aber wenn der Himmel mit dichten Wolken verhangen war, war es furchtbar. Die vielen Grautöne zogen in seine Seele ein, die vom unsicheren Dasein der schnell hochgezogenen Häuser durchdrungen war, die ebenso schnell wieder abgerissen werden konnten.

«Die Architekten und Ingenieure haben lange Zeit mit der Natur Katz und Maus gespielt», war eine Standardbemerkung, die der Vater des jungen Manns mit unangenehmer Regelmäßigkeit von sich gab. Shigeru empfand die Bedrohung durch ein Erbeben als sehr real. 1923, 1946, 1994; das große Hanshin-Awaji-Beben von 1995. Hauptinseln, Nebeninseln – bedroht von der Natur. Als Kind hatte Shigeru sich vorgestellt, er würde bei einem Erdbeben umkommen und seinen letzten, erstickten Atemzug unter einem Schutthaufen tun. Nun würde es anders kommen.

«Was hast du von Satelliten im Weltraum, wenn dir eine Gasexplosion beim Nachbarn den Kopf abreißt?» Standardfragen, die Shigerus Mutter sich/ihrem Spiegelbild/Mann und Sohn stellte. Dieselben alten Fragen, dasselbe alte Kopfschütteln, dieselben immer gleichen beschissenen Geschichten. Shigerus Kopfkissen hatte mehr nasse Tränen in sich aufgenommen als die der meisten anderen Neunzehnjährigen.

Der Duft des Kaffees, der erst vor einer Stunde gebrüht worden war, verflog bereits. Seit sie fort waren, hatte Shigeru pausenlos gearbeitet. Die Liste mit Erledigungen, die der junge Mann im Kopf hatte, wies viele Posten auf.

Nur wenige Minuten nachdem die Eltern sich zu ihrem einwöchigen Traumurlaub aufgemacht hatten, waren die Wände seines Zimmers, die voll mit Bücherregalen standen, frei geräumt. Die einst so kostbaren Bücher waren unsanft mit Nylonschnur zusammengebunden worden und in den Müll gewandert; auf Nimmerwiedersehen. Es kam ihm vor, als wären die Übungsbücher, die voll mit alten, alten, alten Prüfungsfragen steckten, von unfähigen Gelehrten für ein triviales Quiz zusammengestellt worden.

Während er seinen Schreibtisch fein säuberlich erst in zwei, dann in vier, acht und schließlich in sechzehn Teile zersägte, trat ein Lächeln in sein Gesicht, aber kein Schweiß auf seine Stirn. Der

Schreibtisch war ein Luxusmodell gewesen mit eingebauter Stoppuhr für selbst auferlegte Geschwindigkeitstests, eingebautem Taschenrechner und Leuchten mit Dimmer. Ein Sonderangebot, das seine Eltern einst für eine lohnende Investition gehalten hatten. Wie trostlos.

Er wollte alles sauber hinterlassen, ordentlich. Ordnung machen hieß alle persönlichen Gegenstände, die sich in der Wohnung befanden, in den Müll zu werfen, damit es aussah, als habe es ihn nie gegeben. Die Gänge zu den Müllcontainern waren seit Jahren genauestens geplant. Die Nabelschnur, selbst gemalte Bilder aus der Grundschule, die scheußlichen Töpferversuche, Schulzeugnisse, Videokassetten, die CD-Sammlung, Kleidung – alles kam in den Müll. Die Postkarten an der Küchenwand, seine Fotos aus dem Familienalbum (nackt mit drei, freier Oberkörper mit zehn), die gut versteckten Pornohefte, die Disketten und Kakteen – alles weg. Das Fernglas, der Computer – ab in den Müll. Gut, dass der Hund letztes Jahr eingeschläfert werden musste. Zum Glück hatten die letzten Shubunkin sich während des Stromausfalls im Sommer eingerollt und waren an die Oberfläche getrieben.

Ordnung machen hieß die Vorhänge, die in dem Raum hingen, der früher *sein Zimmer* gewesen war, in der Maschine zu waschen. Er wusste, dass die bei neunzig Grad gewaschenen Bettlaken, die er akkurat gefaltet hatte, wieder benutzt werden würden. Seine Eltern konnten Verschwendung nicht ausstehen.

Ordnung machen hieß das Tatami mit drei Doppelseiten der *Mainichi Shimbum* abzudecken, damit es beim Streichen der vier dünnen Zimmerwände nicht schmutzig wurde. Die letzte Renovierung lag drei Jahre zurück.

Das *Kite White* verstrich sich wunderbar dickflüssig. Das Lackieren der Türen, Regale und Fußleisten war eine langweilige, ermüdende Arbeit. Er schaffte es nur, weil er es mit Humor nahm. Die Wohnung sollte keinerlei Spuren seiner Existenz aufweisen, mit Ausnahme der Leiche.

Er trank am Fenster ein Glas Leitungswasser und ließ den Blick zum Hochhaus gegenüber schweifen. Er kannte jedes Fenster in- und auswendig. Bei manchen waren die Vorhänge halb zugezogen, bei anderen die Rollos immer unten. Viele hatten Jalousien, die stets im selben Winkel eingestellt waren.

Grau, Eisenbeton.

Eines Tages würden die Abbrucharbeiter mit Kränen, Bohrern und Hämmern anrücken, die Wände zwischen den Wohnungen durchschlagen, die Außenwände zertrümmern, Eisenbeschläge herausreißen und die Rohmaterialien zu mehreren Haufen aufschichten, die dann als Schrott verkauft, recycelt oder auf der Mülldeponie landen würden. Planierraupen würden den Bauplatz einebnen und dann würden Männer mit Besen kommen. Hausfrauen würden den Staub von ihren Fenstersimsen wischen und nichts bliebe davon übrig. Shigeru freute sich, dass er diesen Tag nicht mehr erleben musste. Er machte sich mehr Sorgen darüber, dass jemand sehen könnte, wie eine nagelneue Levi's aus dem achten Stock geworfen wurde, als darüber, dass er nackt am Fenster stand.

Unten sah er, wie der Junge aus #7B zur Schule ging, dieselbe nahe gelegene Schule, die er einst besucht hatte. Er trug die gleiche pechschwarze Uniform mit fünf Knöpfen, die jeder japanische Schüler tragen musste, ob es ihm passte oder nicht. Der militärische Touch erinnerte noch an die Dreißiger. Shigeru wartete, bis der Junge um die nächste Ecke verschwunden war, bevor er seine Jeans in hohem Bogen aus dem Fenster schleuderte.

Die sechseckigen, ockergelb glasierten Kacheln, die Wände und Fußboden des Badezimmers verkleideten, strahlten. Alles war blitzblank. Der Raum war picobello bis auf den Duschvorhang, der hier und da Flecken aufwies. Hellblaue fliegende Möwen – die Wahl seiner Mutter – sausten zur Seite. Alles perfekt, bis auf den tropfenden Duschkopf. Shigeru nahm beide Hände und benetzte sein Gesicht mit kaltem Wasser. Tropfen spritzten auf seine Brust. Er brauchte das Wasser; er wollte nass werden, alles abwaschen, rein werden. Mehr Wasser, noch mehr. Es spritzte ihm in Haare und Ohren. Er sorgte sich nicht um den Fußboden, nicht mehr. In der Leere des gekachelten Raums hallte jedes Geräusch nach wie in einem Hallenschwimmbad.

Ordnung machen hieß auch, sich von Kopf bis Fuß mit *Immac* Zitronenduft einzureiben und zehn Minuten stillzuhalten.

Er befolgte gehorsam die Gebrauchsanleitung, stellte sich unter die Dusche und spülte die Creme gründlich ab. Ein Knäuel schwarzer Materie wurde aus dem Ausguss genommen und im Klo runtergespült.

Die Enthaarung war erfolgreich verlaufen, nur an einzelnen Stellen musste rasch mit einem *Bic* nachrasiert werden. Dazu gehörten die Augenbrauen, ein spontan durchgeführter letzter Schliff. Schockierend, dachte er, begeistert über sein Spiegelbild.

Tief unter den Nägeln des rechten Zeige- und Mittelfingers saß Lackfarbe. Sorgfältiges Nägelschneiden beseitigte diesen Makel fast, aber nicht ganz. Er war schon zu erschöpft, um sich daran zu stören, und ließ es gut sein.

Der Einlauf war natürlich besonders wichtig. Shigeru hatte am Vortag nichts gegessen, denn er wollte vermeiden, dass sein Selbstmord mit schwimmender Scheiße in Verbindung gebracht wurde, ein Problem, das viele Starlets aus Hollywoods Glanzzeit nicht bedacht hatten.

Er entfernte den Duschkopf und führte sich den Schlauch bis zur üblichen angenehmen Länge ein. Die Mühe lohnte sich. Ein paar kleine Würste platschten im Pingpongrhythmus in die Toilettenschüssel.

«Warum hat er das getan?», fragte Shigeru sein Spiegelbild, während er sich mit der Hand über den kahlen Schädel strich. «Keine Ahnung», antwortete er zwei Oktaven tiefer als normal und stemmte dabei die Hände in die Hüften.

Er sah zu, wie die Wanne voll lief, und goss eine ganze Flasche Haarshampoo in den Wasserstrahl. Auf dem Wasser bildete sich cremiger Schaum. Schaumberge, Minzeduft. Seine Lider standen still. Sein Blick nahm die sich kräuselnde Wasseroberfläche kaum wahr. Er wusste, es war unschön, was er vorhatte.

«Badezeit», sagte er tonlos zu seinem Spiegelbild, das unter dem beschlagenen Glas nur noch als verschwommener Umriss zu erkennen war.

Shigeru musste ein bisschen lächeln, als er mit der Hand über den Spiegel wischte. Die Bewegung ähnelte einem großen, verzweifelten Abschiedswinken.

«Sayonara», sagte er mit einem Augenzwinkern, «Gott sei Dank, den sind wir los», eine weitere Standardfloskel, die so oft in dieser Wohnung zu hören war, meistens wenn die Müllmänner ihr Werk verrichteten. Dann machte er das Licht aus, weil er nicht wollte, dass man ihn im flackernden, grellen Neonlicht fand.

Als er vor dem Spiegel eine Kerze anzündete, kamen Shigeru plötzlich die Tränen. Der einzige Trost, den die vergangenen Monate für ihn bereitgehalten hatten, war die kluge Vorbereitung dieser letzten Tage. Das große Finale war gekommen und es überraschte ihn, dass er nichts fühlte als sanfte Entschlossenheit.

Als er sich vorbeugte, um mit dem Ellbogen die Wassertemperatur zu prüfen, traten unter der glatten, sauberen, leicht gebräunten Haut die Muskeln hervor. Ein Muskelspiel wie ein kleines Feuerwerk. Diese Muskulatur war so natürlich gewachsen wie eine Blume und nicht durch Pumpen an Nautilusgeräten und den Verzehr von Wachstumsdrinks künstlich aufgebaut worden.

Nur Kopf, Knie und Schultern guckten aus dem Wasser heraus, wie abgeschnitten und ausgestellt. Das Wasser war ein bisschen zu heiß: perfekt. Kein Gin, kein Sake, keine Flasche Suntory Bier. Shigeru hatte seit sechs Monaten keinen Alkohol getrunken. Alkoholismus würde nicht als Ausrede herhalten, wenn die Nachbarn anfingen seinen Eltern Fragen zu stellen.

Der erste Schnitt wurde zaghaft und vertikal entlang der Ader ausgeführt. Aus Angst, einen Fehler zu machen, drückte er die Klinge langsam durch die Haut, als könnte sie durch zu viel Druck abbrechen.

Der Schnitt war so lang wie der Schwanz eines durchschnittlichen Pornostars. Es geschah lautlos. Er hatte mit einem gedämpften Zischen gerechnet.

Während er das Messer zum zweiten Mal in einer perfekt geraden (und tiefen) Linie fest von der hellsten Stelle seines Handgelenks hinaufzog, kreisten seine Gedanken um den Stöpsel, der später gezogen werden würde. Die Haut schob sich zurück, riss sofort auf und Blut der Blutgruppe A schoss heraus und färbte das Wasser in tropischem Rosa. Er kniff vor Schmerz die Augen zusammen.

Er wiederholte den Vorgang noch ein letztes Mal, nur um ganz sicherzugehen. Mit Bedauern warf er einen Blick auf die Tube *Immac* und den Fertigrasierer; er hatte vergessen sie sauber zu entsorgen. Das Messer hatte er nicht vergessen. Er verlagerte das Gewicht auf die linke Pobacke, schob es sich mit dem schwarzen Plastikgriff voran in den Arsch und vergrub es hinter dem zweiten Schließmuskel.

Die großen geschickten Hände wurden unter die Füße geschoben, die Augen starrten blindlings auf eine winzige feuchte Stelle, die sich neben der Lüftung direkt über ihm zu bilden begann.

Sein Blick wanderte zu den Handtuchhaltern aus Acryl mit den fein säuberlich gefalteten hellblauen Baumwollhandtüchern. Ein Gemüsemesser erschien ihm als sehr banales Werkzeug seinem Leben ein Ende zu setzen. Er hätte lieber ein gesegnetes Schwert gehabt, etwas Dekoratives – eine Einlegearbeit mit Achat und Jade vielleicht –, obwohl ein solcher Gegenstand sich nur sehr schwer in den Tiefen eines normalen Rektums entsorgen lässt.

Er überlegte, zu welchem opaleszierenden Gelbton seine Haut wohl verblassen würde, wie dunkel sich das Wasser färben und wie lange es dauern würde, bis ein übler Gestank sich bemerkbar machen und den Portier dazu veranlassen würde, den Notschlüssel zu benutzen.

Einer Sache war Shigeru sich sicher: Der Mensch, der den Stöpsel ziehen und Zentimeter für Zentimeter seine sterblichen Überreste freilegen würde, würde nicht wie ein kopfloses Huhn vorgehen, sondern mit kalter, professioneller Distanz – bedacht sich nicht die Finger nass zu machen.

Die Toten können so würdelos sein, wenn sie schlaff und mit offenem Mund zur Seite sinken, wie es die Schwerkraft den Gelenken aufzwingt. Shigeru wusste das und wünschte sich, er könnte in einer Haltung erstarren, die einen ordentlichen Anblick bot. Er wollte kein unschöner Haufen sein, wenn er gefunden wurde.

Er reckte den Hals, legte den Kopf in den Nacken und stabilisierte so das Gleichgewicht. Dabei verlängerte sich auf schöne Weise der Brustkorb, während der Seifenschaum lieblich seine Taille umspielte.

Sein Körper, den er als wunderbar und reich empfand, war ihm immer sehr kostbar gewesen. Er spürte, wie sich das nährende Blut aus ihm herauspumpte und seine Kraft sanft davonfloss. Nicht zum ersten Mal an diesem Tag fragte sich der Junge, ob seine Mutter das Gemüsemesser zurückerhalten und ob sie es, was typisch für sie wäre, weiterhin benutzen würde. Nichts verschwenden, nichts vom Leben wollen.

Das Blut des Neunzehnjährigen bildete im Wasser Kringel, ein Bild, das an Werbeclips für rechtsdrehenden Joghurt erinnerte. Die Schaumblasen platzten eine nach der anderen ... manchmal auch mehrere auf einmal. Ihm gefiel, dass es unterschiedlich schnell und laut geschah. Mit geschlossenen Augen klang es wie Musik. Hinter den Augenlidern lag eine ganze Galaxie roter Sterne. Er fühlte sich großartig. Einfach gut. Vielleicht so wie ein Insekt, das aus seiner Puppenhülle schlüpft, oder eine Schlange, die sich häutet. Früher hatte er für dieselbe Erfahrung Drogen genommen.

«Ein Hauch von altmodischem Schmerz», sagte ein Jugendlicher am Ende der Teenagerzeit zu sich selbt.

Nicht Schweiß, sondern Tränen rannen über seine Wangen – so glücklich war er. Er wischte sie mit der guten rechten Hand fort und legte sie dann zum Gewichtsausgleich auf den Wannenrand. Zeige- und Mittelfinger klopften einen stupiden, hämmernden Beat, zu dem er sich verzerrte Gitarrenklänge vorstellte.

«Ach, ausgezeichnet», sagte er mit schwächer werdender Stimme zu einem funkelnden Lichtreflex im Spiegel.

Für einen flüchtigen Moment dachte Shigeru, dass er, wenn man ihn fand, womöglich einem abgetriebenen Fötus ähneln würde. Ein schmutziges Riesenbaby. Er, der zwei Brüdern gefolgt war, die es nie über den Gebärmutterhals hinaus geschafft hatten. Er, das einzige Kind einer reglementierten Ehe.

Seine Züge nahmen langsam denselben Ausdruck an wie zu Anfang des Jahres, als er eine schwere Grippe gehabt hatte. Er spürte, wie er aus der einen Welt verschwand ohne in eine andere Welt überzugehen. Er verschwand ins Schwarze. Tröstendes, einladendes Schwarz.

Kurz bevor er bewusstlos wurde, hörte er ein Summen und erblickte – mit Mühe – eine kleine, borstige Schmeißfliege, die neben dem Lichtschalter saß.

Vollkommen, dachte er.

Es gelang ihm noch, für die Fliege ein letztes Wort zu artikulieren, das jedoch lautlos blieb. Shigerus letztes Wort war *bald*. Gedacht, ausgesprochen, aber ungehört.

Der Duschkopf tropfte.

Schon nach kurzer Zeit war das Badewasser so kalt wie ein verlassenes Ei in einem Vogelnest.

Die Facettenaugen der Fliege, ein Meisterwerk der Mikroelektronik, überwachten mit süßer Erregung, wie die Kräfte des sterbenden, verlöschenden Menschen schwanden. Jeder winzige Atemzug wurde bis zu einhundertmal registriert, bis sich eine Sekunde später alle Bewegung einstellte.

Es gab so viele ruhige, fruchtbare Stellen, an denen sie ihre Eier ablegen konnte. Die Maden, dachte die Fliege, werden schön und zahlreich sein.

Das kluge kleine Geschöpf war sich allzu bewusst, dass es sich in Gesellschaft von neun Ameisen, drei Spinnen, zwei Tausendfüßlern und einem sehr hungrigen Kakerlak befand.

Das Rennen war eröffnet.

SCHULE

«Ziehen! Ganz lang machen. Zehenspitzen. Vor. Halten. Zurück. Weiteratmen. Hoch. Oberkörper lang ziehen, nicht nach vorn kippen. Na los, Sasabe. Ziehen! Kobayashi, nicht so schnell. Zehenspitzen. Arme senken und eeent-spannen. Das war nichts, Leute!»

Handa San klang wie ein (netter) Oberfeldwebel. Seine Stimme hallte von den Betonwänden wider und kam aus allen Richtungen wie im Dolby-Surround-Sound. Sechsunddreißig Jungs, alle ungefähr gleich groß und alle ziemlich allein, standen in schnurgeraden Reihen auf den weißen Linien des Sportplatzes und stellten ihre unbeholfenen Versuche ein.

Sechsunddreißig Augenpaare richteten sich nach vorn. Diejenigen, die noch vor fünfzehn Minuten in der Englischstunde den Eindruck erweckt hatten, als würden sie tief und fest schlafen, waren in dem Moment aufgewacht, als sie ihre Jacke, das weiße Hemd, Unterhemd und dann Schuhe, Hose und Socken ausgezogen hatten. Jedes Gesicht zeigte den Ausdruck unermüdlichen, aufmerksamen Zuhörens.

«Seht mir zu.»

Ruhig und flüssig wiederholte Handa San in wunderschöner Zeitlupe die vorgeschriebene Übung. Wie stark er war, und so straff. Er war der Held auf dem Sportplatz. Alle sechsunddreißig Jungen sahen zu, wie die Muskeln elegant die Luft durchschnitten.

Es war eine Dehnübung – eine einfache Dehnübung. Sie hatten sie seit der Kindheit zigtausendmal ausgeführt und dabei oft NHK geguckt. Handa San bemühte sich seinen Schülern die bekannte Übung neu ins Bewusstsein zu bringen. Der Körper, der meisterhaft Judo, Kendo, Karate, Kyudo und Aikido beherrschte, tat das allein für seine sechsunddreißig Jungs.

«An dieser Stelle nicht nachfedern. Und hier ... gebt so viel Druck, wie es gerade noch angenehm für euch ist.»

Anders als sein eigener Sportlehrer, den er bis vor einigen Jahren gehabt hatte und der die Meinung vertrat, eine Übung sei nur dann erfolgreich, wenn die Schüler dabei fast zusammenbrechen, wollte Handa San niemandem wehtun: Es war nicht sein Ziel, anderen Schmerz zuzufügen. Ihm ging es darum, dass seine Schüler kräftige Körper herausbildeten.

«Denkt dran ... *immer sachte.*»

Der Lehrer profitierte noch vom Reiz des Neuen. Er war erst nach Beginn des neuen Schuljahrs im April gekommen. Seine neuen Lehrmethoden und Ansätze sorgten für frischen Wind.

Viskosität war das erste Wort, das Handa den Schülern in allen Klassen beigebracht hatte; er hatte es ausgesprochen wie ein kompliziertes Wort aus einer fremden Sprache. Nur wenige Jungs hatten gewusst, was damit gemeint war. Er hatte die Bedeutung anhand eines Experiments vorgeführt, dem die Jungs, die sich um ihn drängten, mit Interesse/Begeisterung gefolgt waren.

Er hatte zwei Büchsen mit Sirup geöffnet und einen der Jungs gebeten mit einem Löffel umzurühren. Eine Büchse hatte in der Sonne gestanden, die andere kam aus dem Kühlschrank im Lehrerzimmer.

«Nun?», hatte er in allen Klassen gefragt.

Der kalte Sirup bot dem Löffel beträchtlichen Widerstand. Der warme Sirup war flüssiger und ließ sich leichter rühren.

«Der warme Sirup ist beweglicher», hatte Handa San gesagt. «Genauso sind die Muskeln in einem aufgewärmten Körper leistungsfähiger. Sie ziehen sich schneller und leichter zusammen als kalte und steife Muskeln.» Wie zu erwarten hatte es hier und da Gekicher gegeben. Das gab es bei *steif* immer.

Er hatte seinen Schülern ballistische Dehnübungen, statische Dehnübungen und Übungen gezeigt, die auf propriozeptiver neuromuskulärer Förderung (PNF) basierten. Gemeinsam hatten sie sich die drei Newton'schen Bewegungsgesetze angesehen. Das war etwas anderes als bloße Stepp-ups.

Vom Unterricht im Freien war Handa Sans Haut fast so braun wie Vollmilchschokolade. Seine Schultern schienen breiter geworden zu sein, seit er dem Lehrerkollegium beigetreten war. Er hatte auch ein bisschen zugenommen, sich aber die Form und die elegante Geschmeidigkeit des Turners bewahrt. Die Mehrheit der Mütter war sich einig, dass der neue Lehrer ein attraktiver Kerl war.

«Verstanden?»

Handa San kratzte mit dem Daumennagel flüchtig das winzige Geflecht aus Brusthaaren, das aus seinem Halsausschnitt guckte, und ließ die Trillerpfeife rasseln. Takeos Neugier für den Körper des Manns war entfacht. Ein zarter Luftstrom trug seinen Geruch in die Nase des Jungen.

«Gut, lasst es uns noch einmal versuchen.»

Einige der Jungs warteten so gebannt auf den Startbefehl, dass sie zitterten. Jeder Muskel, jede Sehne war angespannt. Lauter süße Kostproben, wie die kleinen Einwegmarmeladen, die es in Hotels gibt.

«Ziehen, Hosokawa. Ziehen! Zehenspitzen. Arme senken und eeent-spannen. Mmh, besser.»

Nach dem ersten Monat an der Schule waren die pechschwarzen Locken exakt zu einer militärischen 12-Millimeter-Bürste gestutzt worden. Mit der neuen Frisur hatte Handa San sich eingestanden, dass er für einen zwölf-/fast dreizehnjährigen Jungen mit Namen Takeo eine nüchterne Zuneigung empfand.

Auf den ersten Blick gab es nichts, was den Jungen von den anderen abhob. Er zeigte gute Leistungen, wenn er aufgefordert wurde laut vorzulesen oder mit einer Rechenaufgabe/Definition/Übersetzung konfrontiert wurde. Angeblich machte er immer ordentlich seine Hausaufgaben.

Auf den zweiten Blick: ein dünner, ernsthafter Junge mit feinem Körperbau und von tierhafter Unschuld und mönchischer Reinheit. Für sein Alter konnte er sich bemerkenswert gut ausdrücken und hatte ein sicheres Auftreten. Er war kein Junge, den man schön, hübsch oder niedlich nennen würde. Takeo war – ganz einfach – das magere Abbild der Vollkommenheit. Es hatte den Anschein, als würde er jedes Mal lächeln, wenn er in Handa Sans Richtung guckte.

Als Lehrer, besonders als Sportlehrer war Handa San unmittelbar von vielen Hundert Jungs unterschiedlichster Gestalt und Größe umgeben; viele davon waren von Kopf bis Fuß mit Akne übersät. Pummelige Kinder, die plötzlich zu aufsässigen Jugendlichen mit ebenmäßigen Gliedern aufschossen. Er bekam aus nächster Nähe mit, wie die Hormone so manchen süßen Sopran kaputtmachten und durch ein schmerzhaftes Kieksen ersetzten.

Es war seine Aufgabe, zwölf- bis sechzehnjährige Schüler in Form zu bringen. Von halb neun bis sechs außer samstags; wenn der große Zeiger zwischen 12 und 1 stand und der kleine Zeiger auf die 6 hinunterschwang, kam alles zum Stillstand.

Unter der Woche machten sich die meisten seiner Kollegen um drei schleunigst davon. Nicht so Handa San. Der Turnerclub beanspruchte ihn bis fünf, sechs Abende die Woche. Für viele Schüler war das Clubleben nach drei der angenehmste und motivierendste Teil des Tages – ein krasser Gegensatz zu der Monotonie, die im Schulunterricht herrschte.

Handa San war nicht der einzige Lehrer an der Schule, der sich auf keinen Fall als pädophil oder ephebophil sehen wollte. Er hoffte, dass das erregte Zittern, das ihn in Takeos Gegenwart überfiel, nur eine vorübergehende Phase war. Er tröstete sich damit, dass er den Jungen schließlich weder ficken noch vor sich auf die Knie drücken oder sonst was mit ihm machen wollte. Er mochte seine Schüler und war ernsthaft an ihren unterschiedlichen Charaktereigenschaften und Zielen interessiert. Bis jetzt hatte er nie einen von ihnen in den Arm nehmen wollen.

Takeo war nur einer unter vielen und doch kam Handa San nicht mehr los von ihm, seitdem er ihm zum ersten Mal aufgefallen war. Die Art und Weise, wie der Junge seine Haare jeden Tag in eine andere Richtung kämmte, faszinierte und erregte ihn. (Heute war Takeos Haar in der Mitte gescheitelt und über der Stirn zu zwei vollendeten Flügeln gelegt.) Die Leichtigkeit seiner Schritte, das winzige Zucken seiner Augenbrauen und vor allem sein Lächeln; gegen all das war Handa San wehrlos.

Obwohl die Tage streng nach Stundenplan und mehr oder weniger gleich verliefen, war Handa San jedes Mal aufgeregt, bevor er Takeos Klasse unterrichtete. Zufällige Begegnungen auf dem Korridor waren ihm ebenso kostbar wie das Foto der Turnerriege, das ihn – Knie an Knie – neben Takeo zeigte.

Handa San stemmte die Hände in die Hüften und ließ den Blick über die Wolken schweifen. Ein eingebauter Radar, den nur Sportlehrer und Bauern besitzen, entdeckte eine Regenwahrscheinlichkeit von neunzig Prozent.

Ab und zu zerrte der Wind an seinem Unterhemd und ließ es hochrutschen. Wenn er lief oder sprang, kam über dem Gummizug der kurzen grauen Sporthose ein fingerbreites Haargeflecht zum Vorschein, das spitz nach oben zulief und kurz oberhalb des Nabels endete. Takeo hatte den besten Blick von allen.

«Vier Freiwillige vor.»

Sechsunddreißig Arme, zerbrechlich wie dünnes Eis, schossen in die Höhe. Takeos schöner Kopf hob sich langsam und das schwarze Haar fiel in sein klares olivfarbenes Gesicht.

«Du, du, d-du», dann trafen sich ihre Blicke zum ersten Mal an diesem Tag, «und du. Stellt euch auf.»

Takeo hob langsam die langen Wimpern und lächelte (ein Lächeln, das Zähne entblößte, die so weiß waren wie Rettich, und sich bis in die Augen ausdehnte). In den geweiteten Pupillen loderte ein schwarzes Feuer.

«Ich, Sensei?», fragte Takeo heiser, wobei er sich mit ausgestrecktem Finger auf die Nasenspitze tippte. Handa San nickte. Die mandelförmigen, glänzenden Augen mit den langen Wimpern lächelten wieder in Handa Sans Richtung. Takeo war überrascht, dass er ausgewählt wurde; er hatte schon in der letzten Stunde vorturnen dürfen.

Vier Jungs, zwei zu jeder Seite, Takeo zu seiner Linken. Traumhaft.

«Seht gut her.»

Sechsunddreißig Augenpaare gehorchten.

Takeo wollte die gleiche Frisur haben wie Handa San. Er hatte seinen Kinderhaarschnitt satt. Er wusste, dass seine Mutter ihm böse Blicke zuwerfen würde – darauf freute er sich schon.

Er hatte beschlossen nach der Schule zum Friseur zu gehen und sich von dem Taschengeld, das er für eine CD gespart hatte, die noch eine Woche warten konnte, die Haare schneiden zu lassen. Er würde sie auf zwölf Millimeter stutzen lassen, genau wie Handa San. Schließlich war es *sein* Haar.

«Ganz lang machen. Zehenspitzen. Vor. Seht ihr, kein Schaukeln. Schön flüssig. Halten. Zurück. Eeent-spannen.»

Er lächelte. «Perfekt!»

Während der Übung war Takeos kleiner Schwanz aus dem Innenfutter seiner Turnhose gerutscht. Da nicht gekichert wurde, nahm er an, dass es niemandem aufgefallen war.

«Zurück in die Reihe mit euch, Jungs.»

Die Jungs traten gehorsam zurück.

«Gut gemacht, Takeo», sagte Handa San beiläufig, als er die Trillerpfeife an die Lippen führte und sein Mund kurz von seiner Faust verdeckt wurde.

Takeo lächelte mit einem schiefen Grübchen in der rechten Backe und einem Funkenregen in den Augen – so ein Lächeln wurde nicht über Erbanlagen weitergegeben.

Der Junge spürte, dass Handa San ein besonderes Interesse für ihn hegte, und dieses Gefühl gefiel ihm. Einmal hatte er sein Unterhemd ausziehen und die horizontale Linie zeigen müssen, die den unteren Rand seiner Brustmuskulatur markierte. Schließlich war Takeo Mitglied der Turnerriege. Handa San hatte mit dem Zeigefinger das Zwerchfell nachgezeichnet und ihn dabei ganz leicht berührt; Haut, so warm wie ein vorgewärmter Essteller.

«Okay. Mal sehen, ob wir es diesmal alle richtig machen.»

Es roch schon nach Regen, bevor die ersten dicken Tropfen auf Handa Sans Sporthose und seine ordentlich in Reihe aufgestellten Jungs fielen. Die grauen Flecken, die den Himmel schon seit dem frühen Morgen bedeckten, verdunkelten sich. Der warme Regen, der in Sekundenschnelle niederprasselte, glitt in Rinnsalen an ihren Hälsen und Rücken hinunter, durchtränkte die Kleidung und traf die ein oder andere ausgestreckte Zunge. Die Turnhosen färbten sich dunkel und klebten am Körper. Weißes wurde durchsichtig. Haare glätteten sich, Haut bekam zusätzlichen Glanz.

Regen fiel auf die Blätter und bildete Pfützen. Regen tropfte von Nasen, Kinns und Ellbogen. Die Begeisterung der klitschnassen Jungs nahm noch zu, als der Regen ebenso abrupt wieder aufhörte. Für einen sehr kurzen Moment erschien jeder der Jungs wie etwas ganz Eigenes, dann begann die Gruppe zu dampfen.

Die T-Shirts, die die unschuldigen Körper verhüllen sollten, landeten auf dem grünen Rasen und sechsunddreißig Jungs standen mit freiem Oberkörper in der sehr, sehr weichen Luft. Es war Zeit für das organisierte Chaos des Zirkeltrainings. Ein einziger Pfiff aus der Trillerpfeife genügte und die Jungs stellten sich eilig in Gruppen auf, um sich bis zum Letzten zu verausgaben.

«Du sollst nicht mit der Matte schlafen, Kobayashi, du sollst Liegestütze machen!»

Fünfunddreißig Jungs stimmten ein johlendes Gelächter an. Kobayashi machte ein verlegenes Gesicht.

«Los, Bewegung!»

Es war keine Zeit, zu quatschen, schmutzige Witze zu reißen oder andere zu ärgern ... nicht bei Handa San. Alle waren einstimmig der Meinung, dass er Augen im Hinterkopf hatte. Die Jungs, die nur noch ihre federleichten, seidenglatten Synthetikshorts am Leib trugen, taten, wie ihnen geheißen.

«Anspannen! Mehr! Na los, ihr strengt euch nicht an!»

Haarlose Beine auseinander, haarlose Beine zusammen, kleine Beine in der Luft.

Handa San ging zwischen den Jungs hindurch und betrachtete die dünnen, glatten Froschschenkel. Flache Hintern, runde Hintern, schmale Hüften, glänzende Augen und Haare. Fast dreizehn und voller Testosteron; frisches, unschuldiges Fleisch.

«Spielt nicht mit den Geräten herum!»

Es herrschte eher Fließband- als Unterrichtsatmosphäre.

Jungsschweiß.

«Kreisen mit den Hüften!»

Jungsgeruch.

«Beugen und strecken!»

Jungs, in seiner Macht.

Als Handa San sich neben Takeo stellte, wurde er für einen Augenblick zur Silhouette. Der Körper mit den geschwungenen Linien, den sich der Mann im Lauf der Jahre mit viel Schweiß antrainiert hatte, bekam etwas Mythisches, Heiliges.

«Gut, letzte Woche hast du das noch nicht gekonnt. Prima!»

Takeo entdeckte eine Veränderung in Handa Sans Stimme. Seit seiner Ankunft an der Schule war sie weicher geworden.

Alles versank um ihn her, als Handa San einen Wassertropfen beobachtete, der in den Spitzen von Takeos Pony hing und sich nicht entscheiden konnte, ob er fallen sollte. Handa San hätte ihn gern mit der hohlen Hand aufgefangen und getrunken.

Während die Jungs die vorgegebenen Übungen ausführten, hakte Handa San die Anwesenheitsliste ab, was er – für ihn ganz untypisch – bis jetzt vergessen hatte.

Inmitten des Trubels zog Takeo alle Blicke auf sich. Der Junge machte einen Handstand, eine Übung, die nicht zum Zirkeltraining gehörte. Einen Handstand. (Der Junge hatte schon den ganzen Morgen einen machen wollen.) Handa San merkte, wie das erste Lächeln des Tages sein Gesicht aufhellte, und er überlegte, ob er Hilfestellung leisten und seine Beine festhalten sollte.

Haarlose Beine auseinander, haarlose Beine zusammen, wunderhübsche Beine in der Luft.

Handa San ging wieder zwischen dem frischen, unschuldigen Fleisch seiner Schüler hindurch und betrachtete die dünnen, glatten Froschschenkel.

Seine ruhigen Lippen legten sich um die warme Trillerpfeife. Der junge Lehrer näherte sich dem Augenblick, der sich von allen anderen abhob. Gleich war es so weit.

«Gut. Alle mal herhören. Räumt die Sachen zusammen.»

Als die Jungs ihre Arbeit getan hatten, war es Zeit für die Anweisung, die er jedes Mal mit klopfendem Herzen schrie. Er versuchte einen kühlen Eindruck zu erwecken und sah – leicht paranoid – auf die Armbanduhr.

«Ab unter die Dusche!»

Der Duschraum bestand wie die meisten aus zwei Reihen von Kabinen mit kleinen Schwingtüren; fünf davon waren kaputt. Mit Ausnahme jener fünf Kabinen waren die Jungs darin von den Knien bis zu den Brustwarzen abgeschirmt. Die Duschen waren keineswegs komfortabel, sondern mehr als spartanisch. In jeder Kabine gab es einen unbeweglichen Duschkopf, aus dem ein scharfer Wasserstrahl schoss. Handa San machte immer nur zwei der sechs Neonlampen an, um den Schamhaften das Duschen zu erleichtern.

Es sah fast so aus, als würde Takeo jedes Mal absichtlich dieselbe Kabine wählen, eine von denen ohne Tür, und Handa San sah nur allzu genau jeden einzelnen Tropfen, der am Körper des Jungen hinabrann. Der Mann fühlte sich dem Kind ausgeliefert.

Schaumbläschen sammelten sich im Haar des Jungen und ließen es aussehen wie Glas. Seine Lider flatterten so schnell, dass sie die Tropfen, die aus seinem Pony rannen, in Sprühregen verwandelten. Seine Haut warf das Wasser ab wie flüssige Seide. Der Junge huschte nicht wie die meisten anderen nackten Jungs mit hochgezogenen Schultern zur Dusche und wieder zurück, sondern bewegte sich ganz normal.

Handa San musste wegschauen und das Klemmbrett senken ... so wie viele andere Lehrer auch.

Wenn man Takeo mit irgendeinem Wundermittel wie einen Ballon auf Erwachsenengröße aufblasen könnte, überlegte Handa San sehr oft, wäre er sein Traummann. Genau das wollte er, einen aufblasbaren Jungen – den perfekten Kindmann. Für Handa San war es völlig unvorstellbar, diesen Jungen – oder einen anderen – zu ficken.

Der aufgeblasene Takeo hätte Schamhaare. Er könnte nie einen Jungen ohne Schamhaare ficken, es sei denn, sie wären abrasiert. Eine Idee, die ein Patent wert war. Aber die Wahrscheinlichkeit, dass man so etwas erfinden würde, dachte Handa San seufzend, war genauso groß wie die Wahrscheinlichkeit, dass der Mond aus Tofu war.

#7B

Takeos Mutter trug eine Schürze mit verwaschenen Vergissmeinnicht und dazu einen prall gefüllten, herzförmigen Klammerbeutel. Sie nähte den Saum, der in der rechten Achselpartie seiner Reserveschuljacke aufgeplatzt war. Sie überlegte, wie das passiert sein könnte, und wünschte sich, er hätte besser Acht gegeben.

Sie fing zu weinen an und ihre Nasenspitze wurde rot und glänzte. Als sie ihr Gesicht in den Händen verbarg, fühlte es sich so heiß an, als hätte sie Fieber.

Sie richtete sich wieder auf, als müsste sie nach Luft schnappen, und starrte kopfschüttelnd auf die verschwommenen Umrisse einer Frau, die auf einem Dach in der Ferne Wäsche aufhängte. Wenigstens, tröstete sich Takeos Mutter, hatte sie ihren Sohn nicht aufgeweckt. Sie wollte lieber nicht darüber nachdenken. So etwas würde nie wieder vorkommen. Wie albern.

Das Badezimmer war der einzige Ort, an dem sie sich das Rauchen gestattete. Der Raum war picobello bis auf den Plastikduschvorhang, der mehr und mehr Flecke bekam. Rote und blaue Flugdrachen – Takeos Wahl – sausten zur Seite. Trotz ihres Kummers konnte sie dem inneren Zwang nicht widerstehen, ein wenig

Flüssigwaschmittel in die Wanne zu gießen und den Vorhang schön lange einzuweichen.

Takeos Mutter legte den Kopf in den Nacken und blies den Rauch in Richtung Lüftung. Durch das Lüftungssystem des Wohnhauses hörte die Frau das lästige Tropfen der defekten Dusche in der Wohnung schräg über ihr.

Ihre Unruhe und die Anspannung kehrten zurück und sie stand auf, um sich das Gesicht zu waschen und einen Blick in den Spiegel zu werfen. Sie war überzeugt, dass sie kleiner geworden war. Sie unterzog ihr Äußeres einer genaueren Inspektion, schüttelte missbilligend den Kopf und nahm eine Pinzette aus dem zweituntersten Regal des Badezimmerschränkchens. Sie zupfte an zwei ekelhaften Haarbüscheln, die auf dem rötlich braunen Muttermal an ihrem Kinn sprossen. Ein bisschen Lippenstift, und sie fühlte sich besser.

Der Wasserhahn tropfte.

«Christian Dior», flüsterte sie ihrem Spiegelbild zu, als würde sie Werbung im Fernsehen machen.

Aus dem Ausguss stieg der heimelige Geruch von Bleichmittel auf. Wo ein Krankheitserreger lauert, da lauern bald viele. Ihr Leben drehte sich um ihren rasch erwachsen werdenden Sohn und um Sauberkeit. Sie war durch und durch ordentlich. Im Winter hinterließ sie saubere Fußabdrücke im Schnee.

Selbst wenn sie sich ganz still verhielt, waren ihre Hände fast immer in Bewegung. Sie strich die Schürze glatt, dann ihre Haare und wischte sich mit dem Handrücken den Mund ab. Bei dieser Mutter zeigte sich die Nervosität an den Händen, den durchgebogenen Fingern. Finger, die sich weit auseinander spreizen und in Sekundenschnelle zu kalten, festen Fäusten ballen konnten. Sie hatte sich als Kind nie die Finger in den Mund gesteckt – das war etwas Schmutziges.

Bevor sie das Badezimmer verließ, versprühte sie dreimal schnell das Raumspray Wilde Freesie, wobei sie die Dose vorher gut schüttelte und aufpasste, dass die Düse von ihr wegzeigte.

In der kleinen weißen Küche mit dem roten Fliesenboden lag auf einem weißen Tischchen, unter dem zwei silberfarbene Stühle standen, das Gemüse, das über Nacht im Kühlschrank gelegen hatte und nun allmählich Zimmertemperatur annahm.

Hätte sie einige Blätter des Kohlkopfs abgezogen, der auf dem Abtropfbrett lag, hätte sie womöglich die kleine schwarze Stelle entdeckt, die ein Schwarm winziger schwarzer Insekten in den Kohl genagt hatte. Das würden sie allerdings nicht mehr lange tun, denn sie war Expertin darin, Gemüse in Salzwasser abzuwaschen. Aber zuerst gab es anderes zu erledigen; die Bügelwäsche, dann die Fenster.

Takeo würde recht bald nach Hause kommen.

#8B

An Shinohara Sans Ohrläppchen hingen filigrane, mit Süßwasserperlen besetzte Ringe aus vergoldetem Silber. Venus, die Schaumgeborene, war bei den Römern als die Perlengöttin bekannt gewesen, denn als sie aus dem Meer aufstieg, tropfte Wasser von ihren Ohren und verwandelte sich im Licht zu Perlen.

Der italienische Seidenschal, den sie um den Hals trug (und dessen Muster den Umrahmungen von Fresken nachempfunden war, die aus dem Pompeji und Herculaneum des ersten Jahrhunderts stammten), erwürgte sie fast. Sie tat ihr Bestes, um eine elegante Erscheinung abzugeben. Sie sah edel aus, hübsch. Vielleicht eine Spur zu konservativ. Ein bisschen eigen, wenn man bedachte, dass jede ihrer drei Sonnenbrillen an einer Kette baumelte. Glaubte sie etwa, jemand würde versuchen ihr die Brille von der Nase zu reißen? Ein bisschen verkrampft. Aber nicht unerotisch, nicht für ihr Alter.

Ein leichter Wind umspielte ihren Nacken. Normalerweise hätte sie ihn gar nicht gespürt, denn diese Stelle, an der sie sich so gerne küssen ließ, wurde sonst von ihrem Haar verdeckt. Heute hatte sie ihre Haare zum ersten Mal seit langer Zeit straff zurückgezogen und zu einem neurotisch ordentlichen Knoten gebunden. Es stand ihr.

Der Wind blies ihr jetzt in den empfindlichen Gehörgang, kühlte das Ohrläppchen, zischte um die Schnecke herum und pochte gegen die eustachische Röhre.

Shinohara Sans wohlgeformter, mit Bedacht trainierter Körper war in ein Kleidungsstück gezwängt worden, das ihr zur Zeit der Anschaffung entschieden besser gestanden hatte. Der Fluch der überflüssigen Pfunde.

Zwei Spritzer Chanel stärkten ein Selbstbewusstsein, das Stärkung benötigte.

Die ganze Wohnung war in aufeinander abgestimmten Erdtönen gehalten. Sie bewunderte das klassische Kunstgewerbe für seine Schlichtheit. Sie liebte Dinge, die einfach, funktional und aufs Wesentliche reduziert waren, und brachte Materialien wie Stein, Holz, Ton, Papier und Bambus große Achtung entgegen.

Ihre rechte Hand roch nach dem Radiergummi, das sie benötigte, um in der Zeichnung, an der sie arbeitete, etwas auszuradieren, zu verändern oder zu verwischen. Die langen getrockneten Gräser, die der Lehrer vom Abendkurs als Objekt vorgeschlagen hatte, bereiteten ihr Schwierigkeiten.

Ihr Blick wanderte über das Hochhaus gegenüber. Sie kannte jedes einzelne Fenster in- und auswendig. Bei manchen waren die Vorhänge halb zugezogen, bei anderen die Rollos immer unten. Viele hatten Jalousien, die stets im selben Winkel eingestellt waren. Eisenbeton, grauer als grau. Sie hatte Lust, etwas zu trinken, und beschloss sich ein Glas einzuschenken.

Shinohara Sans Katze Sunday Girl saß am Fenster, ein Platz, an dem sie stundenlang davon träumte, bei einer der seltenen Gelegenheiten, wenn es ihr gelang, durch die Beine ihrer Herrin hindurch auf den Flur, in den Fahrstuhl oder ins Treppenhaus zu entwischen, einen Kater kennen zu lernen.

Leider ein vergeblicher Traum, denn alle Kater im Haus – der von der Kado in #9B und Utsumi Sans rötlicher in #2A – waren kastriert. (Die Besitzer waren sich einig, dass ihre Tiere nach dem kleinen Eingriff ruhiger geworden waren. Sie blieben gern in der Wohnung, wünschten sich nur manchmal, einen Vogel fangen zu können, und mussten sich, wenn sie die Lust zu töten überkam, mit dem ein oder anderen Krabbeltier begnügen.)

Ihr Mann interessierte sich mehr für die Katze als für sie und achtete sehr auf alarmierende Zeichen wie Fellausfall, eine trockene Nase oder wässrigen Stuhl.

In den Regalen standen allerlei – wie Shinohara San fand – schöne, interessante Ziergegenstände aus allen Zeitaltern von Mutter Erde. Sie mochte diese Schmuckstücke sehr, die ihr Verwandte und Freunde, die sich Gedanken machten, geschenkt hatten. Geschmackvolle, ausgefallene Geschenke, inspiriert von der Vergangenheit – aber falsch. Nachbildungen. Authentische Repliken aus der Massenproduktion.

Sie trug eine keltische Katzenbrosche (ohne die passenden Ohrringe), deren Muster, wie sie gern stolz verkündete, vom Henkel einer Schüssel aus dem frühen ersten Jahrhundert stammte, die man an den Hängen des Mount Snowdon gefunden hatte und die sich heute im Nationalmuseum von Wales befand. Sie wusste das, weil sie selbst dort gewesen war und dabei zugesehen hatte, wie der Silberschmied mit einem Lächeln für seine Kunden die Gussformen leerte. Sie hatte ihre Handycam herausgeholt.

Als nächstes Reiseziel hatte sie sich Paris ausgeguckt, die Stadt der Liebe. Paris, sagte sie klangvoll, während sie sich ein Glas Wein einschenkte – Paris. Sie träumte davon, in den Cafés zu sitzen und die Aschenbecher zu füllen. Wie lange würde ihr Mann noch brauchen, bis er die Andeutungen verstand, die sie gelegentlich über Musik, Essen und Sprachkurse fallen ließ?

Mit neunzehn hatte sie infolge einer Abtreibung einen Blutsturz gehabt und über einen Liter Blut verloren. Ihr Mann wusste genauso wenig davon wie von dem (verheirateten) Ladenbesitzer aus Tsukiji, der ihr die Seele aus dem Leib gefickt hatte. Sie hatte sich als Jungfrau angepriesen und die Sache zum Guten gewendet.

Nach dem ersten Willkommensschluck spazierte Shinohara San mit dem Glas in der Hand durch die Wohnung. Überall tadellose Sauberkeit. Die sechseckigen, lachsrosa glasierten Kacheln, die Fußboden und Wände des Badezimmers verkleideten, glänzten. Alles blitzte übertrieben. Der Raum war picobello bis auf den Duschvorhang aus Plastik, der mit Flecken übersät war. Sie hoffte, dass Seibu die zartblauen flatternden Schmetterlinge noch vorrätig hatte.

«O Gott, aus der Tiefe meines Herzens steigt unendliche Glückseligkeit empor», sagte sie zu ihrem Spiegelbild, zwei Oktaven höher als normal. Sie roch an ihrem Wein und trank einen Schluck.

Sie warf lachend den Kopf zurück, gebot sich aber sofort Einhalt, denn sie wusste, dass alle Geräusche durch die Lüftung über der Wanne weitergetragen wurden. Die Zähne im Spiegel wurden zum Standbild.

Sie schloss die Augen und legte sich die freie Hand auf den Bauch. Dann atmete sie tief ein, hielt für zehn Sekunden die Luft an und schaukelte hin und her, genau wie ihre Mutter es jeden Tag gemacht hatte.

«Ich bin glücklich, ich bin glücklich, ich bin glücklich. Ich habe ein schönes Leben. Ich habe Spaß.» Sie brach wieder in Gelächter aus und öffnete die Augen. «Ich bin dankbar. Heute ist ein schöner Tag. Ich bin schön.» Jetzt lachte sie nicht mehr. «Tja», sagte sie, zwei Oktaven tiefer jetzt und mit einer Hand in der Hüfte, «nicht übel. Es steckt noch Leben in der alten Schachtel.»

Gluck.

«Mein Mann ist gesund», fuhr sie fort, während sie zu ihrer Staffelei zurückkehrte und wieder wie sie selbst klang. «Wir sind reich. Er ist ...»

Shinohara San merkte, wie sie ins Improvisieren verfiel, als sie sich ihrem Spiegelbild in der Armatur näherte. «Er ist Sprachtherapeut. Er heilt Kinder, die stottern, lispeln und an einer Gaumenspalte leiden. Wenn er abends nach Hause kommt, redet er nicht gerne.»

Gluck.

«Es ist lange her, dass er mit seiner Frau gesprochen hat», murmelte die Frau geziert in ihr Glas hinein. Ihre Worte klangen wie ein leicht gelangweilter Off-Kommentar zu einer Dokumentation im Fernsehvormittagsprogramm. «Mittlerweile ist es mehr als eine Angewohnheit – es ist dem Arschloch in Fleisch und Blut übergegangen.»

Gluck.

Sie trat wieder ans Fenster und ließ den Blick über das Hochhaus gegenüber schweifen.

«Ich lächle. Seht her, ich lächle.»

Sie kannte jedes Fenster in- und auswendig. Grau, grau, grau. Sie hatte das unbestimmte Gefühl, beobachtet zu werden.

«Ich lache. Hört doch, ich lache. 1-2-3 ...» Sie lachte aus vollem Hals – wa-ha-ha, wa-ha-ha –, gleich mehrere Oktaven höher diesmal, eine grausame Parodie ihrer Mutter, die fast dreißig Jahre lang täglich genau dasselbe getan hatte.

«Wenn du nicht glücklich sein kannst», hatte dieselbe Mutter mit schönster Regelmäßigkeit in ihrem kleinen Freundeskreis in Meguro-ku gesagt, «musst du ein Lächeln vortäuschen. Natürlich», hatte sie hinzugefügt, «kommen die Gedanken an erster Stelle, aber wenn man seine Gedanken nicht in den Griff bekommt, kann man mit dem Äußeren beginnen. Das hilft.»

In Shinohara Sans Augen blitzte kurz der Schalk auf. Sie klang sehr müde.

«Es ist fast ein Wunder, dass ich nie ein Kind haben werde.»

Sie beobachtete einen Düsenjet, der zwei Linien in den Himmel kratzte.

Drei Ärzte hatten gesagt, dass ihr nichts fehle, dass alles möglich sei. Sie hatte immer noch Zeit.

Ein Kind, ein Kind. Sie wollte ein Kind. Ein Mädchen wäre schön, aber eigentlich wollte sie einen Jungen – auch wenn sie nicht genau wusste, weshalb.

Die tiefe, stumpfe Röte, die ihr ins Gesicht stieg, ließ die zarte Bindegewebshaut anschwellen. Sie atmete noch einmal tief durch und ihre Haut hellte sich für einen kurzen Moment wieder auf.

«Paris», sagte sie in die Fensterscheibe hinein. «P-A-R-I-S.» Sie hegte die vage, ein wenig bizarre Vorstellung, dass sie in Paris empfangen würde. Aber das hatte sie auch vor Wales gedacht und dann hatten sie sich die ganze Zeit gestritten.

Als sie zu weinen anfing, wurde ihre Nasenspitze rot und glänzte. Die Tränen liefen ihr in die Mundwinkel und sie schluckte sie hinunter. Sie liebte es, Foxtrott und Quickstepp zu tanzen, bis ihr die niemals schwitzenden Füße wehtaten. Er nicht. Sie wollte einen Garten und so vollkommene Rosen ziehen, wie man sie auf Blumenschauen zu sehen bekam. Er litt unter Heuschnupfen.

Manchmal saß sie stundenlang da und dachte darüber nach, weshalb er dauernd eingeschnappt oder gereizt war. Sie sah es ihm an, aber er sprach nie darüber. Sie beobachtete mit wachsender Gleichgültigkeit, wie ihr Mann immer schneller aus der Haut fuhr. Der Verschleiß der Wohnungseinrichtung setzte ihr mehr zu als sein Verhalten, aber gegen Ersteres konnte sie etwas tun.

Eines Tages würden die Abbrucharbeiter mit Kränen, Bohrern und Hämmern anrücken, die Wände zwischen den Wohnungen durchschlagen, die Außenwände zertrümmern, Eisenbeschläge herausreißen und die Rohmaterialien zu mehreren Haufen aufschichten, die dann als Schrott verkauft, recycelt oder auf der Mülldeponie landen würden. Planierraupen würden den Bauplatz einebnen und dann würden Männer mit Besen kommen.

Alles, was sie über das Haus gegenüber wusste, war, dass dort einmal ein Mann mit fünf Schäferhunden gewohnt hatte. Nachdem es Beschwerden gehagelt hatte, war er weggezogen.

Mit dem Anflug eines Lächelns erinnerte sich Shinohara San an einen Zeitungsartikel, der von einem kläffenden Hund und einem Nachbarn berichtet hatte, dem der Geduldsfaden gerissen war. Der Nachbar war in die Wohnung im siebten Stock eingebrochen und hatte den lärmenden Köter vom Balkon geworfen. Daraufhin war der Hundebesitzer vor Wut kochend zu dem Nachbarn gerannt. Es kam zum Streit wie in einer billigen Fernsehserie, der damit endete, dass den Hundemörder dasselbe Schicksal ereilte wie das Tier. Platsch.

Montag, nicht der beste Tag für eine Neununddreißigjährige. Ihr Mann hatte seit drei Jahren ihren Geburtstag vergessen. Sie war sich sicher, dass er nicht mit Blumen nach Hause kommen würde.

Zu Weihnachten hatte er seiner lieben, seit langem leidenden Frau ein längst ersehntes Geschenk gemacht – das Angebot, sich scheiden zu lassen. Als die erträumte Situation Wirklichkeit wurde, stellte sie fest, dass sie keine Scheidung wollte. Sie hatte ihn angefleht, sogar auf den Knien. Das hatte er gewollt. Er hatte nicht vorgehabt sich tatsächlich scheiden zu lassen. Die Vorstellung, allein zu sein, jagte ihm Angst ein.

An diesem Morgen hatte sie in seinem Gesicht die Spuren seiner

Arbeit gesehen, der er sich mit Hingabe widmete, obwohl er nichts für sie empfand – die Zeichen erlahmter Geduld und unterdrückten Zorns.

Das war nicht das Gesicht eines Manns, der daran dachte, auf dem Nachhauseweg rote Rosen zu kaufen.

#6A

Zum Abschluss seiner Reise nahm er von der Agentur ein Taxi, betrat das Gebäude, holte beim Portier den Schlüssel für #6A ab und richtete sich in der Wohnung ein. Die Taxifahrt verlief angenehm und problemlos.

Die Halle des Gebäudes war weitläufig, fast quadratisch. Milchglasfenster und dezente Strahler sorgten für ein weiches Licht. Männer mit Hunden und Kinder mit Bällen gingen vorbei an Inneneinrichtern mit Laptops und rauchenden Männern mit Aktentaschen. Möbelpacker trugen aufgerollte Teppiche, Lampen, Aquarien, hundert Jahre alte Uhren und große Familienporträts hinaus. Klapptische, die klapperten, Käfige, in denen vor Angst zitternde Vögel hockten. Frauen gingen vorbei, die einmal Mädchen gewesen waren. Mädchen, die wütend waren.

Durch diese Halle kamen Briefe, Geburts-, Hochzeits- und Todesanzeigen, Antworten auf Chiffreinserate, Notärzte, Boten vom Imbissservice und die ein oder andere Nutte.

Die glatten Türen aus Metall und Glas, die von einem versteckten elektronischen Auge aktiviert wurden, öffneten sich geräuschlos. Wenn man aus der Nachmittagssonne eintrat ohne den Schritt zu verlangsamen, stand man, nur für einen Augenblick, im Dunkeln.

Der zukünftige Bewohner von #6A hatte einen (Aeroflot-) Jetlag und war verschwitzt. Sein Haar stank nach Flugzeugbenzin, die Ohren nach dem süßlichen Mief von Plastikkopfhörern und er wollte schnell ein Bad nehmen. Der erste Eindruck war gemacht und der junge Mann war vom Vorstellungstermin schlapp/ausgelaugt. Die Schuhe, die er vor gut zwanzig Stunden auf Hochglanz gewienert hatte, waren verkratzt und – innen – miefig und feucht.

Der Neuankömmling ging zum Empfang, ein ungewöhnlich hoher Tisch, der, von unten angestrahlt und umgeben von viel dunstbeschlagenem Glas, einem Cockpit ähnelte. In einem großen Spiegel, der in einem vergoldeten (wirklich sehr scheußlichen) Rahmen steckte, erschien das Konterfei eines gewissen Liam Hanmore. Er war überrascht sich zu sehen und erschrak leicht, als er einen schmalen, kahlen Kopf erblickte, der auf überkreuzten Armen ruhte: Tiefschlaf.

Liam kam sich vor wie im Film: Er spielte eine Rolle, für die er eindeutig fehlbesetzt war.

Zwei Augen, die vom grauen Star trübe und verschwommen waren, wurden durch ein Hüsteln geweckt und musterten Liam verlegenen Blicks. Der Portier nahm viele verschiedene Medikamente ein, denn er litt an einer Fehlfunktion der Schilddrüse, die ihm zeitweise Schmerzen verursachte und seine Augen hervorquellen ließ. Er schonte seine Kräfte, indem er den Kontakt zu anderen Menschen auf ein Minimum beschränkte.

Die Hausbewohner wurden von diesem Nachkommen einer langen Linie von Gerbern, Schlachtern und Schuhmachern allerhöchstens mit einem Nicken bedacht. Die trüben, sich langsam auflösenden Augen konnten auf den Videoschirmen nicht viel erkennen und waren wahrscheinlich gar nicht mehr in der Lage, scharf zu sehen. Für den Terminkalender reichte die Sehkraft allerdings noch aus.

Für diese Woche gab es zwei Einträge; einen Vermerk, dass die Batterien in allen fünfzehn Feuermeldern des Hauses ausgewechselt werden mussten, und den Namen Hanmore. Liam hielt es für einen guten Zeitpunkt, seinen Namen zu nennen, an den er *San* anhängte. Das rang beiden ein Lächeln ab, das in ein leises Lachen überging.

Liam wurde ein dünner Stahlschlüssel ausgehändigt. Der Alte hatte nur wenig Erfahrung mit Ausländern; sie beschränkte sich im Wesentlichen darauf, ihnen hinterherzuputzen, den Rettungswagen zu verständigen und James Bond zu gucken. Er war überrascht, dass er dem jungen Mann so freundlich gesinnt war. Darauf muss ich ein Auge haben, dachte er.

Die Fahrstuhlanlage hatte, wie Liam feststellen musste, ihre Macken. «Außer Betrieb» stand deutlich lesbar auf einem sauber beschrifteten Schild – allerdings nicht für Liam, der nur eine Hand voll einfacher Sätze beherrschte und kein einziges Schriftzeichen kannte. Er sah nur schokoladenfarbene Muster mit Gräten drin.

Der schlaftrunkene Portier dirigierte den Neuankömmling mit einem Nicken zur Hintertreppe und bestand darauf, ihm das Handgepäck abzunehmen, das allein schon schwer genug war ihn umzubringen. Er schlurfte mit nach außen gedrehten Füßen über das Linoleum; sein Gang ähnelte einem Watscheln. Seine Sandalen klapperten auf der Treppe, ganz im Unterschied zu den leisen Ledersohlen des Neuankömmlings, die an den Fersen durch Gummi verstärkt waren.

Liam ging langsam die rutschigen Stufen hinauf, die ihm ein Gefühl für das Haus vermittelten. Er kam sich vor, als würde er sich durch die Hintertür hineinstehlen und allzu rasch hinter die Fassade blicken. Der Eindruck, dass sich hinter der gutbürgerlichen Atmosphäre, die in der Halle herrschte, offenbar ein altmodisches Haus von zweifelhafter Sauberkeit verbarg, versetzte ihm einen leichten Schock.

Liam war sich sicher, dass aus dem Keller Gelächter heraufdrang.

Der Portier hätte ihm gern erzählt, dass es dort unten früher – bevor die Zeiten sich geändert hatten – eine Waschküche, einen Lagerraum und einen Parkplatz gegeben hatte.

Die Wände waren in einem schlimmen Zustand. Winzige gelbe Blumen blühten auf Wassermoos. Die hübschen Blumen konnten den Schleim nicht überdecken.

In diesem Treppenhaus hatte der Portier, der schon keuchte, obwohl sie noch nicht einmal im dritten Stock angelangt waren, im vergangenen Monat ein Etui aus russischem Leder gefunden, in dem französische Zigaretten steckten, einen Discman, dessen Garantie abgelaufen war, einen aufgerissenen, vollen Joghurtbehälter, eine *Hot Dog*, aufgeschlagen auf Seite 32/33, einen stumpfen

Bleistiftanspitzer, eine Rolle mit schwarzem Garn und eine kaputte Batman-Maske für Kinder.

Ihre Schritte hallten durch das Treppenhaus, während sie sich immer weiter von den mit Warnhinweisen und Totenköpfen versehenen Eisentüren und den bis zum Rand gefüllten, undichten Müllcontainern entfernten. Der Geruch nach gedämpftem Fisch, Feudeln, Mopps und Besen, sauren Schwämmen in Plastikeimern, halb verbrauchten Farbeimern und Insektiziden überlagerte die Dünste, die ein ganzes Arsenal (oft undichter) Büchsen/Flaschen/Spraydosen verströmte, die alles enthielten, was man zum gründlichen Putzen und zur allgemeinen Instandhaltung des Hauses benötigte. Bleichmittel zum Aufhellen, Bienenwachs zum Pflegen, Ammoniak zur Fleckentfernung und Säuren und Flüssigentkalker gegen verstopfte Abflüsse.

Die Gerüche waren jedoch nichts im Vergleich zur schlimmsten Schwachstelle des Gebäudes, die in jeder achtstündigen Portierschicht geflissentlich übersehen wurde: Feuchtigkeit. Die Feuchtigkeit fraß an den Wänden, wellte das Holz und brachte Metall zum Rosten.

Die Feuchtigkeit sickerte überall durch und sorgte dafür, dass zahlreiche Mikroorganismen sich prächtig vermehrten. Die Anzahl warmer Nester vergrößerte sich stetig. In diesem Treppenhaus lebten blinde Termiten mit unersättlichen Mäulern, Raupen mit rohrförmigen Herzen und riesigen Gedärmen, große weiße Würmer und umherhuschende Mäuse sowie Gott weiß wie viele Ameisen, Spinnen, Tausendfüßler und Kakerlaken.

Als sie bei #6A ankamen, verbeugte sich Liam und sagte: «Arigato». Er merkte sich das Wort, indem er an *Harry* und *gateau* dachte. In seinem Lächeln lag etwas Vertrauen Erweckendes, und als der Portier ging, dachte er, dass vielleicht doch nicht *alle* Ausländer schlecht seien.

Liam stand vor der Tür und dachte an ganz ähnliche Situationen zurück, die er erlebt hatte.

Er atmete tief durch und steckte den dünnen Stahlschlüssel ins Schloss.

BRÜCKE

Akio Sugai blieb mitten auf der Brücke stehen und nahm eine kurze Selbstbewertung vor. Drei Dinge sprachen für ihn: sein Körper, sein Geist und die Kleidung, die er trug.

Sein achtzehn Jahre alter Körper war zu allem bereit und gierte nach möglichst viel Sex und Geld. Sein gebildeter und zugleich gepeinigter Geist suchte nach einer Herausforderung und schwänzte seine heutigen Verpflichtungen. Seine Kleidung verkörperte mit den verschiedenen Beigetönen den klassischen Freizeitlook.

Akio war nicht nur attraktiv, er war begehrenswert und das war ihm durchaus bewusst. Der überaus gepflegte, fitnessgestählte junge Mann war zudem mit einem jener, ta-ta-taa, trägen, verwegenen Schwänze gesegnet, die darauf bauen konnten, zu einer verblüffenden Länge anzuschwellen.

Es war, als hätte jene Hälfte seines Gehirns, die für das Herz, die Lungen und die Koordination beim Stepptanz zuständig ist, auf Automatik umgeschaltet. Seine Gedanken bewegten sich woanders und dieses Woanders war der Mittelpunkt des Geschehens.

Vieles im Leben hatte seinen Glanz für ihn verloren. Es war ganz plötzlich geschehen, wie ein Stromausfall, der ihm erst die Energie geraubt und ihn dann mit neuer versorgt hatte.

Unter ihm floss Wasser, kilometerweit. Eine ganze Welt voll Wasser, verschmutztes, frisches, abgestandenes, uraltes. Auf der Oberfläche sah Akio das schwarz-weiße Spiegelbild einer Gestalt, die nach unten blickte.

Er empfand den fernen, distanzierten Blick auf sich selbst als erregend und auf eigentümliche Weise romantisch. Sein Spiegelbild war der Star in den staubigen Spiegeln seiner geheimen Fantasiewelt gewesen, solange er denken konnte.

«Sumida.»

Er sagte es ganz langsam. Sumida. Es war die einzige Möglichkeit, das Wort auszusprechen. Ein Klang, der Länge und gefährliche Tiefe in sich barg. Ein Klang, der stillen Wandel beschwor. Kühle. Und darunter Kälte.

Für einen kurzen Moment hielt er die Luft an. Atemstillstand. Er verspürte eine tiefe innere Ruhe. Er kam sich vor wie unsichtbar. Er schwebte. Irgendwo in seinem Inneren war auf PAUSE gedrückt worden und an einer anderen Stelle auf REC und PLAY.

Er hatte die Vorstellung zu verschwinden immer gemocht. Puff. Weg. Auf und davon.

Plötzlich überkam ihn eine wunderbare Traurigkeit.

Im tückischen Gegenstrom des Sumida trieb giftiger Schaum. Über der Wasseroberfläche lag ein dichter regenbogenfarbener Ölfilm. Für Akio war es schwer vorstellbar, dass es in diesem Wasser Leben gab. Die Universität wirkte sich in der Tat negativ auf sein Denken aus, ermahnte er sich. Das war nicht gut.

Strömungen, die für das Auge unsichtbar waren, zogen Abfallteile, die auf der Oberfläche trieben, hinab in die Tiefe und gaben sie auf geheimnisvolle Weise flussabwärts wieder an den Hauptstrom ab, der sie ins alles aufnehmende Meer, zu Tiefwasserströmungen und Kaltwasserschichten trug.

Er sackte leicht in sich zusammen, eine Körperhaltung, die sein ehemaliger Sportlehrer sofort korrigiert hätte. Der Fluss hatte nichts Einladendes, aber er versprach weder zu urteilen noch Fragen zu stellen. Er musste nur springen.

Ein Fisch starrte mit hellwachen, schwarzen Augen zu Akio hinauf. Unter ihm wanden sich in offensichtlicher Panik Dutzende von glitschigen grauen Aalen, ein wirres Knäuel, das im Flussbett schwamm. Kalte, starrende Schlangenaugen.

Der Herbst näherte sich und bald würden flussauf, flussab die wild verzweigten Bäume erst ihre Farbe, dann ihre Blätter verlieren und schließlich kahl sein.

Am Ufer unter der Brücke kauerte im Schatten ein alter Mann und spielte mit Kartons; es war nicht zu erkennen, um was für ein Spiel es sich handelte, aber ab und zu stieß er ein ganzes Wörterbuch an Gotteslästerungen aus und fischte, zu Akios Erstaunen, mit Essstäbchen Blätter aus dem Wasser.

Akio verlangte es nach Schwanz, nach Einsamkeit. Es verlangte ihn nach dem Trubel (und der Anonymität) der Großstadt und nach einem Leben als Einsiedler. Sein Körper sehnte sich danach, an einem verkommenen Ort Zuflucht finden zu dürfen.

Die Ereignisse würden in extrem schneller Folge, aber so regelmäßig wie ein Pulsschlag ihren Lauf nehmen. Am Ende dieser Woche würde er nur noch für sein Konto bei der Sumitomo Bank leben.

Als er bei den Agenturen angerufen hatte, war er in einer Art Trance und zugleich bei hellwachem Bewusstsein gewesen. Es war nicht der Akio, den alle kannten, der es getan hatte, sondern der *wirkliche Akio.* Es war, als ... als hätte jemand Besitz von seinem Körper ergriffen. Und dieser Jemand war willkommen.

In der Woche zuvor war ihm plötzlich die zündende Idee gekommen und er hatte den Schritt gewagt. Sein Vorhaben hatte lange an einem geheimen dunklen Ort in seinem Inneren vor sich hin gebrodelt, bis es schließlich in sein Bewusstsein vorgedrungen war.

Als Akio am Morgen aufgewacht war, hatte er sich wie eine zerknitterte Origamiarbeit gefühlt. Ein Blick in den Spiegel hatte dieses Gefühl bestätigt. Er hatte viel Zeit darauf verwendet, sich aufzutakeln. Nach zwei Tassen schwarzem Kaffee und mehreren tiefen Zügen an einer Marlboro Light verkörperte er schon fast glaubwürdig die willige Beute.

Er wollte sich von allen komplizierten Beziehungen befreien. Allein sein, ohne Menschen. Und die erdrückende Enge, die er jahrelang in Tsuchiura erlebt hatte, hinter sich lassen. Sein sexueller Bungeesprung sollte damit beginnen, dass jemand fest an seinen Brustwarzen saugte. Er war auf dem Weg, sich in einem Kellermassagesalon zu prostituieren.

Nur wenige Menschen begeben sich vergnügt in die Prostitution. Akio hatte die Arena erst vor wenigen Tagen betreten und sich so begeistert in Planungen und Berechnungen gestürzt wie ein Bauer, der neue Reisfelder anlegen will. Er war unterwegs in eine neue Wirklichkeit, die sich himmelweit von dem festgelegten Pensum unterschied, das er in den nächsten drei Jahre an der Uni erfüllen musste. Er war sich seines Körpers gewiss und begierig ihn zu teilen.

Mit einer Zielstrebigkeit, die aus Verzweiflung entstanden war, machte sich der begehrenswerte Junge federnden Schritts auf den Weg.

#6A

Liam trug eine alte Levi's 501. Indigoblau war zu Babyblau verblasst. Der Stoff war weich und kurz vorm Aufreißen.

Trotz seiner sechsundzwanzig Jahre hatte er sich die helle, rosige Haut der Kindheit bewahrt. Er besaß einen britischen Pass, aber er stammte aus Irland, was seinen Teint erklärte.

Das freudige Gefühl, angekommen zu sein, war in Enttäuschung umgeschlagen, nachdem er sich kurz in der Wohnung umgesehen hatte. Sie war einfach eingerichtet ... und völlig verdreckt. Auf dem Sofa war schon alles Erdenkliche gemacht worden.

Die gute Neuigkeit war, dass er die erste Nacht allein sein würde. Die neuen Models für die Schauen würden erst morgen einfliegen.

Er stand am Fenster; in seinem Gesicht lag etwas Starres und zugleich Gelöstes. Ein Ausdruck zwischen Lächeln und Trauer. Er verspürte Erleichterung, während er eine Aussicht betrachtete, die ihm bald vertraut sein, in die er hineinwachsen würde.

Es war ein großes Fenster, eins, das viel Himmel hereinließ. Sein Atem bildete um seinen Kopf herum einen grauen Nebelring. Er schrieb seinen Namen rückwärts hinein und wischte ihn wieder aus.

Liam musste ein bisschen lachen, als er mit der Hand über die Scheibe wischte. Es war, als würde er Tokio ein großes (und doch schüchternes) *Hallo* zuwinken.

Sein Blick wanderte über die Fenster des Hochhauses gegenüber. Bei manchen waren die Vorhänge halb zugezogen, bei anderen waren die Rollos immer unten. Viele hatten Jalousien, die stets im selben Winkel eingestellt waren. Eisenbeton, grauer als grau.

«Badezeit», sagte er tonlos zu seinem verschwommenen Spiegelbild.

Die meisten der sechseckigen, limettengrün glasierten Kacheln, die Wände und Fußboden des Badezimmers verkleideten, waren gesprungen. Hier hatte jemand seinen Spaß gehabt. Vielleicht ein kleiner Racheakt mit dem Stöckelschuh. Alles war mit einem Schmierfilm überzogen, als hätte jemand einmal kurz drübergewischt und die nötige Grundreinigung vertagt, bis die Dreckschweine, die hier gewohnt hatten, ausgezogen waren.

Der einst picobello Duschvorhang war so dicht mit Flecken übersät, dass die federleichten blauen Wölkchen kaum noch zu erkennen waren. Eingeweichtes, geschrubbtes und mit allerlei Mitteln gebleichtes und besprühtes Plastik wurde vorsichtig abgehängt und beim Mülleimer in der Küche deponiert. Ein Gesundheits- und Sicherheitsrisiko, fand Liam.

Die gesamte Wohnung war versifft, vor allem die Küche. Der Mülleimer war seit Wochen nicht geleert worden und stand – gleich nach einem schnellen, gründlichen Lüften – an zweiter Stelle der Liste mit Erledigungen, die er sofort nach seiner Ankunft angelegt hatte.

Als Liam unten im Keller das ekelhaft stinkende, bereits kompostierende Gemüse in den Container kippte, fiel sein Blick auf einige glänzende CDs, die aus den Hüllen gefallen waren. Er hielt inne und entdeckte noch ein paar brauchbare Klamotten sowie die ersten künstlerischen Versuche eines Kinds, die in den Müll gewandert waren und dort auf einen Sammler warteten. Darunter lag ein Stapel Bücher, der von einer locker gebundenen Nylonschnur zusammengehalten wurde.

Liam kam sich vor wie auf dem Flohmarkt und ging die Sachen durch. Eine Sammlung von Wichszeitschriften und ein paar Fotos, die einen Menschen vom Babyalter bis zum traurig dreinblickenden Arschficker zeigten, machten ihn nachdenklich. Er fand sogar eine Kakteensammlung – einfach entsorgt und weggeschmissen. Hier ist gründlich ausgemistet worden, dachte Liam. Vielleicht ist jemand umgezogen. Oder gestorben.

In einem anderen Container fand er einen Karton.

Wenige Minuten später hatten die Kakteen einen Tropfen Wasser bekommen – ganz wichtig, nur einen Tropfen! – und standen in dem Zimmer, das er als seins bestimmt hatte. Es sah aus, als hätten sie schon immer dort gestanden. Der Rest der Sachen wurde neben seinen Koffer geschoben. Die Pornos landeten ganz unten.

Liam goss belustigt ein bisschen Shampoo in den Wasserstrahl und sah zu, wie die Wanne voll lief. Auf dem Wasser bildete sich cremiger Schaum, Schaumberge aus Apfelblüte-Minze von Sainsbury's. *Für die tägliche Haarwäsche.*

Nur Kopf, Knie und Schultern guckten aus dem Wasser heraus, wie abgeschnitten und ausgestellt. Das Wasser war ein bisschen zu heiß: perfekt. Schon bald verschwand das Badezimmer im Dampf und sah gar nicht mehr so schlimm aus.

Er reckte den Hals und legte den Kopf in den Nacken. Dabei verlängerte sich der Brustkorb auf schöne Weise. Der Seifenschaum umspielte lieblich seine Taille. Nach dem Treffen mit Ms. Golding, dem Dragking, der die Agentur leitete, wusste er, dass sich sein Leben sehr bald sehr gründlich ändern würde. Das hatte es schon.

Fünfzehn Minuten nach seiner Ankunft hatte er mit einem der Manager, einem gewissen Jean Pierre, im Taxi nach Shinjuku gesessen, wo er in einem Showroom laufen sollte. Sano, Insano – ein unmöglicher Name für ein Modelabel, dachte Liam. Aber eines der renommiertesten, hatte Jean Pierre gesagt.

Dank einiger Polaroids, die am Soho Square aufgenommen worden waren, war Liams Name auf ein paar mit Bleistift geführten Listen gelandet. Nach einem zehnsekündigen Probelauf hatten sie ihn gebucht – für eine Schau am Freitag.

Die Schaumblasen platzten eine nach der anderen, manchmal auch mehrere auf einmal. Ihm gefiel, dass es unterschiedlich schnell und laut geschah. Mit geschlossenen Augen klang es wie Musik. Hinter den Augenlidern lag eine ganze Galaxie roter Sterne. Er hatte das Gefühl, als wäre seine Persönlichkeit zu den Akten gelegt worden und vielleicht unterwegs verschütt gegangen. Oder mit Tipp-Ex gelöscht worden. Das innerliche Gemurmel, das ihn in London gequält hatte, war nicht mit durch den Zoll gekommen. Er war mit sich im Reinen.

Sein erster Tag in Tokio hatte Liam gefallen. Er fiel ins Auge, wenn er sich unter den vielen Menschen bewegte; er war etwas Besonderes. Es gefiel ihm, dass er die Sprache nicht verstand.

Mit leichtem Kopfschütteln dachte der Neuankömmling an den Flug zurück: Dem Service hatte es entschieden an Glanz gefehlt. Plötzlich ging sein Atem tief und entspannt: Er war eingeschlafen.

Das Haus wackelte für ein paar Sekunden. Nur ganz leicht – er wachte nicht davon auf.

KELLER

Während des zwanzigminütigen Fußwegs zu dem Massagesalon, wo Akio seine Vorzüge anpreisen wollte, hatten vier Autofahrer/zwei Lastwagenfahrer/eine Schülerin auf dem Weg zum Zahnarzt/ein Teenager in weißer Schürze und Papiermütze (der auf der Schulter ein Tablett mit einem Stapel leerer Teller transportierte) ihr Tempo verlangsamt, um ihn anzusehen. Elektrisierte, begehrende Blicke hefteten sich auf kaffeebraune Haut. Mit jeder Minute, die der Termin näher rückte, verkörperte Akio mit zunehmender Glaubwürdigkeit die willige Beute.

Seit Tagen wurde Akio von einer inneren Stimme gequält. Er hatte oft darüber nachgedacht, wie es wohl sein würde, an einem solchen Ort zu arbeiten. Dem ersten Mann ausgeliefert zu sein, der hereinkam, egal wie hässlich, alt oder schmutzig er war, und tun zu müssen, was er verlangte – alles tun zu müssen, was er verlangte.

Es kam ihm vor, als wären die Gedanken, die in seinem Schädel dröhnten, nicht seine eigenen. Mächtige Gedanken, die nicht weggehen wollten. Gedanken, die man nicht durch ein Kopfschütteln loswurde.

Stell dir vor, wie es ist, ein Stricher zu sein, fuhr die Stimme fort, stell dir vor, du küsst einen Mund, der widerlicher stinkt als eine Latrine. Münder können dreckiger sein als Schwänze. Akio war schrecklich aufgeregt.

Vor dem Haus hing eine große Wandlampe, in deren Glaskugel lauter kleine dunkle Insektenleichen lagen. Eine Motte flatterte darin. Die Sonne schien direkt auf das Glas. Es war heiß. Gleich war es geschafft.

Die Wendeltreppe führte in drei ganzen Runden hinab in den Keller des Gebäudes. Matte schwarze Stufen, die die Sonnenstrahlen und das Licht der Straßenlaternen mit derselben Gleichmut verschluckten und (kaum hörbar) knarrten, wenn die Männer sie heimlich betraten. Männer, die einen Glauben, eine Frau und zwei Kinder hatten, Lieblingssendungen im Fernsehen, schöne Hobbys und Berufe, die ihnen alles bedeuteten, und Pläne für die Zukunft. Die Männer, die hierher kommen, dachte Akio, sind alle verwirrt.

Bei den Griechen wurde männliche Prostitution nicht so geheim gehandelt und im Rom Kaiser Augustus' war sie sogar ein steuerpflichtiges Gewerbe.

Über diese Wendeltreppe stiegen scharenweise Masochisten – willige, begierige und manipulierende Opfer – in den Keller hinab und betraten, noch ganz benommen, den Salon. Männer, die zu Beginn des Abends ausgesehen hatten wie aus dem Ei gepellt, in Hokuo Shoji und im Hibiya Park auf Crusingtour gegangen waren, zwischendurch in der Zip Bar vorbeigeschaut hatten und schließlich in diesem Keller landeten, weil sie nirgends etwas gefunden hatten. Praktisch.

Geöffnet tagtäglich von 11 bis 23.30 Uhr.

Einfach. Macht, die für kurze Zeit käuflich zu erwerben war. Kostenloser Eintritt, kein Getränkezwang, keine Musik, über die man hinwegschreien musste.

Zeit zum Träumen, unter Mithilfe von gedämpftem Licht. Ein paar Mal tief an braunen Fläschchen geschnuppert, auf denen *Rush, Man Scent* und *Cobra Aroma* stand ... schon schwebten sie auf einer Wolke Amylnitrit davon.

Ein Ort, an dem der ein oder andere Antikörperstatus und die ein oder andere Kontaktlinse in die Binsen gingen. Ein Ort, an dem Pisse nicht immer in der Toilette landete.

Akio klopfte mit der Kühnheit des übermütigen Forschers an die Tür. Die Männer atmeten ausnahmslos tief durch, bevor sie eintraten. Drinnen war es schummrig, Lichtverhältnisse, die ein Immobilienmakler vielleicht als indirekten Halbschatten bezeichnen würde.

Die Tür wurde von einem Männlein geöffnet, das sich schlicht als Ippei vorstellte. Eine von den turbogebräunten Tunten, die zu viel Weiß tragen. Testosteronmäßig ein bisschen schwach auf der Brust, eine Frisur wie ein Strichcode. Im schummrigen Licht (bei jedem Licht) sah man, dass dem Mann unter jedem Auge mehrere dicke Tränensäcke hingen.

Auf den ersten Blick hatte der Junge etwas Europäisches. In seinem ganzen Leben hatte Ippei noch keinen derart gepflegten, gut aussehenden Stricher gesehen, der so selbstverständlich ich-bin-achtzehn-und-bereit-zu-dienen ausstrahlte.

«Ich bin hier, weil mein Finger blind über einer Liste mit Anzeigen kreiste und im Sturzflug auf Ihrer gelandet ist», sagte Akio lächelnd. Der gut einstudierte Text erzielte den gewünschten Effekt. Ippei unterdrückte ein Lachen und gab stattdessen ein dünnes Lächeln von sich, damit die Falten in seinen Augenwinkeln nicht noch tiefer wurden.

Die Anzeige, die Akio im *Barazoku* gesehen hatte, war sehr klar formuliert gewesen:

MASSEURE GESUCHT
VORKENNTNISSE NICHT ERFORDERLICH
DU WIRST EINGEARBEITET

In der Ausgabe von diesem Monat hatte Akio fünfundzwanzig Gesuche für Masseure, achtunddreißig für Escorts und neunzehn für Agenturen gezählt.

«Komm rein. Du hast gestern angerufen, stimmt's?»

«Ja, Sie sagten, um drei. Es ist drei.»

Akios Stimme klang, als spräche er in ein Mikrofon. Die Wände waren dick und solide gebaut. Er war unter Tage, beinahe begraben. Oberhalb der durchschnittlichen Kopfhöhe bildete die Luft feuchte Kanäle, in denen sich Gerüche festsetzten. Akio versuchte den Gestank zu analysieren und in die kleinsten, entferntesten

Quellen zu zerlegen, doch die einzelnen Elemente waren zu festen Knoten verfilzt. In Flaschen abgefüllt hätte der Geruch *Ananas auf Wolle* geheißen.

Der Salon gehörte keineswegs zur Luxusklasse. Großblättrige Pflanzen täuschten darüber hinweg, dass dringend eine Renovierung nötig war. Genau das, wonach Akio suchte. Er war erregt und verängstigt, erregt und entsetzt. Es war, als hätte er seinen natürlichen Lebensraum gefunden.

Hände, die sich vor vielen Jahren um graugrüne Kartoffelblätter, gelbgrünen Weizen und blaugrüne Rüben gekümmert hatten, legten sich auf Akios Schultern.

«Weißt du genau, dass du in einem Massagesalon arbeiten willst? Wenn du es nur aus einer Laune heraus tust, könntest du es später bereuen.»

Manch junger Mann wurde bei dieser Frage rot und machte auf dem Absatz kehrt. Akio atmete langsam durch die Nase ein; der Geruch, der hier herrschte, war ihm bereits ebenso vertraut wie die Kleidung, die er auf der Haut trug. Ohne eine klare Voraussicht, wohin ihn sein Abenteuer führen würde, sondern eher wie ein Fisch, der vom Köder angelockt wird, sagte er nicht eigentlich freiwillig, sondern mehr in einer Art Trance: «Aber sicher. Absolut.»

Ippei, der wenig Zeit für das Unglück anderer übrig hatte, war das eigentlich egal. Er hielt Zweifel, Verwirrung und Besorgnis für ganz natürliche, gesunde Eigenschaften, die dafür sorgten, dass der Mensch geistig und emotional reifen konnte. Ein kleines bisschen Unglück, glaubte er, konnte den Menschen viel Gutes bringen.

«Bist du auch über achtzehn?»

Akio zückte seinen Ausweis.

Ippei war ein abergläubischer Mensch, der gern alles nach Vorschrift erledigt wusste. Alles, was sich der Ordnung widersetzte, war seiner Ansicht nach Hexerei mit einem Schuss Okkultismus.

«Du könntest großen Erfolg haben, du siehst blendend aus. Du spielst in einer anderen Liga als die anderen. Bleib so. Zieh dich nett an – es sei denn, der Kunde verlangt etwas anderes. Denk nicht *Stricher*, denk *Berater*. Setz Psychologie ein. Stell ihnen Fragen, zum Beispiel ob sie eine schöne Woche hatten. Leg den Kopf ein bisschen zur Seite und tu so, als würde die Antwort dich interessieren. Hör gut zu. Unterbrich sie nicht, außer um zu lachen, ihnen zuzustimmen oder eine Frage zu stellen, die sie anmacht. Vergiss nie, auch Dummheit kann sexy wirken. Intelligenz kann dagegen abschreckend sein.»

«Ist gut.»

«Finde Interessantes über sie heraus. Egal was. Stärke ihr Selbstvertrauen. Bring sie dazu, dir ihre Geheimnisse anzuvertrauen. Wenn dir das gelingt, zahlen sie gut und kommen regelmäßig wieder – und das ist wichtig. Sorge dafür, dass sie dich als Mensch betrachten. Appelliere an ihre Gefühle. Die Gespräche werden dich natürlich zu Tode langweilen, das kannst du mir glauben.»

«Ist gut.»

«Behandle alle deine Kunden, als wären sie Bullen, aidskrank oder Gott weiß was ... Finanzbeamte.»

«Ist gut.»

«Sag nie, dass du Extras machst, und bitte nie um Trinkgeld – auch dann nicht, wenn sie im siebten Himmel gewesen sind. Verstanden?»

«Verstanden.»

Die Bewegungen, die der Mann zwischendurch mit den Händen ausführte, waren ein kleines bisschen weibisch. Nur eine Spur.

«Das ist der große Raum für die Dauerkunden.»

Ein eleganter Schwung mit der linken Hand dirigierte Akio in ein verspiegeltes Zimmer, in dessen Mitte eine Massageliege stand. Topfpflanzen verdeckten ein winziges Schränkchen und den unverzichtbaren kleinen Blechabfalleimer.

«Irgendwelche Krankheiten, von denen ich wissen muss?»

«Nein, nur Filzläuse.»

Beide lachten.

«Ich bin gleich wieder da», sagte Ippei, «dann werfen wir einen Blick auf deine Anatomie.»

Akio bekam einen mächtigen Energieschub, als er sich bis auf die Unterhose auszog. Er wusste, dass er sich in den Händen eines Fachmanns befand; die Dinge würden ihren Lauf nehmen.

Die Seele des kleinen Bordells kam kurz darauf zurück und hantierte geschäftig mit Handtüchern, einem braunen Fläschchen und Akios Reißverschluss.

«Sehr gut. Ein Mordsding hast du da. Nur der Name muss geändert werden. Statt Akio ...»

«Akira», sagte Akio, der in seinem Körper bereits ein anderer geworden war. Er verhielt sich fügsam und höflich gegenüber diesem Mann. Ein guter Zuhörer. Formbar. Akio fühlte sich in erster Linie wie ein unparteiischer Beobachter.

«Sehr gut. Humor hilft.»

Der fensterlose, umgebaute Keller barg eine beredte Stille, als wäre er ein geheiligter Ort, der voll alter Geschichten, Trauer, Wahnsinn und Begräbnissen steckte. Hier drehte sich alles um sofortige Befriedigung: es gab keine Zeit, keine versteckten Bedeutungen, kein Vorspiel, keine Zukunft. Akio gefiel das. Alles gefiel ihm, sogar das grässliche Tapetenmuster mit den Vögeln im Sturzflug.

«Ich werde dich einer Menge Leute vorstellen und du wirst viel Geld verdienen. Sehr viel Geld.»

Während Ippei sprach, begann Akios Eichel unter dem Gummizug der kurzen BVD-Unterhose anzuschwellen.

Eine Fliege flog quer durchs Zimmer – eine kleine borstige Schmeißfliege. Ippei entdeckte sie sofort. Die Fliege beging den schweren Fehler, auf seinem Knie zu landen. Akio erkannte, dass Ippeis vornehmes Getue schlagartig der Gosse von Manila wich, wenn ihm etwas nicht passte. Mit ihm war nicht zu spaßen. Ippei, oder wie auch immer er in Wirklichkeit hieß, schnipste die Fliege mit geübtem Mittelfinger von seinem Knie.

«Fliegen», sagte er, während er auf die Massageliege stieg, «Drecksviecher. Verbreiten Bazillen. Worüber sprach ich gerade?»

«Geld», flüsterte Akio und fuhr mit der Hand über die Schenkel des Manns.

«Ach ja. Ganz wichtig», sagte der Mann und klopfte auf die Brusttasche über seinem Herzen, die voller Scheine steckte.

Akio überlegte, wie viel er verdienen könnte ohne sich dabei zu verschleißen.

«Die meisten kommen wegen Sex. Manche kommen hierher, um ihren Hass an Schutzlosen auszulassen – aber hier unten bei uns bist du in Sicherheit. Drei von vier, oder besser gesagt neun von zehn, sind in Ordnung. Zumindest sauber. Such dir hundert ganz normale Leute, setz dich als Fliege bei ihnen zu Hause an die Wand und guck heimlich in ihre Fantasien hinein. Du wirst dein blaues Wunder erleben.»

Sein Lächeln entblößte zwei Zahnreihen, die so vollkommen ebenmäßig und weiß waren, dass es sich nur um kostspielige Brücken handeln konnte.

«Der Grundpreis für die Massage beträgt 12 000 Yen. Die Hälfte davon bekomme ich. Ich verwalte das Geld – oder mein Assistent Hiroshi. Du bekommst, was du pro Sitzung verdient hast. Im Wesentlichen heißt das, je aufwändiger die Massage, desto höher das Trinkgeld. So lautet die Regel. Es läuft nicht immer so, selbst wenn der Herr bis an die Decke gespritzt hat.»

«Ist gut», sagte Akio.

«Machst du auch Hausbesuche?»

Akio nickte.

«Die Hotels musst du zielstrebig betreten. Du musst schick aussehen. Es muss nicht gerade eine Krawatte sein, aber Jeans und Lederjacke sind tabu. Sieh dich unauffällig nach den Fahrstühlen um und dann nichts wie rauf. Kein Blickkontakt mit der Rezeption, kein Herumgestehe. Ein schlauer Trick ist, einen Briefumschlag mitzunehmen, auf dem der Name des Kunden steht. Andererseits hast du natürlich das Problem mit den *echten Namen*.»

All das wurde schon zighundert Mal zighundert aufgeblasenen Kindmännern erzählt.

«Am schwierigsten kommt man spät nachts in die Hotels, bei manchen ist es wie bei der Passkontrolle.»

Aus Akios enger Unterhose ragte seitlich ein harter Schwanz hervor.

«Möchtest du gern duschen?», flüsterte Akio.

«Lass uns zur Sache kommen», krächzte Ippei.

Kurzes, ekstatisches Keuchen antwortete auf lang gezogenes Stöhnen, das ... egal, in zehn Minuten war alles vorbei.

Akio wurde versichert, er sei ein «sehr netter Junge», der sich durch erstklassige Körperhygiene auszeichne. Akio war erfreut über die Langeweile, die er dabei empfunden hatte. Er fühlte sich als Profi und ganz weit weg von seinen Wurzeln in Tsuchiura.

«Ganz wichtig – sei hinterher nett. Du darfst sie nie drängen. Zeige ihnen die Dusche oder biete ihnen ein heißes Handtuch an. Zünde ihnen eine Zigarette an. Hol ihnen einen Saft. Niemals Tee oder Kaffee anbieten, an Heißgetränken halten sie sich eine Ewigkeit auf. Sei nett, begleite sie hinaus und bring dann das Zimmer in Ordnung.»

Später sollte Akio erfahren, dass Ippei eine Kundenkartei führte. Er tippte ganze Lebensgeschichten in seinen kleinen Laptop, alles, was ein Freier über sich erzählte: Ehefrau, Arbeit, Auto, Hobbys, Vorlieben/besondere Vorlieben, Privatadresse, Jobadresse, Telefon-/Fax-/Handy-/Kraftfahrzeugnummer, Kreditkartennummern inklusive Gültigkeitsdauer.

Akio wurde zu einer Tür gebracht, in die ein Einwegspiegel eingebaut war. Mit einem Blick und einem Achselzucken, die da-kannst-du-mal-sehen-mit-was-ich-mich-so-herumplagen-muss ausdrückten, klopfte er zweimal an und schob dann – nachdem die Tür sich nur wenige Zentimeter geöffnet hatte – lautlos einen Vorhang beiseite.

In dem engen Raum hielten sich sieben Jungs auf, die Experten darin waren, Fremde einnehmend anzulächeln und zu überreden, sich für eine kurze therapeutische Behandlung von ihrem Geld zu trennen. Sie konnten mit jeder sexuellen Ausschweifung dienen, zu der ein Körper fähig ist. Über den zwei langen Sofas, auf denen sie saßen, hing ein seidener Wandbehang mit drei Koi-Karpfen.

«Wir nennen dieses Zimmer das Goldfischglas», verkündete Ippei. «Wann kannst du anfangen?»

«Ich ...», stammelte Akio, «bin bereit.»

«Wunderbar», sagte Ippei lächelnd, während er über das Verfallsdatum des Jungen nachdachte. «Aber im Moment sind wir rappelvoll, ich habe nie mehr als sieben hier drin. Lass uns einen Blick in den Terminkalender werfen.»

#7B

Takeo kam unpünktlich nach Hause. Er kam sonst nie unpünktlich nach Hause.

«Was hast du mit deinen schönen Haaren gemacht?», brüllte seine Mutter ihn an. Sie schickte ihn sofort in sein Zimmer.

Ihr trauriges Gesicht war rot und fleckig, als hätte sie am Kamin gesessen. Die Lider schmerzten und fühlten sich so hart und gläsern an wie bei einem Sonnenbrand.

Als sie die Knie unters Kinn zog, merkte sie, wie ihr eine Träne übers Gesicht kullerte und auf der heißen Haut trocknete. Sie blieb geschlagene zehn Minuten in der unbequemen Position sitzen, bis sie wütend vom Badezimmerfußboden aufstand.

In den Augen seiner Mutter sah Takeo völlig verändert aus. Sie kam nicht darüber hinweg, wie schnell und wie plötzlich das Kleinjungenhafte mit dem grässlichen Kahlschlag verschwunden war. Sie fühlte sich bestraft.

«Warum hat er das gemacht?», bat sie den Spiegel um Erklärung, bevor sie sich zur Abkühlung kaltes Wasser ins Gesicht spritzte.

Seine Mutter weinte nicht, weil er die Tür zu seinem Zimmer zugeknallt hatte, sondern weil der letzte Samstag im Monat infrage gestellt worden war. Sie hatte es immer genossen, ihrem Sohn die Haare zu schneiden. Außerdem befürchtete sie, dass er jetzt möglicherweise schlecht von ihr dachte. Sie beschloss sich im Lauf der nächsten Stunde ein kochend heißes Bad zu gönnen; der Dampf würde die Schmerzen lindern und das Eukalyptusöl würde schön zwischen ihren Knien glitschten.

Nachdem Takeos Mutter noch ein letztes Mal geschnieft hatte, fand sie zu ihrer alten Ruhe zurück. Der Haarschnitt war nur ein Zeichen, dass er sich ernsthaft in der Turnerriege engagierte. Wahrscheinlich hatte man ihn darum gebeten. Wie die anderen Jungs auch.

Takeo befreite sich aus der kneifenden Schuluniform. Nachdem er die Jacke ordentlich auf einen Bügel gehängt hatte, legte er sie aufs Bett. Er hatte ein schlechtes Gewissen – das Zimmer roch nach frisch gebügelter Wäsche. Seine Mutter wusste genau, wie viele Zähne er im Mund hatte, an welcher Stelle er sich einst das Schlüsselbein gebrochen hatte und welche Socken in der Wäsche waren. Sie gab ihr Bestes für ihn. Aber es waren *seine* Haare.

Takeo zog sich Hemd und Unterhemd auf einmal über den Kopf und legte beides gefaltet über den Schreibtischstuhl. Die warmen Sachen verströmten einen Duft, den viele als Parfüm gekauft hätten. Er strich seine Socken fein säuberlich glatt und legte sie über die anderen Sachen.

Zum Schluss öffnete er seinen Gürtel und stieg, indem er übertrieben mit Hüften und Hintern wackelte, aus der Hose. Er wand sich aus seiner Unterhose und präsentierte dem großen geteilten Spiegel an der Innentür des Kleiderschranks seinen zarten, splitternackten Körper.

Er strich mit der Hand über den millimetergenauen Bürstenhaarschnitt und fand, dass er ein kleines bisschen Handa San ähnelte. Der Haarschnitt machte ihn älter, härter. Zwölf Millimeter, genau wie Handa San. Sein Penis regte sich wie eine kleine Maus.

Ein unerwartetes Gefühl schoss durch seinen Körper. Es war eine ganz neue Erfahrung. Eine Empfindung, die er nicht benennen konnte. Nicht Angst, Zorn oder Trauer. Es war – als bräuchte man ein ganz neues Wort, um dieses Gefühl zu übersetzen. Eins in Großbuchstaben.

Takeo zog sich schnell graue Shorts und ein frisches Unterhemd über. Dann setzte er sich hin und betrachtete sich.

Nachdem sie zweimal angeklopft hatte (das hatte sie noch nie getan), betrat Takeos Mutter das Zimmer und sah, dass ihr Sohn mit den Händen auf den Knien kerzengerade auf der Bettkante saß und auf sein Spiegelbild im Fernseher starrte. Null Augenkontakt.

Sie fragte ihn, ob er etwas trinken oder essen wolle. Er habe alles, kam die Antwort.

«Sieh mich gefälligst an, wenn ich mit dir spreche. Ich bin deine Mutter.»

Seine Augen hatten noch dieselbe Farbe, dieselbe Form, aber das, was bisher dahinter gelegen hatte, war verschwunden oder hatte sich verändert. Der kleine Liebling, den sie kannte, war nicht mehr da.

Sie deutete mit einem Nicken zum Schreibtisch, hängte mit missbilligendem Kopfschütteln seine Jacke in den Schrank und zog verdächtig leise die Tür hinter sich zu.

Takeos Mutter wischte ihre Hände am Schürzenrand ab, obwohl sie weder staubig/schmutzig/kalt oder nass waren, und öffnete den Kühlschrank. Zum Abendessen gab es Wal. Yellow Tail.

Bevor Takeo sich an den Schreibtisch setzte, wanderte sein Blick über das jüngste Foto der Turnerriege mit Handa San an seiner Seite. Knie an Knie. Wieder schoss ein Gefühl durch den Körper des Jungen, das er erst einmal begreifen musste.

Takeo saß an seinem Schreibtisch beim Fenster und wollte sich daranmachen den Berg von Hausaufgaben zu bewältigen. Er hielt sich ein breites, durchsichtiges Lineal vor den Mund, das sein Zahnfleisch, die Zähne und die noch ungeküssten Lippen auf verzerrte Weise vergrößerte.

Wolken, die aussahen wie Australien, Afrika, die Iberische Halbinsel und der italienische Stiefelabsatz, zogen vorbei. Eine ganze Menagerie an Formen – Bergkatzen, Pythons, zwei vollständig ausgebildete Elefanten, ein Brathuhn. Natürlich sahen diese Wolken genauso wenig wie Afrika oder Elefanten aus, wie die Ehe seiner Eltern vorbildlich gewesen war, aber für Takeo waren diese Himmelsgebilde real und besonders. Er mochte den Himmel.

an army of soldiers

a band of musicians

a muster of peacocks

a bench of magistrates

a covey of grouse

a gang of labourers

a tuft of grass

a staff of servants

a smuck of yellyfish

Er konnte sich nicht konzentrieren. Verträumt klickerte er mit dem Kugelschreiber und sah hinaus auf Tokio im Mittagsschlaf. Die Nägel der schönen, jungen rechten Hand hatten die Farbe der Morgenröte, fast wie Achat. Vollendet gerundet und wunderhübsch gebogen. Jeder Nagel wies einen deutlich umrissenen Halbmond auf.

Diese Hand war dazu geschaffen, Millionen von Unterschriften zu geben, eine andere Hand zu halten, zu wichsen und eine Faust zu machen; eine Hand, dazu geschaffen, zur Begrüßung/zum Abschied zu winken.

Während er in den Himmel hinaufschaute, nahmen bis jetzt unbekannte Drüsen ihre Arbeit auf und produzierten mahlend und kreischend geheime Ausscheidungen. Die Hand zog das Schulbuch, auf dem *ENGLiSH* stand, ein Stück näher an den Jungen heran, damit er anfangen konnte die Sätze in peinlich sauberer Schreibschrift abzuschreiben.

Takeo stand schnell von seiner Hausaufgabe auf und blätterte im Lexikon, dessen Seiten vom Licht des Sonnenuntergangs gefärbt waren. Er blätterte rasch vorbei an Abbildungen von Boxern, Tauchern, Popstars, Schmetterlingen, den Flaggen der Welt und den Königinnen von England, bis er auf einer Seite innehielt – eine körnige Schwarzweißaufnahme der Skyline von New York – und plötzlich einen Steifen bekam. Er wusste überhaupt nicht, weshalb. Er blätterte zum Sportteil zurück. Verzögerte Reaktion, dachte er.

Über einen Umweg zu Johanna von Orléans (die er für einen Jungen hielt) und den Heiligen Sebastian – gefesselt und von Pfeilen durchbohrt, Achselhaare, Schweiß und weiße Handschuhe – gelangte er zur Doppelseite mit den Tauchern. Die hatten auch kurz geschorene Haare. Genau wie die Meister im Kunstspringen, die Turner und die Ruderer, die über schwarzes Wasser glitten.

Takeo stützte sein Kinn in die Handfläche und nagte so heftig an seiner Unterlippe, dass sie fast zu bluten anfing. Er sah sich die langweilige Hausaufgabe an.

an army of soldiers

a band of musicians

a muster of peacocks
a bench of magistrates
a covey of grouse
a gang of labourers
a tuft of grass
a staff of servants
i want to fuck you

Anders als viele seiner Klassenkameraden brauchte Takeo nicht zu büffeln. Er hatte Glück, er hatte einen günstigen Start erwischt. Gleich nachdem er allein zur Toilette hatte gehen können, war er in einen renommierten Kindergarten geschickt worden, wo er schnell Schimpfworte in vielen verschiedenen Sprachen aufschnappte. Einige der Erzieher dort hielten ihn für begabt.

Während Takeos Mutter in der Küche einen Kohl viertelte und das weiße Herz herausschnitt, dachte sie an die Abendgesellschaften zurück, bei denen sich sämtliche Gespräche um die Freuden des Essens gedreht hatten. Traditionelle Rezepte, ehemalige Chefköche, weiße Buttersauce, wie Mutter sie zu machen pflegte, und ähnliche, die Geschmacksknospen reizende Themen. Feiern, bei denen vor dem Essen übergroßzügig Gin und während des Essens Sake ausgeschenkt wurden. Und dazu das ewige belanglose Geplänkel.

Sie war froh, dass ihr Mann gestorben war und sie davon erlöst hatte. Davon und von all seinen seltsamen Marotten: ein Mann, bei dem Tassen und Untertassen in angewiesener Position genau acht Zentimeter von der Tischkante entfernt stehen mussten. Der Abwasch musste geräuschlos vonstatten gehen, ohne dass ein Teller oder ein Küchengerät einen anderen Teller oder ein anderes Küchengerät berührte. Alles musste dreimal unter kochend heißem Wasser abgespült werden. Die Sachen wurden nicht poliert, bis sie sauber, sondern bis sie rein waren.

Es war ein Fehler gewesen, ihn zu heiraten. Wenn sie miteinander schliefen, hatte sie das Gefühl, er würde ihr etwas vormachen, als wäre die aufgestaute Leidenschaft, die er in sie hineinspritzte, eigentlich für eine andere bestimmt. Es passte ihr prima ins Konzept, die trauernde Witwe zu spielen. Das Leben war schöner und einfacher, seitdem sie nur an sich und Takeo denken musste. Viel.

Takeo dachte an nichts/Handa San/nichts/einen Quallenklecks. Dann sah er ungläubig auf das Wort, das er geschrieben hatte. Ein böses Wort mit großem F. Und hinten mit «uck» wie in *suck, muck* und *duck*. Er atmete tief durch, riss die Seite heraus und kritzelte – mit seinem Lieblingsbleistift – in einer zornigen Diagonale *SeX FUCk YOU baby*.

Der dünne sechseckige Bleistift fühlte sich gut an zwischen den Zähnen. Er biss nicht zu, sondern ließ ihn still ruhen; nur von Zeit zu Zeit ließ er ein wenig locker und drehte ihn exakt einmal herum, was ein Geräusch verursachte, das nur er hören konnte.

Er mochte den Geschmack von Farbe und Holz auf der Zunge.

Wohnung 7A

Ein Häufchen Totalversager aus der Nachbarschaft saß auf einer Mauer am Ende der Straße. Sie waren damit beschäftigt, ihre Pickel auszudrücken und über Orgasmen zu diskutieren. Die Tornister saßen auf ihren Rücken wie Schneckenhäuser.

Der eine, dessen hübsche, schwarze Augen im Schatten seiner Mütze lagen, war das Hingucken auf alle Fälle wert. Gertenschlanke Taille. Er zog so heftig an seiner Zigarette, dass es den Eindruck machte, als versuchte er einen lebenswichtigen Nährstoff aufzusaugen.

Eine alte Frau ging unbeholfen an ihnen vorbei, noch etwas unsicher, wie sie mit der neuen Krücke umgehen sollte, die in ihrer Achselhöhle klemmte.

Das Lego, mit dem früher der Junge aus #8A gespielt hatte, bevor er es an den Nachbarssohn in #7B weitergab, gehörte jetzt dem Jungen in #4B. Im selben Fenster tauchte kurz die Mutter des Jungen auf, die dem Siebenjährigen nacheinander Arme, Rücken und das kleine Vorderteil des neuen, aber noch nicht zusammengenähten Strickpullis anhielt.

In manche Wohnungen bekam man einen besseren Einblick als in andere. Stockwerk für Stockwerk identisch, nur durch Wände voneinander getrennt. Oft gab es gemeinsame Momente: Licht wurde ein-/ausgeschaltet, Tische wurden gedeckt, Fenster eilig geschlossen, wenn es draußen donnerte. Gleichzeitiges Leben und doch jeder für sich. Die Bewohner nahmen einander kaum wahr und ebenso wenig nahmen sie wahr, dass sie vom siebten Stock im Hochhaus gegenüber – nur eine olympische Schwimmbeckenlänge entfernt – durch ein Fernglas beobachtet wurden.

Hinter den Jalousien, die stets im selben Winkel eingestellt waren, wurde noch ein Schluck Pokari Sweat getrunken; dann ließ ein scharfes Augenpaar den Blick in die Ferne schweifen. Jedes Fenster war in- und auswendig bekannt. Bei manchen waren die Vorhänge halb zugezogen, bei anderen die Rollos immer unten. Viele hatten Jalousien, durch die man hinaus-, aber nicht hereingucken konnte. Kleine Leben, verpackt in graues Eisenbeton.

Die Beleuchtung des großen Aquariums warf flackernde Schatten auf schmale Hüften. Fische waren die idealen Haustiere für diesen Bewohner, denn sie brauchten keine mitternächtlichen Ausflüge in den Park, keine Impfungen, keine teuren/schweren Einkäufe, keine stinkenden Näpfe oder Tabletts, die man abspülen musste. Pflegeleicht. Geräuschlos. Ärgerlich war nur, wenn der Strom ausfiel. Zwei Teleskop-Schleierschwänze drückten sich am Grund herum.

Vom Wohnzimmer aus, das mit den hirnrindenblau gestrichenen Wänden die Atmosphäre einer engen Gasse verströmte, richtete sich das Fernglas auf feine Farbschattierungen, Buchtitel, Wimpern. Der Zuschauer suchte die Herausforderung, etwas zu entdecken, das sich verändert hatte.

Oberhalb des dichten schwarzen Urwalds unter der grauen Jeans war straffe, unbehaarte Haut zu sehen. Die Bauchmuskeln waren glatt und hart. Wenn die (überraschend starken) Arme angehoben wurden, traten vertikale und horizontale Linien hervor, die einander überkreuzten. Die Augen waren starr, magnetisiert.

Der Blick in die Wohnung des Dirigenten im ersten Stock, der mit angespannter Vorfreude den dreitägigen Orchesterproben und der im Anschluss stattfindenden Aufführung entgegensah, war versperrt. Keine Spur von der alten, schüchternen Rentnerin im neunten, die früher Croupier gewesen war, oder von Utsumi, dem Grafikdesigner, der mit seiner rötlichen Katze in #2A lebte. Dafür stopfte sich das dicke Mädchen in #9A heimlich, aber für alle Welt sichtbar mit Essen voll.

Manchmal zoomte das Fernglas von verschwommen zu scharf, was ähnlich erschreckende Verwandlungen herbeiführte wie das Ausmalen verblichener Zeitungsfotos. Details wurden riesengroß. Das Fernglas war so leistungsstark, dass es über der Brusttasche des Hemds, das die einsame alte Tunte in #10B trug, kleine hellblaue Flecken aufspürte, die aussahen wie ein Insektengelege. Die schlaffen Brüste wurden langsam zu groß für das Hemd. Der Mann presste sein aufgedunsenes, verschmiertes Gesicht gegen die Fensterscheibe. Unrasiert. Wie ein Schlafwandler trippelte er die sechs Schritte zu seinem (lächerlichen) Minikonzertflügel. Es hatte den Anschein, als würde er spielen, aber seine Finger glitten nur über den geschlossenen Deckel. Ein Richtungsmikrofon, das die Polizei zum Abhören verwendet, wäre jetzt schön gewesen.

Die Rollos der Penthousewohnung waren tagsüber unten, aber nachts wurden sie hochgezogen und ein alter Schwarz-Weiß-Fernseher flackerte wie ein Stern. Diese Fenster strahlten eine besondere Zurückgezogenheit aus.

Das Fernglas wollte die Bewohner, die neben- und übereinander wohnten, beobachten, ihnen ganz nahe sein, sie einrahmen. Sobald sich irgendwo ein Vorhang öffnete und Licht gemacht wurde, verließ das Fernglas, das gewöhnlich vor der Brust hing, aufgeregt seine Position und wanderte in Richtung Augen. Am meisten gab es bei heißem Wetter zu tun.

Manchmal wurden einer oder zwei der zuckenden Marionetten anspornende Worte zugemurmelt.

Das Fernglas wusste, wo sich die Vorlegelöffel, Schirmständer, Spielkarten, Schlüsselbunde, Münzen, Lieblingskräutertees und glänzenden CD-Sammlungen der Bewohner befanden. Es wusste, wann sie ihre Topfpflanzen gossen und wann, aber nicht, warum sie in Tränen ausbrachen.

Die Jagd von Zimmer zu Zimmer vollzog sich rhythmisch; zwischendurch wurde innegehalten und die Lage taxiert. Aber das Fernglas sah nur selten mehr als den Ort, an dem eine Geschichte stattfand; meistens blieb es beim Schwenk auf das signifikante Detail, was den Zuschauer zum ewig Suchenden degradierte. Deprimierend.

Das Fernglas wanderte über verschwommenes Eisenbeton, bis sich plötzlich das Leben in #7B in erschreckender Klarheit und Nähe vor ihm auftat. Der Eigentümer des Fernglases (der sich die dem Voyeur eigene Zuversicht, nicht entdeckt zu werden, schon vor vielen Monden angeeignet hatte) pfiff wie ein begeisterter Schuljunge. Der Mund, der nicht zum Lächeln geschaffen war, lächelte.

Auf der Oberlippe bildeten sich langsam kleine Schweißperlen. Es waren beide Hände nötig, um das schwere Fernglas ohne Zittern zu halten. Eine konzentrierte Zunge legte sich an der Oberlippe an und formte sich zu einem Bogen.

Die Hände verkrampften sich zu Krallen, während der Blick viel aufmerksamer als üblich blitzschnell hin und her schoss. Zwei bis zum Zerreißen geweitete Augen, deren nadelöhrgroße Iris auszutrocknen drohte, richteten sich durch das schwere Fernglas auf den Jungen. Sie waren viel aufmerksamer als beim Fernsehen, ausgenommen es gab Tauchmeisterschaften oder Boxen im Superfliegengewicht.

Noch vor wenigen Wochen war das Kinderzimmer voll mit Spielsachen gewesen. Jedes Geräusch erstarb. Der Zuschauer befand sich im Epizentrum absoluter Emotionslosigkeit.

Die mit Bedacht eingestellten Lamellen umrahmten sein Bild oben und unten mit langweiligem Weichzeichner.

Das Gesicht wurde Minute für Minute behutsam durchgeblättert wie ein Buch und von der Pubertät völlig neu erschaffen.

«Mmm.»

Alles, was der Junge tat, reflektierte sich als heftiger Schock im Fernglas: Er durchquerte das Zimmer (und schloss die Schiebetür so geräuschvoll, wie seine Kräfte es zuließen), zog sich aus und unterzog sich direkt vor einem geteilten Spiegel im Kleiderschrank einer genauen Musterung. Er strich sich über das frisch geschorene Haar. Er ging mit zorniger Entschlossenheit im Zimmer umher und setzte sich dann auf sein Bett.

Der Junge im siebten Stock bekam plötzlich atmosphärische Dichte.

Hinter dem Fernglas saßen zwei dunkle Augen, die in einem Knochendreieck steckten, das zu schmelzen schien. In diesen Augen lag ein schwarzer Glanz, derselbe Ausdruck, den Hunde bekommen, wenn sie bumsen wollen. Augen, die nur eins im Sinn haben. Im Zuschauermund sammelte sich Speichel.

Ein schlanker, ausgemergelter Umriss trat entschlossen ans Fenster.

Dieser Anblick war die Geduld und die investierte Zeit mehr als wert. Der eiserne Griff, mit dem das Fernglas gehalten wurde, strahlte rohe Körperkraft aus. Es waren keine Arbeiterhände, sondern eher die eines Fahrkartenkontrolleurs oder Gasablesers. Weich und gepflegt. Großporige Haut. Auf den Handrücken traten pulsierende Adern hervor. Jede Bewegung wurde in gespannter Stille überwacht.

Der feste, gesunde Jungskörper war fast zu jungfräulich, zu aristokratisch, um den gewohnten Geschmack zu befriedigen. Dieser Körper war noch unreif, aber viel versprechend.

Eine Entscheidung wurde gefällt: In dieses Fenster würde der Zuschauer viel langsame, erdrückende Zeit investieren. Die vereinzelten (kurzen) Auftritte des Jungen würden es trotz der unvermeidlichen langen Pausen wert sein. Es würde eine Freude sein, die Entwicklung mitzuerleben, die er in den kommenden Wochen durchlaufen würde.

Der feuchte Traum des Bewohners von Wohnung 7A war ein Junge, der im laufenden Halbjahr mindestens sechsmal die Schule geschwänzt hatte. Eine Abmahnung/ein Schulverweis wurden als Fetischpunkt gewertet. War der Junge ein Ausreißer, zählte das als weiterer Pluspunkt. Jede Betätigung in den Disziplinen Graffiti, Vandalismus, Schlägerei (sofern sie eine Einweisung ins Krankenhaus erforderlich machte), Trinken, Missbrauch von Lösungsmitteln, Drogen oder Prostitution bedeutete den Hauptgewinn. Die

Traumjungs durften sich allerdings weder die Haare färben noch Schminke auflegen: Blutergüsse, Narben und notorisches Lügen waren dagegen ebenso gern gesehen wie schmale Hüften, schlanke Hälse und muskulöse Waden. Solche Jungs wurden romantisiert und angebetet, waren aber schwer zu haben.

Die Art, wie der Junge den Kopf hielt, und seine lässige, unbekümmerte Haltung harmonisierten mit der Schönheit seines Körpers, an dem sich der heikle Übergang von formloser Kindlichkeit zu den unausgewogenen, schiefen Proportionen der Pubertät vollzog. Diese wunderschöne Phase der Vergänglichkeit brachte strenge Linien hervor, die man mit der Kamera hätte festhalten müssen. Der Körper kündete von einem bevorstehenden Verlust, als könnte jeden Augenblick etwas Neues Besitz von ihm ergreifen.

Keine einzige Sommersprosse, kein Leberfleck oder Kratzer auf der noch völlig ungeprägten Haut, dachte der Zuschauer. Vollkommen.

Ein eindringlicher, intimer Blick. Das Fernglas fuhr langsam jede komplexe Rundung und jeden Spalt ab; es widmete dem Jungskörper dieselbe liebevolle Aufmerksamkeit wie ein Jacques-Cousteau-Film einem seltenen Manta. Die Augen des Zuschauers leckten das Gesicht ab wie eine Zunge, die sich über Eis hermacht.

«Uuh, schäm dich – du hast Gefühle, die du nicht empfinden darfst», flüsterte eine heisere Stimme.

Der Junge saß in der Mitte des Zimmers und ließ den Blick schweifen – eine Sache, die er von seinem Vater geerbt hatte. Obwohl der Himmel orange war, fiel ein schwerer Regentropfen gegen das Fenster von #7B und dann trafen zwei oder drei Spritzer das Fenster von Wohnung 7A, hinter dem der Zuschauermund jetzt plump offen stand.

Die Lippen des Jungen bewegten sich. Es hatte den Anschein, als wüsste er genau, wie man sein Publikum fesselte. Gerade Zähne und eine breite, glänzende Unterlippe verzogen sich zu einem Lächeln, während er Selbstgespräche führte oder sang.

Kein einziges Wort war von den Lippen abzulesen, aber es machte Freude, die langsamen Mundbewegungen nachzuahmen und in der Fantasie in Küsse umzuwandeln.

In der Stille entstand die erste gefühlsmäßige Bindung zu dem Jungen, der das Haus stets mit federndem Schritt verließ. Spürte der Junge, dass ihm aus fünfzig Metern Entfernung über das Haar gestreichelt wurde?

Ein Windstoß erfasste die Jalousie und machte ein unschönes Geräusch. Es wurde nichts dagegen unternommen. Der Junge wirkte leicht verunsichert, als wäre er sich bewusst, dass er beobachtet wurde. Ein unheimlicher Augenblick. Er schien durch die Jalousie hindurchzugucken, als wäre er durch einen Lichtreflex auf die Linse aufmerksam geworden. Er richtete sich sogar für einen kurzen Moment halb auf, ließ dann aber den Kopf zurück auf die verschränkte Armen sinken. Der Beobachter stand sicher im kühlen Schatten, der vorbeizog.

Beide Hände wollten sich ausstrecken und die Haut des Jungen oberhalb des Kehlkopfs und dicht unterhalb des Ausschnitts seines Unterhemds berühren.

Es wurde davon geträumt, den Jungen wie eine Blume von seinem Schreibtisch wegzupflücken und ihn auf das Sofa oder zwischen die frisch gewaschenen Laken des schmalen Einzelbetts zu verpflanzen.

Den Jungen zu berühren wäre wie eine Sinfonie in den Armen zu halten: das Größte. Seine Haut würde nach Kuchen duften – oder nach Himbeeren. Überall Berührungen, überall Küsse.

Als der Junge das Fenster verließ, um sich wieder anderen Dingen zuzuwenden, wurde das Fernglas an seinen gewohnten Platz neben dem Vier-Stufen-Ventilator zurückgelegt.

Die Fingernägel bohrten sich in beide Handflächen. Eine blassgrüne Gänsehaut überzog den bebenden Körper; Speichel wurde schwer heruntergeschluckt. Neben dem Fernglasetui stand eine glänzende, quaderförmige Metallbox mit einem langen Schlitz auf der Oberseite, aus dem ein – zerrissenes – Kleenextuch hervorschaute.

DIENSTAG

火

#8B

«Na, du Schöne – komm zu mir.» Als Shinohara Sans Mann die Katze rief, drückte sie sich an die Fensterscheibe und stellte sich taub.

Sunday Girl war eine hübsche, außergewöhnlich anmutige europäische Rassekatze mit weichem, seidigem Fell und edlen Zügen. Ein Blick von Shinohara Sans Mann auf ihr Spiegelbild im Fenster hätte genügt, um den überaus feindseligen Blick zu bemerken, der in seine Richtung ging.

Während Shinohara San sich weiterhin bemühte das Interesse ihres Manns auf die nächste große Auslandsreise zu lenken, schlüpfte Sunday Girl hinter das Sofa, als würde sie bereits den nächsten Stimmungsumschwung samt seinen möglichen Folgen wittern. In letzter Zeit fing der Mann schon an zu brüllen, wenn sein Bad nicht eingelassen, das Bier nicht ausreichend gekühlt oder der Reis nicht hundertprozentig nach seinem Geschmack war.

In Sunday Girls Haltung, ihrem Blick und dem Fell zeigten sich die Spuren des Alters. Die eleganten Linien und die sanft abfallenden Schultern bekamen etwas Schweres. Sie war ein wohlerzogenes Tier, das nie Dreck machte und immer die kleine Kiste benutzte, wenn die Natur rief.

Als der Mann mit donnernder Faust auf den Frühstückstisch schlug, um dem «Nein!», das er seiner Frau entgegenschleuderte, mehr Nachdruck zu verleihen, gab die Katze ein Miau von sich, das sich fast wie ein Weinen anhörte.

Vor fünf Jahren hatte die Ankunft der Katze die Stimmung in #8B aufgehellt. Die Mahlzeiten waren in der Regel entspannter verlaufen, weil sie ihre Blicke nun auf die Katze richten konnten, die schnurrte, bettelte oder sie einfach unbefangen beobachtete.

Der Morgen brach in körnigem Blau an.

«Guten Morgen, Dienstag», flüsterte Shinohara San in Sunday Girls weiches Nackenfell, während beide vom Fenster aus zusahen, wie der Herr des Hauses zur Arbeit ging.

Der Tag fühlte sich bereits alt an.

#9A

Atsko nagte an einem Jaffa-Keks und starrte auf einen Plan der Londoner U-Bahn. Sie wollte herausfinden, wie sie heute in vierundachtzig Tagen von West Acton nach Camden Town kommen würde. Rote Linie, schwarze Linie.

Atsko, ein fünfzehnjähriges Mädchen, allein in seinem Zimmer. Allein, bis auf den acht Monate alten Artois-Beagle mit den langen Ohren und der langen Schnauze, der hechelnd neben ihr lag: Sherry.

Die pummelige Figur der beiden grenzte eindeutig an Korpulenz, um nicht zu sagen an Fettleibigkeit, und zog fast ebenso viele Blicke auf sich wie ihre hübschen Gesichter. Als Abspeckmaßnahme waren beide dazu verdonnert worden, jeden Abend eine halbe Stunde spazieren zu gehen. Atkos Mutter war eine entschiedene Befürworterin von frischer Luft und viel Sport. Atsko nicht. Für sie waren Imbissbuden das wahre Paradies.

Als sie sich bis zur Orangenfüllung in der Mitte vorgeknabbert hatte, vertilgte sie den Keks mit einem Bissen. Der Hund, der mit wedelndem Schwanz vergeblich auf sich aufmerksam gemacht hatte, fing an zu winseln – er wollte noch einen von den leckeren Keksen. Die Mutter des Mädchens ermahnte ihre Tochter immer wieder zum gründlichen Kauen. Atsko hörte nicht auf sie: Das war langweilig und Zeitverschwendung. Allerdings tat das halb zerkaute Essen heute ihrem entzündeten Hals weh, der ihr einen Tag schulfrei eingebracht hatte.

Atsko ärgerte sich, dass krank sein immer wehtat. Krank sein war unangenehm. Eigentlich hätte sie krank sein gar nicht so übel gefunden, wenn man sich dabei nicht die meiste Zeit einfach bäh fühlen würde.

Sherry winselte – seit über einer Minute hatte ihr niemand eine Belohnung zugeworfen.

Wenn sich das Mädchen zu einem Lächeln durchrang, kamen winzige (spitze) Zähne zum Vorschein. Wenn sie grinste, blitzten kurz die Eckzähne und die silbergraue Zahnspange auf und verschwanden sofort hinter der Hand, die sie sich vor den Mund hielt.

Vor genau einem Jahr hatte Atsko ganz bewusst beschlossen eine fette, faule Schlampe zu werden. Denn eine fette, faule Schlampe war unbestreitbar das genaue Gegenteil von allem, was ihre Mutter jemals gewesen war. Es war ein ziemlicher Kampf gewesen, doch allmählich dämmerte es der Mutter, dass ihre Tochter die hohen Erwartungen, die sie an sie stellte, nämlich auf allen Gebieten Fleiß und hervorragende Leistungen zu zeigen, nicht erfüllen würde. Disziplin, Gesundheit, starke Knochen, Fahrten in die Bibliothek: nein danke.

Es hatte seinen Reiz, das ganze Wochenende im Bett zu bleiben und seine Pickel Pickel sein zu lassen. Wozu gab es schließlich das Wundermittel aus der Tube namens Foundation? Die Akne des Mädchens entwickelte sich dank einer Ernährung, die aus vielen heimlich verzehrten, unerlaubten, aber köstlichen Schweinereien bestand, prächtig.

Oft aß Atsko mehr, als ihr Stoffwechsel verarbeiten konnte. Das bezeugten die Fotos im Familienalbum, die mit schöner Regelmäßigkeit an Urlaubsorten in der ganzen Welt aufgenommen wurden. Die Mutter kochte kalorienarme Mahlzeiten, um das Gewichtsproblem ihrer Tochter in den Griff zu kriegen, aber die unbezwingbare Fresssucht verführte dazu, das wöchentliche Taschengeld für Crêpes und Getränke aus dem Automaten auszugeben.

Eine Klassenkameradin hatte ihr empfohlen zur Tankstelle zu gehen und Benzindämpfe einzuatmen, wenn sie abnehmen wolle. Das sollte angeblich bis zu acht Stunden den Appetit unterdrücken. Atsko vermutete, dass dabei wahrscheinlich mehr draufging als der Appetit.

Auf der Fensterbank saßen lauter Clowns und guckten in das Zimmer des Mädchens. Sie hatten Tischtennisballnasen und bunte Haare in verschiedenen Karottentönen und trugen schwarz-weiß karierte Kostüme, groß gepunktete Krawatten und lange, platte Schuhe. Bei den meisten glitzerten zwischen Lidern und Wangen Tränen. Die Puppen waren seit jeher ihre kleinen Tröster gewesen.

Während sie sich mit ihnen unterhielt, stellte sie sich vor, sie wären ein Filmteam, das eine Dokumentation über ihr kleines Leben drehte. Sie mochte die Clowns lieber als die russischen Puppen, die in dem Regal neben ihrem Bett standen, oder die Rika-chan-Puppen und die Barbies, die sicher in einem Müllbeutel hinten im Kleiderschrank verstaut waren.

Als Atsko die Jaffa-Kekse aufgegessen hatte, öffnete sie das Fenster. Sie machte sich mehr Sorgen darüber, dass jemand sehen könnte, wie die Verpackung aus dem neunten Stock geworfen wurde, als darüber, dass sie nur in Slip und BH am Fenster stand.

Sie entdeckte den Jungen aus #7B, der auf dem Weg zur Schule war, derselben Schule, die auch sie besuchen würde, wenn sie ein Junge wäre. (Takeo hieß er. Groß für sein Alter. Ein bisschen schüchtern.) Sie wartete, bis er um die nächste Ecke war, und schleuderte die leere Packung in hohem Bogen aus dem Fenster. (Niedlicher Haarschnitt.)

Das Mädchen drehte sich mit dem Rücken zum Fenster, hielt sich einen kleinen Spiegel vors Gesicht und führte eine Mascarabürste an die Wimpern ihres (leicht blutunterlaufenen) rechten Auges; das alles geschah mit derart zwanghafter Übergenauigkeit, dass es beinahe unbeholfen wirkte. Sie stellte sich vor, wie die Klappe fiel.

«Heiraten würde ich einen *gaijin* allerdings nie, die haben für meinen Geschmack viel zu viele Haare auf dem Rücken.»

Anders als ihre Mutter hatte Atsko vor, sich so viel von den Männern zu holen, wie sie kriegen konnte. Sie wollte Spaß mit ihnen haben, aber sie durften sie nicht stören. Für Brautjungfern würde sie keine Verwendung haben. Schon als Zehnjährige hatte sie sich hoch und heilig geschworen sich nie von einem Mann abhängig zu machen. Sie hätte es schöner gefunden, wenn es eine Alternative zu Männern gäbe, aber ihr fiel im Leben nicht ein, was diese Alternative sein könnte.

AGENTUR

Auf Liam wirkte die Agentur wie die Spendenannahmestelle für eine gigantische Wohltätigkeitsgala im Fernsehen.

Viele schöne Menschen wurden von deutlich weniger schönen Menschen vertreten, die am Telefon über Termine, Maße und Preise sprachen und hektisch auf Klemmbretter schrieben, die sie von einem Drehgestell rissen, das in der Mitte des großen runden Tisches stand, an dem sie saßen. Stress, Stress, Stress.

Eine Wand war ganz mit Plastikhüllen bedeckt, in denen die Setcards der Models steckten; endlos viele schwarz-weiße Augen, die in den Raum starrten.

Es war wie bei der Immatrikulation an der Uni: ordentliche Frisuren, weiße Zähne, defensives Verhalten und preiswerte Klamotten, die ein bisschen auf edel getrimmt waren.

Bei Golding, wusste Liam von dem Scout im Streatwearlook, der ihn entdeckt hatte, klingelte das Telefon von Neujahr bis Silvester. Er sah sich mit großen Augen um, während er versuchte sich nicht an den Knöcheln zu kratzen, die von den nervös umherschwirrenden Moskitos völlig zerstochen waren.

Ms. Golding saß an ihrem Schreibtisch. Eine große Frau mit dem Anflug eines (gebleichten) Schnurrbarts und einem Lachen, das ihr Doppelkinn/das Gebäude zum Beben brachte. Sie war in ein

Gespräch mit dem Besetztzeichen ihres Privatanschlusses vertieft, ein Trick, den sie oft anwandte, um in Ruhe die Menschen zu mustern, die sich gehorsam um sie versammelt hatten.

Die meisten dieser Menschen, dieser *Models*, sind einfach nur schön, dachte die erfolgreiche Agentin. Perfekte Körper von Kopf bis Fuß, mit einer Haut ausgestattet, die kein Airbrushing benötigt. Schlichte Gestalten mit Aufsehen erregendem Lächeln und elfenbeinfarbener Epidermis. Aber manche strahlen. Weshalb sie strahlen, weiß kein Moderedakteur. Kein Werbefritze kann sagen, woher dieses blitzende, bioenergetische Licht kommt, aber diejenigen, die diese Mischung aus Glorienschein/Aura/Strahlen haben, bekommen die besten Jobs und die besten Tearsheets.

Tattersall-Karo und derber Tweed kreierten an diesem Morgen einen strengen englischen Stil: Der Preis der Kleidung machte die mangelnde Originalität wett.

Golding genoss es, dass die Models jedes Mal in neugieriger Erwartungshaltung eintrafen – die schnell einen Dämpfer erhielt und bald darauf den Nullpunkt erreichte. Sie nickte ständig und röhrte unangemessen laut «Hai» ins Telefon; dann sah sie sich um und spitzte die Ohren.

Julie B, klassische englische Schönheit mit zahlreichen Sommersprossen und Covergirl der *An-An* von dieser Woche, las einen Brief vom One Tree Hill. Julie roch nach dem teuren Inhalt eines kleinen Flakons mit passendem Glaspfropfen; ihre zarten Knochen, der keltische Teint, die perfekten Kleiderbügelschultern und die riesigen, weit auseinander stehenden blauen Augen mit den langen, fedrigen Wimpern verliehen jedem Casting, an dem sie teilnahm, einen Hauch von Exklusivität. In diesen strahlend blauen Augen lag ein Funkeln, das keine Computertechnik je erzeugen könnte. Diese perfekten, strahlend blauen Augen lasen flüchtig von Verzweiflung über das neuseeländische Wetter und Besorgnis über die Ernährung einer einzigen Tochter. Zwölf Din-A4-Seiten Luftpost.

Das Mädchen mit dem hübschen Porzellangesicht klemmte sich einige Strähnen des Pagenkopfs im Siebziger-Jahre-Stil hinter ein perfekt geformtes (sehr gern geküsstes) Ohr und wiederholte die

Bewegung rasch noch einmal, bevor die Strähnen sich wieder lösten. Sie wusste, was sie tat, und sie wusste, es sah niedlich aus.

In Julie Bs Gedanken standen ihre Karriere und ihr Konto bei der ANZ Bank (Filiale Mangere-Brücke) immer an vorderster Stelle. Die Versuche, mehr als nur das Allernotwendigste auf Japanisch zu sagen, waren gut gemeint, aber meistens unverständlich. Sie beeindruckten trotzdem, wenn auch nicht so sehr wie das scheinbar ldurchdachte Übereinanderschlagen ihrer langen, wohlgeformten Beine.

Am anderen Ende des Raums saß ein achtzehn-/fast neunzehnjähriger ehemaliger *Big-Issue*-Verkäufer – unglaublich wulstige Lippen und ein hübsches, leeres Gesicht, das nichts sagende Langeweile ausstrahlte und für die Massenpublikation wie geschaffen war – und artikulierte lautlos ein paar Namen vom Titelblatt der Herbst/Winter-Kollektion. Ganz langsam. Greg.

Greg: der Typ Mann, den andere Männer zum Kumpel haben und Frauen rittlings besteigen wollen. Dennoch gab man ihm nicht viel zu tun und er wollte heim in seine Sozialwohnung in Finsbury Park. Er vermisste seine Freundin/sein Baby/seinen Hund. Er vermisste es, draußen vor Safeways mit seinen Stammkunden zu quatschen. Es war nicht sein Ding, Anziehpuppe zu spielen. Wäre er allein gewesen, hätte er der ganzen Bande auf dem Titelblatt Brillen und Bärte gezeichnet.

Jede Minute brach erneutes Gelächter los. Zigaretten wurden geraucht, Mappen durchgeblättert. Dieser gemischte Haufen gemischter Nationalitäten aß jeden Abend Tempura, beherrschte nicht mehr als ein Dutzend Worte Japanisch und störte sich nicht daran. Sie waren zum Bumsen und Geldverdienen gekommen und würden irgendwann mit wunderschön gedruckten Tearsheets im Gepäck wieder nach Hause fahren.

Golding wusste nur zu gut, dass die meisten ihren Vertrag nach Ablauf der sechzig Tage verlängern und noch ein bisschen bleiben würden. Sie würden nach Hongkong oder Thailand fahren, um ihr Visum zu erneuern und Energie zu tanken/ihre Bräune aufzufrischen/shoppen zu gehen. Dann würden sie zurückkommen, um den Laufsteg oder die Tanzfläche des Delight zu erobern.

Hinter Golding stand eine Fotografie ihrer Eltern, die die Agentur Anfang der Achtziger gegründet hatten. Die satten Farben auf Hochglanzpapier verliehen ihnen etwas Herrisches; sie starrten finster über den ausgeblichenen, kurz geschorenen Schopf ihres einzigen Kinds hinweg, als wollten sie ihm Rückendeckung geben. (Wehe, ihr tut unserer süßen kleinen Della etwas an, sonst passiert etwas.) Sie nahmen die gleiche gekünstelt arrogante Pose ein, in der Staatsoberhäupter fotografiert werden.

Links von Golding saß Kubo, die einen kleinen Tisch für sich allein hatte. Kubo, die Chefbookerin, die den Managern Yada und Jean Pierre (irrsinnig) viel Arbeit aufhalste. Kubo, die alle Honorare aushandelte. Kubo mit der eindrucksvollen Körpersprache, die immer mit dem Rücken zum Büro saß und deren Gesicht von langen schwarzen Haaren verdeckt wurde: der einzige Ruhepol inmitten des großen Chaos, die Frau, die mit rauchigem Flüstern über astronomische Summen verhandelte. Die meisten Models fanden Kubo cool. Sie ahnten nicht, dass die liebe Kubo einen kleinen Teil ihres geheim gehaltenen Honorars einkassierte. Golding hatte Spaß daran, ihre Models zu ficken – so oder so.

Loretta, die gerade von einem dreitägigen Shooting auf dem Berg Fuji zurückgekehrt war – ein Geschöpf, das höchstwahrscheinlich schon bei seiner Geburt einen Kaugummi im Mund gehabt hatte –, sah sich die Mappe eines neuen Mädchens an. Sie schlug mit der flachen Hand auf das internationale Editorial und bohrte beim Umblättern mit den Nägeln Dellen, wenn nicht sogar Löcher in die Seitenränder. Ihr Gesicht wirkte leicht verunsichert. Das hautenge Kleid, das sie trug, schien zu atmen; die Falten bewegten sich auf und ab wie Kiemen. Ihr gefiel die neue Konkurrenz (ganz und gar) nicht, die – in der Tat – das Negativ ihrer selbst war.

Größe: 5'8'/1,73 Brust: 34/86 Taille: 22/60 Hüfte: 34/86 Schuhgröße 6/37 Haarfarbe: Blond. Blond, dass ich nicht lache. Du hältst sie fest und ich bleiche ihr den Ansatz mit Tipp-Ex. *Augen: Blau Besonderes: Schauen, Zähne, Hände.* «Hände, so'n Quatsch», sagte Loretta zu einem Typ, der irgendwo auf dem Weg vom Ex-DJ zum Jungmanager stecken geblieben war. Sam.

Sam: ein junger Mann umgeben von einer Kourouswolke, was deutlich zu riechen war. Sam Zimmerman, auch wenn Sam Dylan auf seiner Setcard stand. Dylan, ein eingängiger Name weit vorn im Alphabet und somit eine kluge Wahl, da die Kunden das Agenturbuch von vorn nach hinten durchblättern. Außer in Japan.

Sam und Loretta. Loretta und Sam. Das dynamische Duo.

Loretta: brasilianischer Kotzbrocken, die ihr Englisch bei einer Tunte aus Bethnal Green gelernt hatte.

Sam: australischer Kotzbrocken, der Loretta in Brasilien kennen gelernt hatte, als Loretta noch Carla hieß. Der süße Sam, der nirgendwo ohne sein Tamburin und die kleinen Alupäckchen unbekannten Inhalts hinging. Sam, der alles über Tiernarkotika wusste, was es zu wissen gab. Sam, der Deputy Dawg bewegend und tragisch fand.

Sam und Loretta: aufgedrehte Typen, die pausenlos redetenredetenredeten und mehr am Klang ihrer eigenen Stimme als am Inhalt eines Gesprächs interessiert waren. Dauerlacher/schlechte Zuhörer. Erstklassige Nachmacher. Leute, die sich im Kino unterhalten oder zu laut lachen und so oft/lange wie möglich im Mittelpunkt stehen müssen, weil sie es nicht anders kennen.

Sie waren ideale Spielgefährten. Beide hingen nach Einbruch der Dunkelheit in den Clubs von Roppongi rum und betranken sich. Beide würden sich nie normal anziehen, die Klappe halten oder den Kaugummi rausnehmen. Er würde an einer langen Krankheit mit kurzem Namen sterben und innerhalb – tja, wieso eigentlich nicht? – innerhalb der nächsten sieben Tage zum erstklassigen Wirt für das Virus werden. Sie würde in einem halben Jahr ... plus/minus eine Woche ... ihre Designerclogs in einen frisierten grauen Sportwagen mit Fließheck und tunesischem Chauffeur plumpsen lassen und mit dem südafrikanischen Millionär, mit dem sie nebenbei fickte, davonbrausen.

Es würde Nacht sein und Michael Jackson würde einen alten Song aus der Zeit singen, als er noch ein zehn-/fast elfjähriges Lustobjekt für Pädophile war. Sie würden mit über hundertfünfzig Sachen in eine tödliche S-Kurve hineinfahren. Die süße Loretta würde vierzig Meter weit aus dem Wagen geschleudert werden, um ein mitternächtliches Bad im Ozean zu nehmen. Den würde sie allerdings im Sturz knapp verfehlen und stattdessen auf einem Felsen aufschlagen, wo gefangene Krebse auf ihr Futter warteten.

Liam vermutete, dass Loretta sich ihr sarkastisches kleines Lächeln, das durch alles Mögliche ausgelöst werden konnte, schon in frühester Kindheit angeeignet hatte. Es war ein hässliches Lächeln, das die untere Hälfte ihrer Fresse entstellte.

«Penny Strutt. Echt tragisch, wenn man so heißt», sagte Sam, während er die Setcard hinwarf. «Hört sich an wie ein Dorf in den Cotswolds.»

Golding schüttelte den Kopf. Sie würde Lorettas Vertrag nicht erneuern. Ihr unflätiges Mundwerk sorgte für böses Blut unter den Models – besonders bei den Castings. Alle, die länger als eine Stunde mit ihr im Bus oder backstage verbracht hatten, waren sich einig, dass sie der Sadist der Saison war.

Als Golding ihr Nicht-Telefonat in perfektem Japanisch und unter übermäßig vielen Verbeugungen beendet hatte, wuchtete sie ihren gewaltigen Arsch vom Stuhl und marschierte mit den Händen in den Hosentaschen auf Loretta zu. Ihr Kleidungsstil hatte etwas grotesk Kerliges und verlieh ihr zusammen mit den schweren Knochen, den ausgeprägten Muskeln und den Pfunden, die sie in letzter Zeit zugelegt hatte, etwas richtig Unheimliches. Die breite, kastanienbraune Stirn, die in der Familie lag, verblasste wie immer, wenn sie zornig wurde, zu einem sehr hellen Olivton und die Adern traten dick und blau hervor.

Der Klimaumschwung wurde bemerkt, bevor es zum Blickkontakt kam. Worte waren überflüssig.

Loretta legte die Mappe mit der unbekümmerten Miene eines Discogirls zurück in das NEU-Regal neben dem Bookertisch und wirkte dabei so selbstsicher wie jemand, der seit seiner Geburt «mein wunderschöner Liebling» genannt wird.

Ihr kurzes Viskosekleid blieb beim Umdrehen an ihrem süßen kleinen Po hängen und fiel sofort in den perfekten Sitz zurück. Sie wusste, dass Golding diese Nebensächlichkeit nicht entgangen war, und vermutete, dass ihre Chefin selbst scharf auf einen solchen Arsch war – so oder so.

Loretta stolzierte mit kleinen Schritten und gekonntem Hüftschwung zu ihrem alten Platz zurück. Sie wusste, wie man innehielt, sich mit einem Impuls vom Becken auf der Stelle drehte, dabei den Oberkörper leicht nach hinten neigte und das Kinn reckte. Die Frau mit den langen Beinen, den langen Armen und den natürlichen, grazilen Bewegungen konnte ein sehr erfreulicher Anblick sein.

Golding ging zurück an ihren Schreibtischstuhl und verteilte ihr Gewicht gleichmäßig auf seine drei Beine und die Rückenlehne. Da ihre guten Manieren sich oft als untauglich erwiesen, wenn es darum ging, ihre Ziele durchzusetzen, verhielt sich die Frau meistens wie ein richtig fieses Schwein. Della The Fella war einer der Spitznamen, von denen sie angeblich nichts wusste, Pigwoman ein anderer.

«Ich finde es toll, blond zu sein», schrie Sam plötzlich brutal gut gelaunt Loretta zu, «es macht so viel Spaß.»

Denen muss mal jemand ordentlich die Flötentöne beibringen, dachte Golding. Aber wer? Wie eine Schulleiterin, die Klassenbucheinträge sammelt, um den Schulverweis später vor der Schulbehörde rechtfertigen zu können, beschloss Golding Yada und Jean Pierre damit zu beauftragen, jede Form von ungehörigem Benehmen schriftlich festzuhalten.

Alles schwieg, bis Loretta sich über eine ihrer schön geschwungenen Augenbrauen strich, was dafür sorgte, dass Sam in ein furchtbares Gelächter ausbrach.

Julie B schniefte wieder und legte den Kopf in den Nacken, um ihre vollkommene (für viel Geld operierte) Nase und das (natur)blonde Haar, das sie heute – zur Betonung ihres (feinen) Knochenbaus – hochgesteckt trug, besser zur Geltung zu bringen.

Kubo legte das karierte, mit Hermelin abgesetzte Vivienne-Westwood-Herrenhemd beiseite und strich sich die Haare aus dem Gesicht, um einen schnellen Blick in den Raum zu werfen. Sie grinste ohne den Mund zu verziehen. Dann schüttelte sie den Kopf, ohne dass sich der Rest ihres Körpers bewegte, und gähnte stumm in sich hinein. Der Neue beobachtete sie. Liam.

Liam war keins der typisch amerikanischen, kantigen Studentenmodels, die für Gillette Reklame machten; Liam war echt. Sie hatte das absurde Gefühl, dass er erwachsener war als alle anderen zusammen.

«Manche von ihnen putzen sich tatsächlich die Zähne mit Vim», flüsterte Kubo mit rauchiger Stimme.

SCHULE

Takeo kam unpünktlich zum Unterricht. Er kam sonst nie unpünktlich zum Unterricht.

Als sich die Schiebetür zum Labor klappernd öffnete, rechnete er damit, dass sich alle Köpfe umdrehen würden. Nichts dergleichen geschah. Die Klasse war beim Sezieren. Der Lehrer redete, aber von der tödlichen Langeweile, die sonst im Unterricht herrschte, war nichts zu spüren. Die Schüler verhielten sich mucksmäuschenstill. Tsuji San nahm ein Skalpell und schnitt ein Froschherz auf.

Takeo wurde nicht gefragt, weshalb er zu spät kam. Tsuji San nahm den neuen Haarschnitt mit einem schnellen, scharfen Blick zur Kenntnis und nickte. Wahrscheinlich musste er noch etwas erledigen, dachte der Lehrer.

Takeo hatte seine Armbanduhr gesucht, die, wie er glaubte, hinter eine Bank im Umkleideraum gerutscht war. Er hatte nach Handa San Ausschau gehalten, aber die Sporthalle war leer gewesen.

Mit stockendem Atem hatte Takeo an die Tür des kleinen Raums geklopft, wo die Lehrer sich an-/auszogen und duschten.

«Sensei?», hatte der Junge gerufen.

Draußen waren schon siebenundzwanzig Grad. Die Hitze, die vom Asphalt aufstieg, war durch die hohe Luftfeuchtigkeit besonders drückend und Takeo wusste, dass es am Nachmittag unerträglich heiß werden würde.

Vom Sportplatz klang der armselige Versuch herüber, einen von Scott Joplins Rags zu singen.

Auf den Toiletten war es ausnahmsweise still. Die klebrige Angelegenheit Onanie war in diesem Schuljahr oberstes Gesprächsthema. Die entscheidende Frage, die sich die Jungs (mit vergänglicher Unschuld in den zarten Gesichtern) gegenseitig stellten, lautete: «Bist du schon gekommen?»

Takeo vergrub die Hände in den Hosentaschen und spürte unter den Fingern seine zuckende Eichel: heiß, feucht und gummiartig – wie der Spielzeugknochen eines Hundes. Sie schien Strahlen auszusenden wie ein Klumpen Plutonium oder Jesus Christus' blutendes Herz auf den katholischen Bildern. Es tat ein bisschen weh und nervte auch. Das gefiel ihm.

Auch das Glühen, das mit Sonne, Kindermachen, Porno und Handa San zu tun hatte, gefiel ihm. Er fragte sich, ob er seinen Penis immer toll finden würde. Viel toller als einen Leuchtturm an einem Badestrand. Steife Schwänze: Die waren irgendwie unanständig und dazu da, mit Frauen zu ficken. Und dann dieses schwierige Wort: E-ja-ku-la-ti-on.

Frauen ficken, dachte er. Na gut, aber was ist, wenn er drin ist? Wie lange muss er drinbleiben? Eine Minute? Zehn? Über Nacht? Wurde er dort irgendwie festgehalten, bis die Sache erledigt war? Bestimmt war es nicht so wie im Fernsehen, wo sie alle stöhnten und nach Luft schnappten. Er sehnte sich nach einem älteren Bruder, der ihm sagte, wie es ging.

Wenn er seine Hausaufgaben machte, wölbte sein steifer Penis die Unterhose, genau wie nachts die Schlafanzughose und oft die Hose der Schuluniform. Er fürchtete sich davor, in der Klasse aufstehen und laut vorlesen zu müssen, wofür der Englischlehrer eine besondere Vorliebe zu hegen schien.

Takeo saß mit heruntergelassener Hose in einer abgeschlossenen Klokabine, betastete den gespannten Stoff seiner Unterhose und fuhr mit den Fingern über die dicke Ader, die über seinen Schwanz lief. Wie ein Fluss oder eine U-Bahnlinie oder ein langer Wurm.

Er stellte sich vor, wie Handa San seine feuchten Lippen auf seinen Hals drückte und mit gesenkter Stimme – aber ohne zu flüstern – «Oh, Takeo» sagte. Zwei Körper, die zusammen eine Klokabine wärmten.

Als die Unterhose fiel, sprang ein steifes, kleines Etwas heraus und schlug gegen die Stelle, wo demnächst Schamhaare sprießen würden. Takeo starrte das kleine Ding an, das einem erhobenen Zeigefinger ähnelte.

Er beugte sich vor, schaukelte mit der rechten Hand scheinbar gleichgültig seine Eier und hielt den Atem an. Die Fältchen in seinem Skrotum hoben und senkten sich, wurden ganz glatt und schlaff und zogen sich wieder zusammen. Da drin wird die Sahne gemacht, dachte er. Er überlegte, wie sie von den beiden kleinen Eiern in seinen Penis gelangte.

Die Stille klingelte in Takeos Ohren wie ein Tinnitus. Als sein Herz anfing so schnell und unkontrolliert zu pochen, dass es ihm bis hinauf in den Hals schlug, probierte er zu wichsen. Alles, was im Klo runtergespült wurde, war Kaugummipapier in vier Geschmacksrichtungen, das in seiner Hosentasche gesteckt hatte.

Es war ein Gefühl wie Sonntag.

Als der Junge glaubte in der Turnhalle Schritte zu hören, zog er den Reißverschluss hoch und trat schnell aus der Kabine.

Er ging zu der Stelle, wo die Schüler vor Tsuji Sans Unterricht ihre Taschen ablegen mussten. Er klemmte sich den Tornister unter die rechte Achsel, wobei sich die ersten drei flaumigen Härchen in seine Haut drückten. Feine Härchen, die, ohne dass er es bemerkt hatte, in der Nacht hervorgeschossen waren.

Takeo reihte sich in einen der beiden ordentlichen Halbkreise ein, die sich um den Lehrer und den mausetoten Frosch gebildet hatten, der, alle viere von sich gestreckt und von oben bis unten aufgeschlitzt, auf dem Sezierbrett lag. Die zurückgezogenen Teile der Haut und die Innereien waren mit Nadeln festgesteckt worden.

Für zehn Minuten wich die gewohnte Langeweile gebannten Blicken. Hormone knisterten. Tsuji San war kein beliebter Lehrer. Obwohl er wahrscheinlich der langweiligste Lehrer im ganzen Kollegium war (bei ihm hörte sich die geschlechtliche Fortpflanzung genauso aufregend an wie der Fruchtwechsel), besaß er seine eigene Unterrichtsmethode und diese Methode hieß Langsamkeit.

Er glaubte nicht an schnelle Ergebnisse. Die besten Ergebnisse erzielte er bei seinen Schülern, wenn er Schritt für Schritt vorging.

Er konnte einen Schüler, der langsam lernte – und davon gab es viele –, nicht mir nichts, dir nichts in den Klassenprimus verwandeln. Er besaß keine versteckte Zauberformel, aber er konnte geduldig und systematisch vorgehen und das tat er auch. Seine Vorträge waren gewohnheitsmäßig ernst.

Der Mann war ein Profi, kein Entertainer.

Wie immer wurde sein Vortrag von einigen rhetorischen Fragen unterbrochen, die er beantwortete ohne vom Untersuchungsgegenstand aufzublicken. Anekdoten waren rare Ausnahmen; er hatte es sich zur Regel gemacht, jegliche Ablenkung geflissentlich zu vermeiden. Der Stoff, den die Schüler beherrschen mussten, hatte Priorität. Fakten.

Mehrmals wurde von einer näher rückenden Klassenarbeit gesprochen. Tsuji San glaubte nicht daran, die Kinder, die in seiner Obhut standen, für die Welt von morgen rüsten zu können, aber er glaubte an Bildung. Oft schrieb er eilige Briefe an allein erziehende Mütter/allein erziehende Väter/Mütter und Väter/Vormunde. Er rief sie an, machte Hausbesuche, ließ nachsitzen – alles, um seine Prüfungsergebnisse oben zu halten.

Unbeliebt, langweilig, stillos – schon seit 1984 die gleiche Frisur und die gleichen Klamotten, und noch viel länger (nur außerhalb des Klassenzimmers) dieselben abgestandenen Witze –, aber dafür (halbwegs) gute Ergebnisse.

«Gut, Jungs, bildet Zweiergruppen und geht zurück an eure Plätze.»

Takeo saß allein. Er wusste, dass in einer Klasse mit sechsunddreißig Schülern minus drei fehlenden ein Schüler übrig blieb, der allein arbeiten musste oder in eine Dreiergruppe gesteckt wurde.

In Takeos Tasche war eine schwitzende Dose Pokari Sweat zwischen die Seiten seines Englischhefts gerutscht. Die t-Striche seiner Klaue, die aussahen, als würden sie die Buchstaben darüber unterstreichen, waren verschmiert. Die i-Punkte, die wie Satzzeichen in der Zeile darüber saßen, und die geschwungen f-Schnörkel, die wie ein Blitz in die Zeile darunter ragten, liefen aus.

Handa San schlich lauernd über den Korridor im obersten Stock wie ein Freier auf dem Autostrich. Ab und zu steckte er die Nase in eins der Klassenzimmer. Im Gegensatz zu den Körpern, die sich darin aufhielten, waren die Klassenräume alt und alles andere als schön. Es gab ein erhöhtes Pult, eine große schwarze Tafel und eine Wand mit Fenstern – genau wie in den alten Schulhäusern im 19. Jahrhundert. Auf künstliches Licht wurde weit gehend verzichtet, da der Schulleiter an allen Ecken und Enden zu sparen versuchte.

In einer Klasse saßen lauter übertrieben artige Schüler mit aufmerksamen, ernsthaften Gesichtern. Als der Lehrer eine Frage stellte, schnellten sämtliche Arme in die Höhe. Offenbar beherrschten sie den Lehrstoff wie aus dem Effeff. In einer anderen Klasse fiel sein Blick auf einen ordentlich gefalteten Zettel, der von einem Tisch zum nächsten gereicht wurde.

Als die beiden Jungs, deren Fingerspitzen sich schon fast berührten, Handa Sans Blick bemerkten, erstarrten sie in der Bewegung. Im selben Moment unterbrach der Lehrer seinen leiernden Vortrag und befahl ihnen bellend, aufzustehen. Sie standen auf.

«Seit im Jahr 1872 die allgemeine Schulpflicht eingeführt wurde, sind mir nicht zwei so dumme Bengel untergekommen», sagte der Mann, dessen Stimme mit jedem Schritt, den er auf sie zukam, lauter wurde. «Her damit.»

Beide wurden bleich.

«Also dann, ihr zwei Turteltäubchen ...» (stürmisches Gelächter) «... um drei meldet ihr euch in meinem Zimmer.»

Beide liefen rot an.

Weiter hinten wurde eine Zeitschrift entdeckt, die im tristen Schulbuch eines neuen Mitschülers steckte. *Young*? Oder *Jump*? Flüchtiger Blickkontakt wurde hergestellt. Er lächelte, wandte sich fast überheblich wieder der Zeitschrift zu und blätterte die Seite um. Handa San machte sich im Geist eine Notiz über dieses unverschämte Betragen. Er würde die Akte des Jungen einsehen, bevor er den Vorfall meldete.

Die meisten Schüler schwiegen und starrten nach vorn. Sie warteten auf die nächste Anweisung, das nächste Wissensdetail, das sie mitschreiben konnten. Sie folgten gehorsam den Vorträgen ihres Lehrers, weil sie sich mit der Langeweile, die an seelische Grausamkeit grenzte, längst abgefunden hatten.

Eintausendzweihundert Schüler in einem schlichten dreigeschossigen Gebäude mit einheitlich großen, rechteckigen Klassenzimmern und Korridoren, die bis auf die Schilder und Raumnummern leer waren.

Steril. Die Wände in zweckmäßigem Grau gestrichen. Wie auf dem Unterdeck eines billigen Passagierschiffs.

Keine Schließfächer, keine Aufenthaltsräume, die eine regelmäßige Instandhaltung notwendig gemacht hätten. Keine Landkarten oder Reisebilder. Keine Kuriositäten. Nicht eine einzige Pflanze. Die unverzichtbare Papptafel mit den wöchentlichen Stundenplänen war der einzige Gegenstand, der für ein bisschen Farbe sorgte. Was für ein krasser Gegensatz zum überraschend großen, schmucken Büro des Schulleiters, das mit gerahmten Fotografien, Plaketten, Trophäen, aufmunternden Sinnsprüchen, Töpferwaren und einigen Gemälden voll gestopft war, die perspektivisch korrekt sauber ausgeführte Turnübungen zeigten.

Eine Oase aus Antiquitäten. Handa San konnte sich das Lächeln kaum verkneifen. Und so gemütlich. Die Sessel, die (ganz typisch) mit weißem Spitzenleinen bezogen waren, verliehen dem Zimmer einen Hauch von viktorianischer Prüderie. Den einzigen Kontrast bildeten das Computerspiel, das der Mann konfisziert hatte und voller Vergnügen spielte, und der große, knallbunte Zigarettenanzünder auf dem Couchtisch, der für wichtige Gäste – und Eltern – eine beeindruckende, acht Zentimeter hohe, bunte Flamme ausspuckte. So viel zu seiner Anti-Raucher-Haltung. Und so viel zu dem einigermaßen militärischen Drill, mit dem tagein, tagaus Jungs wie am Fließband zur zukünftigen Generation disziplinierter Arbeiter in einer technologischen-meritokratischen Gesellschaft geformt wurden, die Individuen benötigt, die sowohl sozial hochgradig kompetent sind als auch in einem streng hierarchisch organisierten, bestens ausdifferenzierten System verlässlich ihre Pflichten erfüllen.

Durch das Fenster des Klassenzimmers hatte Handa San einen vollendeten Blick auf Takeos Profil. Der Junge beugte sich vor, um den Frosch, der vor ihm lag, mit einem Stock zu pieksen. Naturwissenschaft war eins von Takeos Lieblingsfächern.

Handa San hielt sich Takeos Uhr unter die Nase und schnupperte an dem Lederarmband. Die Rückseite des Uhrwerks war noch herrlicher. So glatt – und sie roch nach dem Jungen. Der ausgewachsene Mann zählte nachts keine Schafe, damit er einschlafen konnte, sondern stellte sich vor, er trüge den verletzten Takeo von der Turnhalle ins Krankenzimmer, um ein bisschen erste Hilfe zu leisten.

Handa San klopfte und trat einen Schritt von der Tür zurück. Drinnen wurde es still. Alle wollten wissen, was los war.

«Takeo?», rief Tsuji San.

Dann stand Takeo plötzlich vor ihm, atmend, warm, voller Leben. Ihre Blicke trafen sich zum ?ten Mal an diesem Tag. In jeder Faser des schlanken Jungen zeigte sich seine zunehmende Kraft. Der Junge spürte, wie sein Herz schneller schlug. Er fragte sich, ob Handa San es hörte.

«Deine?»

«Ja.»

Takeo zog die Silbe mit neuem Atem so in die Länge, dass es beinahe wie ein Singen klang.

Handa Sans Lippen bewegten sich, als würde er etwas sagen, aber Takeo verstand kein Wort – er verlor sich in der unmittelbaren Nähe dieses Mannes und seines herrlichen Geruchs. Er war ihm so nah, dass Takeo auffiel, wie lang und dick seine Wimpern waren.

Takeo hatte das Gefühl, als würde sein Herz bis hinauf in seine Stirn schlagen. Handa Sans strahlend weißer Trainingsanzug schien jeglichen Schmutz abzuweisen. Der Schmutz war klug genug sich nicht an ihn zu hängen.

Das war der Mann, den Takeo in einem Zelt rittlings besteigen wollte. Er wollte seine Arme hinter dem Kopf auf den Boden drücken, während er ihn küsste, und in einem riesengroßen Kleefeld einen Umriss aus platt gedrückten Halmen und zertrampelten Blumen hinterlassen. In Österreich.

Handa San hatte schon vergessen, wie Takeos Haare am Vortag ausgesehen hatten – er erinnerte sich nur noch an das glänzende Schwarz und den silbrigen Schaum, der sich unter der Dusche darüber gelegt hatte. Es würde eine Weile dauern, dachte Handa

San, bis es wieder so lang war, dass man die Finger zu einem Kamm spreizen musste, um es aus der Stirn zu kämmen.

Seine Finger wollten über Takeos Kopf fahren, umhertasten wie die Finger eines Blinden und dabei die Zukunft lesen. Wo würde er anfangen? Beim Nasenbein oder bei den kleinen Schweißperlen, die auf der Oberlippe des Jungen glänzten?

Takeo nahm seinem Sportlehrer die Armbanduhr aus der Hand.

«Danke.»

#8B

Der Malkasten, den Shinohara San sich vor drei Jahren gekauft hatte, wurde langsam geöffnet. Das Metall fühlte sich kalt an.

Die Emaillepalette klappte auf und brachte zwei Reihen mit runden, beschrifteten Farben zum Vorschein, die sich wölbten wie Seiden- oder Satinkissen. Die hübschen Farbklackse lagen in klinisch weißen Näpfchen, die bald verschmiert sein würden.

Es war lange her, dass Shinohara San einen Pinsel in der Hand gehalten hatte, und sie hatte Angst, dass sie sich albern vorkommen würde. Sie konnte gut zeichnen, arbeitete gern mit Kohle und Kreide und fand chinesische Tusche und Wasserfarben aufregend, aber Ölfarbe überforderte sie. Die Vielfalt der Strichtechniken und die breite Farbpalette nahmen ihr den Mut. Bleistifte haben keinen Haarausfall und Kreide verläuft nicht.

Sie fing zögerlich an die Fluchtlinien auszutupfen, entschlossen eine Kunst zu beherrschen, die nicht im Geringsten ihren Neigungen entsprach.

Shinohara San saß am Fenster und bemerkte, wie die Tage sich veränderten. Ein kurzes Frösteln überkam sie. Sie wusste, dass die Kuroganes für eine Woche verreist waren; vielleicht – dachte sie – vielleicht hatte sie sich geirrt und Shigeru war doch mitgefahren.

Nebenan war alles still. Kein Laut zu hören.

Einen Augenblick lang zitterte sie vor Angst. Ihr Gedächtnis ließ sie immer mehr im Stich und sie fragte sich, ob alles in Ordnung war.

Ihr Blick wanderte über rote Dächer, blaue Dächer, graue Würfel und Quader. Eine unerträgliche Geometrie. Nein, dachte sie, Shigeru war bestimmt mitgefahren, auch wenn keine Schulferien waren. Dann fiel ihr sein Alter ein: neunzehn. Und neunzehn = alt genug, um auf sich selbst aufzupassen.

Irgendwo im Haus sah jemand viel zu laut fern. Ab und zu war Gelächter zu hören. Shinohara San stellte den Apparat an, neugierig, was da so komisch war.

Die Fernbedienung schaltete von NBC auf TBS und NHK. Blitz: lachendes Talkshowpublikum; Blitz: eine Möwe segelte über Sydney Harbour, und Blitz: die Höhepunkte des letztjährigen Pferderennens in Fukushima. Als Shinohara San auf den Kanal schaltete, den sie zwei Stockwerke weiter unten hörte – TV Asahi mit Werbung –, wurde der andere Apparat abgestellt. Sie hatte den tollen Witz verpasst.

Vor ihren Augen lief ein blöder Zeichentrickfilm, in dem eine Schar halbwüchsiger Jungs und Mädchen mit Schädeln auf Oberschenkelknochen kegelte und der für ihren Geschmack zu knallig bunt war. Sie stellte den Fernseher aus und war wütend, dass sie überhaupt angeschaltet hatte.

Shinohara San lehnte sich leicht aus dem Fenster und sah, wie unter ihr eine Hand auftauchte und Asche von einer Zigarette schnippte. #6A. Sie hätte am liebsten ausgespuckt. Sie hoffte, dass es keinen weiteren Ärger mehr geben würde. Der Portier hatte ihrem Mann erzählt, dass die Modelagentur die letzte Abmahnung erhalten habe. Shinohara San schüttelte den Kopf, verwundert, wie sehr es mit dem Haus bergab gegangen war.

Kurz darauf hörte sie das stetige Geräusch des Regens, erst in der Ferne, dann direkt über sich. Die Tropfen prasselten auf den Sims und dann gegen das Fenster.

Die ersten Pinselstriche wurden ohne Zögern kraftvoll, selbstbewusst und zielsicher ausgeführt.

#6A

Auf dem kurzen Weg vom Taxi in die Halle wurde Liam klitschnass. Der Bewohner von #6A war nicht in Stimmung, den angekündigten Mitbewohner kennen zu lernen: Jeff.

In dem großen Spiegel, der in einem (wirklich sehr scheußlichen) vergoldeten Rahmen steckte und dringend poliert werden musste, tauchte das Gesicht des Portiers auf. Wenn der Mann Liams näher kommendes Gesicht in dem kalten Glas hätte sehen können, hätte er ihm zugelächelt.

Zwei Augen, die vom grauen Star trübe und verschwommen waren, nahmen ihn nur als schemenhaften Umriss wahr. Es waren die Schrittgeräusche, die den Portier veranlassten sich umzudrehen. Er war Experte, wenn es darum ging, die Mieter an ihrem Gang zu erkennen.

Obwohl er seine Kräfte üblicherweise schonte, indem er den Kontakt zu anderen Menschen auf ein Minimum beschränkte, murmelte er ein schnelles «Guten Nachmittag».

«Konnichi-wa», antwortete Liam. Das rang beiden ein Lächeln ab, das in ein leises Lachen überging. Liams Japanisch klang eher wie Spanisch. Wenigstens bemühte er sich.

Der Alte dirigierte den Neuankömmling mit einem Nicken zu den blanken Edelstahltüren des Fahrstuhls, machte ein Siegzeichen und widmete sich wieder seinen Pflichten.

Der Fahrstuhl sah aus, wie Fahrstühle überall auf der Welt aussehen, wo nicht in Fahrstühle uriniert wird. *NO SMOKiNG* stand auf einem selbst gemalten Schild einen Meter über der kleinen Vorrichtung, die für nasse Schirme gedacht war. Jemand hatte sie als Aschenbecher missbraucht. 630 kg – 8 PERSONS MAX.

Liam nahm im Spiegel des Fahrstuhls Erschöpfung wahr. Die Schultern, die er erst vor einer Stunde für die Kamera mühsam nach hinten gezogen hatte, wurden schwerer und schwerer. Seine Augen und die sich weitenden Poren verlangten nach Schlaf.

Liams innere Uhr stand noch auf Greenwich-Zeit und der komplette Nachmittag war verlaufen wie ein schlechter Scherz. Golding hatte Probeaufnahmen für seine Setcard und die Mappe machen lassen. Sechs Outfits, sechs unterschiedliche Looks.

Die Digitalfotos waren schon bearbeitet und die Schwarz-Weiß-Aufnahmen müssten – Liam sah auf die Armbanduhr – in dieser Minute fertig sein.

Golding wollte das Foto für die Setcard selbst auswählen. Die Entscheidung lag bei ihr. Liam empfand das Modeln eher als misslichen Zustand denn als Beruf.

Er atmete vor der Tür von #6A einmal tief durch und steckte dann den Stahlschlüssel ins Schloss. Auf dem Küchentisch lag ein Discman und Track 3 spielte. Offenbar war Jeff bereits da und hatte vergessen ihn auszustellen. Erster Eindruck: Madonna sang zum zehnmillionsten Mal (was, wirklich schon so oft?) *Like A Virgin.*

Liam folgte dem Geräusch von fließendem Wasser, das aus dem Badezimmer kam. Er wappnete sich für eine Begrüßung.

Als er den Kopf durch die offene Tür steckte, sah er Jeff, der sich ein Kühlelement auf die Augen drückte. Sie hätten fast Zwillinge sein können, wäre der andere nicht fitnessgestählt, solariumgebräunt und – übertrieben gepflegt gewesen.

«Hi», krächzte Jeff und nahm lässig das Kühlelement von den Augen. «Du bist Liam, stimmt's?» Seidener Hackett-Schlafanzug, protzige Hausschuhe, frisch gewaschene, flauschige Handtücher mit eingesticktem Monogramm. Eiskalter, feuchter Händedruck. «Jeff. J-E-F-F.»

Sein Charme schlängelte sich mit großen, schleimigen Tentakeln auf Liam zu.

Liam lehnte im Türrahmen, als wären sie urururalte Freunde, und sah Jeff bei der Körperpflege zu. Jeff legte leicht verschämt das fast geschmolzene Kühlelement zur Seite und wandte sich der bedeutenden Aufgabe der Zahnreinigung zu. Liam hätte sich nicht gewundert, wenn er für die spektakuläre Zahnseidenperformance Eintritt hätte zahlen müssen. Die Gurgelnummer war ... etwas anderes. Jeff spuckte gekonnt aus.

J-E-F-F. Irgendwie wirkte er unvollständig, etwas schien zu fehlen: vielleicht ein Rieseneimer Popcorn, ein kleiner Handspiegel inklusive gerolltem Dollarschein oder eine Klappe von Catalina-Film vor dem Schritt.

«Ich fühle mich beschissen», sagte er – und dachte: Aber schau mich an, sehe ich nicht toll aus? Das tat er, sogar im Neonlicht. Seine strahlende, straffe Haut wirkte fast wie gelackt, aber um die Augen zeigten sich kleine Fältchen.

Das große Zimmer war eilig bezogen und die Krawatten alphabetisch nach den Namen der Designer aufgehängt worden. Er war glänzender Stimmung, eine Hochstimmung, die irgendwann zur Talfahrt ansetzen würde.

«Und, wo bist du her?», fragte Jeff, wobei sein Blick auf Liams markantem Kinn und den ausgeprägten Lippen verweilte.

Als ob das eine Rolle spielt, dachte der Gefragte und stöhnte innerlich.

«London.»

Jeff schien beeindruckt.

«Meine Eltern sind irisch», fügte er hinzu, weil ihm das wie eine nett gemeinte, bescheidene Einschränkung vorkam.

«Ich? Ich bin aus New York.»

Liam hatte ihn nicht gefragt. Loretta hatte einiges über ihn erzählt, nachdem Sam Jeffs Mappe aus dem *NEU*-Regal genommen hatte – er stammte aus Racine, Wisconsin, zwischen Chicago und Milwaukee. Sie kannte Jeff aus Mailand und wusste alles über ihn.

Jeff. Hübsche, sensible Hände mit manikürten Nägeln. Nägel, die gesund aussahen. Jeff. Lebenskraft, Sonnenbank, Vitamintabletten. J-E-F-F, dessen Hände prädestiniert waren reichen alten Männern Spülmittel zu verkaufen. Ein echter $exprotz. Ein Typ, der sich immer schick anzog und lieber stehen blieb als sich die Hose knitterig zu machen.

«Ich koch uns mal Tee», sagte Liam.

Während das Wasser kochte, zog Liam seine nagelneue Levi's an. Sie war noch steif und musste erst einlaufen. Er trat ans Fenster und bemerkte kopfschüttelnd ein Spinnennetz, das im Fensterwinkel hing. Als er hineingriff, blieb ein (leicht) klebriger Faden an seiner Hand hängen. Sofort bereute er, dass er die Spinne, die nirgends zu sehen war, vorübergehend obdachlos gemacht hatte.

In der Wohnung war ein bisschen geputzt worden. Über dem Sofa lagen zwei identische Picknickdecken.

«Na, und bei wem bist du in London?», fragte Jeff auf dem Weg in sein Zimmer.

«Was?»

«Welche Agentur», schrie er, während er den Bademantel auszog.

«Oh, bei keiner.»

Jeff stand nackt in der Tür. «Häh?»

«Ich bin neu dabei.»

«Ach so», sagte Jeff und ging zum Kleiderschrank. «Wie ist das Arbeiten hier?»

«Keine Ahnung, ich bin auch erst gestern gekommen.»

Jeff ging, nur mit einer kurzen schwarzen D&G-Unterhose bekleidet, langsam zum Fenster, begleitet von einer großen schweren Duftwolke.

«Oh.»

Jeff starrte auf das Wohnhaus gegenüber. Sein Blick wanderte von Fenster zu Fenster, als würde er versuchen das graue Eisenbeton allein kraft seines Willens in die Luft zu sprengen. Dann drehte er langsam den Kopf zur Seite und musterte die ordentlich aufgestellten Kakteen, den Bücherstapel und die Sachen neben Liams Bett.

«Ich dachte, du wärst schon eine Weile hier.» Er klang enttäuscht.

Sein Rücken wies eine legere Bräune auf, die er sich an und in einem Pool auf Malta zugelegt hatte, der sich in sicherer Entfernung von Saint Paul's Bay befand. Dieser kräftige, muskulöse Rücken war früher durch Tanzen und in letzter Zeit durch die Bahnen gestreckt worden, die er vor einem Monat in dem langweiligen Pool gezogen hatte.

Er war zwei Wochen lang täglich mehrere Millionen Meter unter Wasser geschwommen. Eine Speedo-Badehose hatte den weißen Hautstreifen – seinen Hintern – vor der Sonne und den Blicken seiner Bewunderer geschützt, bis auf den einen, der bereit gewesen war für das Vergnügen zu zahlen. Die Bräune war durch ein- oder zweimal Solarium vertieft worden. Jetzt war sie unecht. Hinter dem prächtigen Körper erblickte Liam die traurige, dürre Silhouette eines Jungen, der sich nach Beachtung sehnte.

Auf einem Dach in weiter Ferne bückte sich ein nur als verschwommener Umriss zu erkennender alter Mann, um seine Pflanzen zu gießen. Liam überlegte, was für Pflanzen es waren. Agaven vielleicht.

Von unten dröhnte aus zwei grauen Lautsprechern, die auf dem Dach eines schwarzen Lieferwagens befestigt waren, der Anfang einer schauerlich blechernen Melodie herauf.

«Tokio», sagte Jeff mit einem langen Seufzer. (Oh nee, dachte Liam, der macht es einem echt schwer, ernst zu bleiben.) «Keine Stadt, in die ich mich je verlieben werde.»

«Wie willst du das wissen? Du bist doch gerade erst angekommen.»

«Nur so ein Gefühl.»

«H'ho, yewer an awfill man altogedder – was bist du bloß für ein ätzender Typ», sagte Liam mit schrecklichstem irischen Akzent. Etwas anderes fiel ihm nicht ein, um von dem jungen Mann wegzukommen, der weit weniger interessant war, als sein Lebenslauf suggerierte. J-E-F-F.

Als das Badezimmer im Dampf verschwand, wirkte die Vorstellung, die Wohnung mit ihm zu teilen, plötzlich gar nicht mehr so schlecht. Jeff besaß einen gewissen Unterhaltungswert – wie schlechtes Fernsehen.

Liam tauchte langsam mit dem Kopf unter die Schaumkronen. Nach einem kurzen Augenblick tauchte er wieder auf und entspannte die Augen. Er ließ den Tag Revue passieren und erinnerte sich an das motivierende Gespräch mit Golding, als sie sich die ersten Dias im Leuchtkasten angeschaut hatten. Das gab ihm neuen Mut. Während die Schaumblasen eine nach der anderen und manchmal auch mehrere auf einmal platzten, faxte Kubo sein Gesicht der Hand voll Stylisten zu, die nicht wollten, dass Models aussahen wie Models.

Like A Virgin. Liam erinnerte sich. Das letzte Mal hatte er den Song bewusst gehört, als man ihn hollywoodmäßig im The Edge entdeckt hatte. Er hatte allein und ganz in Schwarz gekleidet an einem Tisch gesessen und das *Boyz* gelesen; er war gerade von der Beerdigung seines Vaters gekommen.

Ein unbekannter Sexsüchtiger, der auf der Suche nach einem unverbrauchten Gesicht, einem neuen Körper war – und nach jenem unbekannten Zauber, der ihm das Gefühl geben sollte, ein ganzer Mensch zu sein –, hatte seine traurigen Augen hoffnungsvoll auf Liam gerichtet. Ich-will-dir-den-Arsch-lecken-und-zwar-gleich stand in seinem Gesicht geschrieben, ein Ausdruck, den er durch jahrelanges Üben perfektioniert hatte und der abstoßender war als die zuckenden, knallbunten Neonreklamen in Shinjuku.

Als der Song, in dem sich Madonna mit einer Jungfrau vergleicht, die zum ersten Mal berührt wird, zu Ende war, tauschte der alte Narr die Lesebrille, mit deren Hilfe er die Gratiszeitungen durchkämmt hatte, gegen eine Fernbrille, deren Bügel er behutsam erst über ein Ohr und dann über das andere schob. Er wollte einen ausgezeichneten Blick auf diesen schemenhaften, ganz in Schwarz gekleideten jungen Mann haben.

Der Mann hatte mit der Teetasse in der Hand geglotzt und geglotzt, als wäre Liam das Wesen, auf das er sein Leben lang gewartet hatte. Liam hoffte inständig, dass der Kerl schnellstens weiter durch den lärmenden Großstadtdschungel/die lärmende Großstadtwüste taumeln würde. Er würde nach einer kurzen Stippvisite im Comptons und im Village allein mit seinen leeren Hoffnungen im Brief Encounter landen ... oder sich die aufregenden importierten Magazine im Keller von Clone Zone angucken, auf der Suche nach ein bisschen Spaß, den er nicht definieren konnte.

Als die Mundwinkel des Manns sich zu einem scheußlichen Lächeln verzogen, beugte Liam sich vor und flüsterte ihm ein paar Worte zu, die wenig Anklang fanden. Das Gesicht des Manns fiel in sich zusammen – er fand das überhaupt nicht komisch. Bevor der alte Narr beleidigt abmarschierte, faltete er die *Pink Paper* zusammen und knallte sie sichtbar empört auf den Tisch.

Sein Platz wurde von einem großen, dünnen Japaner eingenommen, der so sehr auf Britpop getrimmt war, dass einem die Spucke wegblieb. Er stellte sich sofort als Scout für eine Modelagentur in

Tokio vor. Nachdem der Mann seine Visitenkarte gezückt und einige, wie er (offensichtlich) fand, beeindruckende Worte vom Stapel gelassen hatte, wurden auf dem Soho Square drei Polaroids von Liam geschossen und Maße und Telefonnummer notiert.

Fünf Minuten später stand Liam in der schwul-lesbischen Abteilung von Books Etc in der Charing Cross Road und fragte sich, ob das Ganze jetzt beschlossene Sache war ... und ob es sich lohnte, den neuen Alan Hollinghurst zu kaufen. Noch vor Ende der Woche kam ein zusammengerolltes Fax, das ihm die ziemlich beängstigende Perspektive eröffnete, Model in Japan zu werden.

Liam hatte Schaumbäder schon als Kind geliebt. (An einem Weihnachten – er war neun gewesen – war er nackt durch den Garten gelaufen und hatte Schneemann gespielt, während der Schaum an seinem Körper immer weniger geworden war. Danach hatte er mit Lungenentzündung vier Wochen in der Schule gefehlt.) Mit geschlossenen Augen klangen die platzenden Blasen wie Musik. Hinter den Augenlidern lag eine ganze Galaxie roter Sterne.

Die verriegelte Zweizimmerwohnung in London kam ihm ganz weit weg vor. Solange keine Einbrecher zu Besuch kamen, würde alles bis zu seiner Rückkehr so bleiben, wie es war. Liam hatte keine Ahnung, wann das sein würde. Verkauf sie, sagte eine innere Stimme. Verkauf sie.

Er ahnte, dass er nach Ablauf seines zweimonatigen Visums nach Hongkong oder Thailand fahren würde, um es zu erneuern und Kraft zu tanken/braun zu werden/shoppen zu gehen. Dann würde er zurückkommen, um den Laufsteg oder was auch immer zu erobern.

KELLER

Über diese Treppe und durch diese Tür kamen Erntehelfer, Marktschreier und Absolventen der Universitäten in Keio, Kyoto, Hitosubashi, Waseda, Kobe, Tohoku, Kyushu, Osaka und Yokohama. Alle diese Männer hatten eine Sache gemein, unabhängig von gesellschaftlichem Status, Vermögen, Alter, Aussehen und Sportlichkeit: Sie wollten das, was sie haben wollten, haben, wann sie wollten.

Ippei ließ Akio mit einem Nicken, aber ohne zu lächeln eintreten. «Hiroshi!», brüllte er aus voller Kehle.

Der schick gekleidete, fitnessgestählte Körper, der Hiroshi genannt wurde und eine Frisur hatte, die irgendwo zwischen Ex-DJ und Jungmanager lag, trat hinaus in den Empfangsbereich.

«Hallo», sagte er in einem Ton, der eine Mischung aus lässig und komplett abweisend war, was er irrtümlicherweise für cool hielt. Akio wurde einer halbherzigen Musterung unterzogen.

«Akira», sagte Akio, der versuchte Härte in seine Stimme zu legen.

«Ja, ja. Ich heiße auch nicht Hiroshi, aber du kannst mich so nennen.» Er sprach, als würde er einen Text aufsagen, der extra für diesen Moment geschrieben worden war.

Aufgeweckter Typ, schicke Klamotten. Tat offenbar das Beste für sich.

«Willkommen an Bord», gähnte er. «Die Küche ist da drüben. Nimm dir, was du brauchst. Das da ist der Schrank mit den Handtüchern. Ein großes für die Massageliege und zwei kleine. Eins davon für den Freier, und das andere zum Heißmachen, wenn du ihn hinterher nicht unter die Dusche kriegst.»

«Ist gut», sagte Akio, der aus Versehen in seinen natürlichen weicheren Ton verfiel, was für hochgezogene Augenbrauen sorgte.

Einen Sekundenbruchteil bevor der Summer ging, drehte Hiroshi den Kopf zur Tür.

«An die Plätze!», tölte er.

Akio wurde mit einem leichten Schubs zu dem winzigen Raum dirigiert, der das Goldfischglas genannt wurde.

Hier, im Keller des Hochhauses, hielten sich erwachsene Jungs auf, die den Inhaber überzeugt hatten, dass sie über achtzehn waren. Sie saßen unter den drei großen Kois aus edler Seide: bereit. Stille, unsichere/ängstliche Typen drängten sich neben weniger stille, weniger unsichere/ängstliche. Zusammen ähnelten sie einer geilen neuen Multikulti-Boygroup.

Akio wurde sofort auf eines der Berufsrisiken der Prostitution gestoßen: das Tagesprogramm im Fernsehen. Da saßen sie nun hinter dem Einwegspiegel, gähnten und heiterten einander auf, damit sie nicht einschliefen. Sitzen, warten; die Pomade in ihren Haaren hinterließ ringsum an den Wänden einen schwarzen Rand. Bullen, Hähne, Krähen, Hunde, Möwen, Adler, Füchse, Frösche, Pferde, Affen, Schlangen oder piepende Spatzen hätten in diesem Menschenzoo nicht deplatziert gewirkt.

Die (mehr oder weniger) geil aussehenden Jungs im Goldfischglas wurden von einem deutlich weniger geil aussehenden Mann vertreten, der hinten in seinem Büro saß und den ganzen Tag am Telefon über Termine, Maße und Preise sprach. Ein Mann, der die Füße auf den Schreibtisch gelegt hatte. Ein Mann mit Ponyfransen, die seine alte Mama an jedem ersten Samstag im Monat voller Wonne stutzte. Es erregte großes Aufsehen, wenn er Franzosen, Deutsche, Spanier und Amerikaner in perfektem Französisch, Deutsch, Spanisch und amerikanischem Englisch anredete.

Die Männer guckten ausgesprochen selten aus Menschenfreundlichkeit durch den Einwegspiegel. In den vertrauten, verächtlichen Blicken artikulierte sich der dringende Wunsch nach ein bisschen Action. In dieser kleinen Welt ging alles so einfach, viel einfacher als in ihrem richtigen Leben, ihren Ehen, Familien und bei der Arbeit. Ein simples Geschäft: Geld gegen Dienstleistung.

Ippei klopfte an wie immer.

Ein junger Koreaner, der in der dritten Generation in Japan lebte, zog neben Akio seine glänzend blaue Fußballhose hoch. Seit er achtzehn war, ging er zweimal wöchentlich anschaffen. Seine Freundin hieß Yoko. Verschwiegener Junge.

Draußen war zu hören, wie der oberste Puppenspieler des kleinen Zufluchtsorts sich mit dem schwitzenden Kunden unterhielt und eine wohlerzogene Bemerkung machte.

«Es ist schon ein Weilchen her», sagte der Mann, reichlich verlegen für einen Zollbeamten vom Flughafen Tokushima.

«Gut sehen Sie aus», log Ippei und bedachte den billigen grauen Anzug mit seinem spröden, forschen Lächeln.

«Ich habe mir die Haare wachsen lassen. Mir ist klar geworden, dass ich es mir nicht länger leisten kann, sie kurz zu tragen. Der Haarausfall an den Schläfen ist so immens – sehen Sie, hier und hier –, dass es mich viel älter macht.»

Dann lächelte er. Auch Ippei lächelte. Der jämmerliche Redeschwall einer alten Tunte versetzte ihn immer wieder in Erstaunen. Viele von ihnen verbrachten ihr ganzes Leben damit, Schwänzen nachzujagen, wenn auch häufig nur in der Fantasie. Sie träumten von Gesichtern, Fäkalien und Arschfotzen. Sie zahlten, um anfassen zu dürfen und angefasst zu werden. Seiner Ansicht nach brauchten die meisten Kunden eine psychiatrische Behandlung in einem diskret operierenden Krankenhaus.

Kurz bevor der Vorhang zurückgezogen wurde, sah der Inhalt des Goldfischglases einander an wie bemitleidenswerte Tiere, die demselben Versuch unterzogen wurden.

Der erschöpfte alte Mann sah durch den Einwegspiegel – eine Barriere, die der Liebende niemals würde überwinden können. Mit wehmutsvoller Begierde näherte er sein Gesicht der verspiegelten Scheibe und blickte in leere Gesichter. Er fand, dass das leichte Make-up und das weiche Licht den Jungs wunderbar schmeichelte.

Jeder Junge besaß seinen eigenen Marktwert. Unter der Kleidung verkauften die verfügbaren Körper zwar mehr oder weniger dasselbe, aber jeder hatte seine ganz besondere Methode, die Kunden anzumachen. Manche taten es mit einem Lächeln, manche mit ihrer ethnischen Herkunft und andere mit Papiertüchern, die sie sich vorne in die Jeans stopften. Hübsche, träge Körper, die von ihrer Jugend profitierten.

Akio hob den schönen Kopf und das schwarze Haar fiel in sein klares olivfarbenes Gesicht. Dann sandte er einen Blick durch den Spiegel, der grünes Licht signalisierte.

«Unser Neuer», sagte Ippei. «Gerade erst gekommen.»

Akio stellte sich vor, wie das Leben des Kunden draußen aussah. Vielleicht war er Dozent an der Universität oder ein alter Schulfreund, ein Schwager oder ein Nachbar, der in Vor-Vorspielstimmung war. Vielleicht ein Serienmörder, der nach leichter Beute Ausschau hielt. Oder ein Zeitschinder, der sich beim Spannen aufgeilen wollte und nach einem «Ein andermal vielleicht» auf dem Klo verschwand und sich schnell einen runterholte.

«Akira», flüsterte Ippei. «Student.»

Akira. Ein ziemlich alltäglicher Name, dachte der Mann. Ich würde zu gern wissen, wie du wirklich heißt.

Während die hungrigen Blicke des Manns sich an der Szene ergötzten, ratterte Ippei sein Verkaufsgespräch runter, das einige sehr aussagekräftige Zahlen enthielt. Gesicht an Gesicht, Geschlecht an Geschlecht. Dem alten Narr verschlug die Aussicht, so viel Schwanz für sich allein zu haben, den Atem. Wie ein Kind, das an der Süßigkeitentheke klaut, wusste er nicht, wo er anfangen sollte.

«Hübscher Junge. Wunderbare Haut.»

Vier der fünf *Jungs* saßen kerzengerade. Einer stand lieber und lehnte an der Wand. Ein besonders begehrtes Objekt in abgewetzten Turnschuhen, geflickter, dreckiger Levi's, die über dem Knie eingerissen war, und Yomiuri-Giants-T-Shirt: Midori. Die gute Ausstattung, die Mutter Natur ihm an einer gewissen Stelle geschenkt hatte, machte ihn zum Schlager bei den Kunden. Die Haare hingen ihm so tief ins Gesicht, dass er sie beim Essen oder wenn er sich vergewissern wollte, in welche Richtung er ging, in der Mitte teilen musste. Irgendwo unter diesen Haaren saßen Kopfhörer, aus denen verzerrte Gitarrenklänge, heulender Gesang und ein schrilles Pfeifen dröhnten. Das billige Handtuch, das er sich um den Hals geschlungen hatte, war sein Markenzeichen. Jede Faser seines Körpers trug den Stempel Burakumin. Midori: ein Körper für alle und keinen ohne Antikörper, bei denen einen das kalte Grausen packen müsste.

Ein hübscher, schwarzer, nicht operierter Transsexueller, der den Eingriff auch niemals machen lassen würde und von allen nur Diana gerufen wurde, ordnete seine Hippie-Perlenkette, weil er sich einbildete, Sorgfalt im Detail könnte seine Chancen verbessern. Im linken (weit aufgeblähten) Nasenflügel steckten zwei Silberringe; die Ohren waren eine Schreckenssinfonie aus kaputtem Fleisch und Ohrsteckern. 99 % dieses Exemplars sagten: FRAU. Die übrigen 1 % sagten: LEG DICH BLOSS NICHT MIT MIR AN ODER ICH SCHLITZ DIR DIE WARME KEHLE AUF.

Die Levi's eines jungen Europäers hatte drei offene Knöpfe, was auf der Bewertungsskala des schrittfixierten Blicks viele Punkte gab: Scottie. Blonder, breiter, kantiger Schädel auf ebenso breitem Hals, ein Hals, der die gleiche geschmeidige Muskulatur aufwies wie das männliche Organ im ersten Erregungszustand. Er bemühte sich sehr (zu sehr) eine Reinkarnation von James Dean zu sein. Unter dem rot-schwarz karierten Hemd (gewebt, nicht bedruckt) trug er ein enges T-Shirt, das unterhalb der Brustwarzen abgeschnitten war und einen Waschbrettbauch freilegte, mit dem keiner der anderen konkurrieren konnte. Der durch intensives Aerobic gestählte Bauch war ein zugkräftiges Kapital, das bei jeder Gelegenheit zur Schau gestellt wurde.

Den Gerüchten zufolge standen viele von Scotties Stammfreiern auf schnellen Sex während des Englisch-Einzelunterrichts, den er Tokioter Geschäftsleuten gab. Je nachdem, welche seiner Ex-Liebschaften man fragte, war er entweder heterosexuell, asexuell, bisexuell oder offen, stolz und lautstark schwul. Sie sagten auch, er sei bösartig, launisch und ein echtes Partytier. Manchmal Macho, manchmal die Obertunte. In der Regel gab er entweder eine Parodie des zurückhaltenden, starken Typen oder den Homo aus Provincetown.

Der Speicheltropfen auf der Unterlippe des Manns wurde jedes Mal größer, wenn er etwas entdeckte, was ihm gefiel.

«Schöner Schwanz», flüsterte Ippei und deutete mit einem Nicken wieder auf Akio. Es war wichtig, den Neuzugang zu beschäftigen, bevor er seine Meinung änderte und sich wieder aus dem Staub machte. Er sollte schnell Geschmack am Geld finden und danach süchtig werden.

Akio stellte sich eine Kannibalenzunge vor, die über Kannibalenlippen leckte.

«Sie wären der Erste», flüsterte Ippei aus nächster Nähe.

Sabber der Geilheit trat auf die Lippen des Manns.

«Also gut. Den da.»

Die Tür öffnete sich einen Spalt. «Akira», blökte Ippei.

Während Akio die Handtücher nahm, raunte Hiroshi ihm schnell etwas zu.

«Hallo», sagte Akio und schloss die Tür.

Der Mann saß stumm und voll bekleidet auf der Massageliege und genoss die Nervosität, die er entdeckte. Er ließ sich Zeit, machte deutlich, dass es keinen Grund zur Eile gab. Er hatte bezahlt und konnte über den Ablauf bestimmen und er wollte etwas für sein Geld haben.

Der Mann klopfte auf die stumpfe Plastikauflage. Akio setzte sich neben ihn und nahm die Handtücher auf den Schoß.

Die platte Nase des Manns atmete den letzten Hauch von Akios Jungsgeruch ein. Es würden auch Stupsnasen, römische Nasen, erkältete Tropfnasen und rote Nasen kommen, die es eher gewohnt waren, an edlen Weinen aus entlegenen Kellereien zu riechen als grunzend zwischen Hodensack und Schenkelinnenseiten und in Achselhöhlen/zwischen Pobacken/im Ohr herumzuschnüffeln.

«Du bist schön», sagte der Mann.

Akio lächelte. Als ihre Blicke sich trafen, musste er dem dreckigen alten Mann zeigen, dass ihm Wampe/Brille/Größe/Gewicht/Hasenzähne/kahle Stelle nichts ausmachten.

Der Mann wischte sich mit dem haarlosen Handrücken über die glänzende Stirn. Er roch merkwürdig. Vielleicht weichte er lieber in der Wanne auf als sich ordentlich mit viel Seife zu waschen.

Mit einem Lächeln erzählte der Spaßmacher, was ihm gerade eben Schlimmes zugestoßen war.

«Auf der Fahrt hierher wurde ich von der Polizei angehalten, weil ich in der Zone 50 fast neunzig gefahren bin, und das nicht zum ersten Mal. Ich möchte gern – du siehst, ich bin noch ganz außer Atem –, dass du mir ganz, ganz langsam einen runterholst. Das wäre schön.»

Akios kleine warme Hand schob sich schnell in die Hose des Manns und streichelte und besänftigte abwechselnd einen Penis, der Ruhe benötigte.

«Wie ist das?», flüsterte Akio.

«Oh ja», hauchte der Mann gegen Akios Hals, «sehr schön.»

Akio warf ihm einen Blick zu, in dem HAU AB geschrieben stand.

«Als ich klein war», begann der Mann, «lernte ich ein Mädchen kennen ... Ich war sechs, sie war neun. Ein sehr hübsches kleines Mädchen. Damals wusste ich es nicht, aber heute bin ich mir ganz sicher. Sie war sehr interessiert an meinem Schwanz und zeigte ständig auf die Beule in meiner Unterhose. Sie fand es toll, ihn anzufassen und steif zu machen. Mir war gar nicht klar, was passierte. Es war aufregend. Danach entblößte ich mich jahrelang im Wald vor kleinen Mädchen, aber sie liefen immer davon, als wäre ich der Schwarze Mann. Eines Tages entblößte ich mich vor einem neunjährigen Jungen. Wir spielten ein bisschen aneinander rum, weißt du, und ich kam. Seither treibe ich es mit Jungs.»

Er hustete, zog die Knie unters Kinn und sagte: «Ich möchte, dass du dir vorstellst, dieser Raum wäre ein Wald.»

Der Mann dachte daran zurück, wie der Junge sich beim Urinieren umgeschaut hatte. An sein überlegenes Lächeln. Der Junge stand einfach da und sein Schwanz ragte so hart wie ein Eis am Stiel aus der Kühltruhe zwischen den Messingzähnchen der billigen kurzen Hose hervor.

«Du hast gerade ins Gebüsch gepinkelt, und als du dich umdrehst, siehst du mich auf einem umgestürzten Baumstamm sitzen.» Tiefes Atmen. «Sei für mich ein neunjähriger Junge.» Er setzte zum Sprung vom Dreier an. «Sag mir, was als Nächstes passiert.»

«Ist gut», sagte Akio, der aufstand und sich bis auf Unterhemd, Unterhose und die Socken auszog. «Darf ich dich etwas fragen?»

«Schieß los.»

«Hat der Junge einen harten Strahl gepinkelt?»

«O ja.»

«Und stand er so da, mit gespreizten Beinen und leicht gebeugten Knien?»

«Oh, ich merke schon, du wirst es gut machen», sagte der Mann und zog die Jacke aus.

Ruhig und flüssig machte Akio in wunderschöner Zeitlupe eine einfache Dehnübung. Der Mann sah zu, wie die Muskeln elegant die Luft durchschnitten. Es war eine Dehnübung – eine einfache Dehnübung. Er hatte sie seit der Kindheit zigtausendmal ausgeführt und dabei oft NHK geguckt. Ein zarter Luftstrom trug seinen Geruch in die Nase des Manns.

Der Himmel war mit goldenen und roten Streifen überzogen gewesen und die Dämmerung hatte sich ihren Weg durch die Zweige gebahnt. Es war ungefähr die gleiche Zeit im Jahr gewesen, nur kühler. Ein Sonntag. Kein Mensch unterwegs.

Der Mann dachte an die winzig schmale Taille, die leuchtenden Augen. Er war fast dreizehn und voll Testosteron gewesen, als ihn die unmittelbare Nähe eines frischen und (beinahe) unschuldigen neunjährigen Körpers zum Orgasmus gebracht hatte.

Akio kreiste mit den Hüften und fing an zu schwitzen; dann beugte er sich vornüber und bekam ein rotes Gesicht. Der Achtzehnjährige zog das Unterhemd aus. Ein Mann, in seiner Macht.

Die Augen der jungen Hure richteten sich starr und magnetisiert auf die Augen des Manns. Eine dünne Linie feinen Haars führte vom Nabel bis zu dem winzigen Nest in seinem Schritt. Man sah sie, wenn er sich reckte. Als Akio sich zum dritten Mal streckte, glitt sein Schwanz oben aus der Unterhose. Die Eichel legte sich in seinen Nabel.

Der Mann nahm sofort seine Lieblingsstellung ein: Er ging in die Knie und blies. Leonardo di Caprio, dachte er. Hübscher, kleiner Leo.*

Einerseits kam Akio sich vor wie eine beschmutzte Liebesmaschine, die auf perverse Weise gedemütigt wurde, andererseits empfand er Macht/Rachegelüste/Güte und Verdorbenheit.

Der Mann wollte nicht duschen und war durch nichts auf der Welt zu bewegen ein Stück Seife an seine Haut zu lassen.

«Hemd aus», flüsterte Akio. «Den Rest auch.»

Der nackte Mann mit dem rasierten Oberkörper ... und vereinzelten Pickeln hier und da ... roch nach Geflügel.

«Hinlegen.»

«Auf den Boden oder die Liege?»

«Auf den Boden, Vollidiot.»

Akio setzte sich so auf den Mann, dass er mit den Knien seine Arme niederdrückte.

---

* Um diese Szene richtig zu verstehen, möge der Leser bitte Seite 14 im *Leonardo di Caprio Album* von Brian J. Robb aufschlagen.

«Verheiratet?»

«Nein.»

«Lebst du allein?»

«Ja.»

Sabber rann aus dem Mundwinkel des Manns, während Akio ihm einen runterholte. Kurz vor dem Orgasmus schlug der Sabber Blasen und gerann zu baiserartigem Schaum.

Man hatte ihm gesagt, dass der Mann auf verbal stehe. Egal was. Nur ein bisschen reden.

«Arschloch», knurrte Akio. «Alte Drecksau.»

Das schien zu reichen.

«Ich komme gleich», krächzte der Mann mit kalter, unpersönlicher, fast roboterhafter Stimme. Vielleicht war das seine normale Stimme, die Stimme, die seine Frau, Kinder und die vielen, vielen Stricher zu hören bekamen. Eine Stimme, bei der sich dem ein oder anderen Schmuggler der Magen umdrehte. Eine Stimme, die aus einem Gesicht kam, das gerade die Farbe von gekochten Garnelen annahm.

Der Mann gab ein leises Wimmern von sich, während ihm seine Ladung, die aussah wie Kamelspucke, über die Brust spritzte.

«Holst du mir bitte ein Glas Wasser?»

Als Akio zurückkam, saß der Mann voll bekleidet auf der Massageliege, genau so, wie er ihn vor achtundfünfzig ... neunundfünfzig Minuten vorgefunden hatte.

«Ich bin dreiundfünfzig Jahre alt und völlig ausgebrannt», sagte er nach dem ersten Schluck.

Akio bekam einen Kuss auf die Stirn. Aus der Brieftasche des Manns rutschte ein Leporello mit lauter Geldwertkarten –Taxi, Bahn, Supermarkt, Spielhalle, McDonald's. Nicht schlecht! Er angelte nach einem steifen Geldschein und steckte ihn in den Bund von Akios Jeans. Gutes Trinkgeld.

Als der Mann die Wendeltreppe hinaufstieg, duschte Akio sich so gründlich, als wäre er atomarer Strahlung ausgesetzt gewesen. Der Sex mit diesem Mann erinnerte ihn an Teetrinken mit seiner Großmutter. Der Minutenzeiger war in dieser Stunde genauso langsam vorgeschritten.

Akio hoffte, dass der Mann wiederkommen und nach mehr verlangen würde. Da er jetzt wusste, worauf er stand, war die halbe Arbeit schon getan.

«Wie ist es gelaufen?», fragte Ippei, als Akio auf das Goldfischglas zumarschierte.

«Gut, keine Probleme», antwortete Akio salutierend.

Ippei schnippte die Asche von seiner Zigarette. Es beeindruckte ihn, dass Akio nicht jede Kleinigkeit aus der Fantasiewelt des Freiers wiedergab. Keine Fragen. Keine Kommentare.

Ippei, der unbedingt wissen wollte, wie Akio mit den harten Nüssen im Bordell zurechtkommen würde, flüsterte für alle hörbar: «Hey Leute ... das ist Akira.»

Wohnung 7A

Autos waren auf dem Nachhauseweg, voll gepackt mit allen guten Dingen, die es im Supermarkt zu kaufen gibt. Dosensuppen, geputztes Gemüse in Zellophan, Cornflakes und Tiefkühlfleisch.

An der Bushaltestelle saß eine Frau, die, erschöpft von den drängelnden Einkaufswagen und dem Kassenpiepen, das die gedämpfte Hintergrundmusik übertönte, zusah, wie die Bäume sich in Schatten verwandelten. Schweigen umgab sie, so als hätte sie alles gesagt; sie wirkte ausgelaugt – leer – und war offenbar nicht mehr in der Lage zuzuhören. Sie starrte einfach vor sich hin.

Neben ihr saß ein Mann, der eindringliche Posen einnahm und wissen wollte, was sie sich verdammt noch mal ...

Vielleicht folgte jetzt das bekannte Geständnisdrama, das schon so oft aufgesagte «Es ist aus» oder «Ich bin schwanger!». Er zeigte unterdrückte Empörung, gestikulierte mit den Händen und bombardierte sie mit Fragen. Eifersucht vielleicht. Oder Furcht. Urintests? Blut? Oder ging es um Geld? Das Fernglas wurde warm, während sich der Zuschauer vorstellte, worüber sich die beiden unterhielten.

Was sagte er, als er sie an die Schulter fasste? Seine Vorhaltungen brachten das Häufchen Totalversager aus der Nachbarschaft zum Verstummen, das auf der Mauer nahebei saß. Sie waren damit beschäftigt gewesen, ihre Pickel auszudrücken und laut über alles Mögliche außer die Hausaufgaben nachzudenken.

«Arzt – du musst zum Arzt gehen.» Der Bewohner von Wohnung 7A entschied, dass das die Worte waren, die er an ihren Hals flüsterte, während sie in seine Schulter weinte. Erst dann sagte der Mann zu seiner Schwester/Freundin/Frau? den abgegriffenen und doch geheimnisvollen Satz, der manchmal sogar Wunder bewirkte. «Ich liebe dich.» Aber er nahm sie dabei nicht in den Arm und einen Augenblick später machte er alles kaputt, indem er hinzufügte: «Natürlich liebe ich dich.» Tja, vielleicht, dachte der Zuschauer.

Im fahlen Licht der Straßenlaternen und der Scheinwerfer der vorbeifahrenden Autos war das Paar ein körniges, flackerndes Bild. Der Bus kam, aber sie stiegen nicht ein. Eine Minute später wurde ein Taxi angehalten.

«Du solltest zum Arzt gehen. Dringend.» Waren das seine letzten Worte?

Das Lego, mit dem früher der Junge in #8A gespielt hatte, bevor er es an den Nachbarssohn in #7B weitergab, wurde vom Jungen in #4B mit Missachtung gestraft. Seine Lieblingszeichentrickserie flimmerte in schnellen Bildern über die Mattscheibe. Im selben Fenster tauchte kurz die Mutter des Jungen auf, die einen gerade fertig gestrickten Pullover hochhielt.

Widerwillig trennte sich das Kind vom Fernsehen und ließ sich das Kleidungsstück über den Kopf ziehen.

MITTWOCH

水

#8B

Im kalten Glas des Spiegels war eine faszinierte Sunday Girl zu sehen. Eine kleine borstige Schmeißfliege hing gefangen in einem Spinnennetz im Fensterwinkel.

Das summende Insekt, das versuchte aus der fein gesponnenen Falle zu springen, bot eine tolle Show – aber es war keine Solovorstellung. Die Spinne, die sich immer wieder langsam vortastete, um nachzusehen, ob das Abendessen fertig war, befand sich nur einen Pfotenhieb weit weg und war ein echter Leckerbissen.

Als die Fliege sich mit einer letzten Kraftanstrengung zu befreien versuchte, schlug Sunday Girl zu. Die Spinne hüpfte aus dem Netz und die erschrockene Katze bekam lediglich ihr (leicht) klebriges Zuhause zu fassen, das zerriss und die Fliege befreite.

Sunday Girl ließ vor Enttäuschung die sanft abfallenden Schultern sinken und rollte sich zusammen. Sie leckte die feinen Spinnwebfäden zu einer kleinen grauen Kugel und schluckte sie runter.

Die Spinne, die nirgends zu sehen war, war zum zweiten Mal in dieser Woche vorübergehend obdachlos.

#7B

Takeo träumte von den viertausendachthundertfünfzig Namen, die am gusseisernen Tor des Komabu-Campus aushingen. Sein Name war nicht dabei. Zu seiner großen Erleichterung hatte er die Zulassungsprüfung für die Tokioter Todai-Universität nicht bestanden.

Um ihn herum führten schwarz uniformierte Abiturienten Freudentänze auf oder waren am Boden zerstört. Einige weinten. Wer Takeo ansah, musste glauben, dass er die Prüfung bestanden hätte, so wie alle es erwarteten.

Als Takeo aufwachte, lag er auf seinem jungen Rücken und hatte einen schmerzhaften Ständer. Er konnte sich nicht mehr an den Traum erinnern, außer dass er irgendwie mit der Prüfung zu tun gehabt hatte. Er fühlte sich, als wäre er von einem großen, weichen Schaumstoffauto überfahren worden.

Die Prüfungen, dachte er. Statistisch gesehen lagen die Chancen eines Gymnasiasten, später die Tokioter Universität zu besuchen, bei eins zu vierhundertvierzig. Das hatte der Schulleiter zu Beginn des neuen Schuljahrs im April zu ihm gesagt. Eins zu vierhundertvierzig, grübelte Takeo. Soviel es ihn in den nächsten Jahren auch kosten würde, er musste dieser eine von vierhundertvierzig sein, damit seine Mutter glücklich war.

Durch den Schleier seiner Wimpern nahm Takeo verschwommen das Foto wahr, das er oft mit einer alten Lupe betrachtete. Er wusste, dass Handa Sans Augen auf ihn gerichtet waren.

Er drehte sich langsam auf die Seite, nur so weit, bis er dem Foto, das neben ihm an der Wand hing, halb den Rücken zukehrte. Das Laken verrutschte und sein langer, magerer, blasser (vollkommen passiver) Körper lag entblößt unter dem farbigen Hochglanzpapier. Die Lippen des Lehrers, die der Abzug naturgetreu wiedergab, landeten im Sturzflug auf Takeos Taille, küssten sie und bewegten sich weiter abwärts. (Der Junge wünschte sich, dass sie seinen Hintern küssten.) Als die fantasierten Lippen sich teilten, um ihn mit der Zungenspitze zu berühren, drückte die rechte Hand des Jungen seinen Schwanz. (Schönes Gefühl.)

«Du bist der Allerbeste», flüsterte Handa San langsam und ganz, ganz leise, während sanft über die rauen, vor kurzem geschnittenen Haare des Jungen gestreichelt wurde. Dann strichen Handa Sans dicke, kräftige Finger leicht über Takeos Schulterblätter.

Der Junge überlegte, wie es sich anfühlte, wenn sein samtweicher kleiner Körper an den Körper Handa Sans gepresst wurde. Wenn seine warme Haut gegen eine Steinmauer, eine piekende Hecke oder kaltes Glas und Metall in einem leeren Zugabteil gedrückt wurde.

Takeo verspürte das Verlangen, aus seinem Schwanz zu pissen oder zu bluten, während er sich vorstellte, wie die glänzenden weißen Ränder seiner Ohren von dem Mann, dem erwachsenen Mann, geküsst wurden.

Aus dem Fernsehen und aus Filmen, den vielen Büchern, die er heimlich las, aus Unterhaltungen am Strand und gelegentlichen Anrufen bei einer 0190er-Nummer (aus der Telefonzelle, was ziemlich ins Taschengeld ging) wusste Takeo eine Menge über die wunderbare Welt des Sex.

Obwohl sein Wecker erst in einer halben Stunde klingeln würde, war er hellwach. Er knetete ein bisschen an seiner Vorhaut, fasste nach hinten und griff sich ein faustgroßes Stück Laken. Wäre der Schwanz, den er seinem jungen Arsch näherte, tatsächlich aus Fleisch und Blut gewesen und in sein Rektum eingedrungen, wäre er in seinem Bett verblutet.

Als er das vertraute Knochenknacken in ihrem linken Fuß hörte, stieß der Sohn einer fantasielosen Ehe, dessen Hormone verrückt spielten, heftig Luft aus. Er legte sich flach auf den Rücken, klemmte sich den Schwanz zwischen die Beine und verschränkte die Arme hinter dem Kopf. Aber seine Mutter platzte nicht herein. Sonst hätte sie vielleicht die vier Achselhaare links und die sechs Achselhaare rechts entdeckt.

Der Kleiderschrank roch nach Sprühstärke und *Eternity* von Calvin Klein. Bis vor kurzem hatte seine Mutter alle Einkäufe erledigt und ohne ihn vorher zu fragen alte Kleidungsstücke aussortiert und durch neue ersetzt. Alles war perfekt. Perfekt sauber, perfekt gebügelt, perfekt ausgebürstet/trocken gereinigt/ in den Schrank gehängt. All das wurde als selbstverständlich hingenommen. Takeo machte einen Schritt zurück und ließ den Blick über seine Kleider schweifen; ein leises Lächeln trat in sein Gesicht.

Sechs kurzärmelige YSL-Polohemden in verschiedenen Pastelltönen, sechs langärmelige Oxfordhemden mit Button-down-Kragen von Ralph Lauren. (Zwei dunkelblaue, zwei ekrüfarbene und zwei klassisch blau-weiß gestreifte. Kein rosa.) Drei karierte Flanellhemden, gewebt, nicht bedruckt. Die Schubladen waren voll mit Sachen. Vier Pullover aus Shetlandwolle mit Rundausschnitt in Dunkelblau, Grau, Schwarz und Rotbraun. Alles war ordentlich zusammengelegt. Zwei V-Ausschnitt-Pullover, metallgrau und weiß. Drei Jeans, Levi's, Edwin und ... und ein weißer Trainingsanzug. Takeo überlegte, was er am Wochenende anziehen sollte. Er wollte gut aussehen, ohne zu wissen, warum. Bis auf den Turnwettkampf am Vormittag hatte er noch nichts vor – und bei dem musste er seine Schuluniform tragen.

Hätte jemand Lust verspürt, zu dieser frühen Stunde das Fernglas zur Hand zu nehmen und Spion zu spielen, hätte er möglicherweise gesehen, wie Takeo seelenruhig verschiedene Kleidungsstücke anprobierte und wieder auszog und sich dabei jedes Mal ganz neu in Szene setzte.

Bügel schlugen sanft aneinander wie ein leises Windspiel. Takeo schüttelte den Kopf und griff nach dem weißen Trainingsanzug, der gleiche, den Handa San oft trug, nur in klein. Dieselbe Marke: Puma. Der Stoff hatte sich durch häufiges Tragen gedehnt und war dünner geworden.

Seine Mutter hatte mit dem Kopf geschüttelt, als er sie um den Anzug gebeten hatte – sie sah ihn gern adrett gekleidet, nicht in Sportklamotten. Und schon gar nicht in Levi's, die über den Knien aufgerissen waren. Nein, so etwas würde sie ihrem Sohn niemals erlauben.

Takeo starrte auf Handa Sans Augen, die jeden seiner Schritte zu beobachten und dabei heimlich zu lächeln schienen.

Der Junge fuhr sich mit der Hand über den Kopf und hoffte, dass er genau wie Handa San sein würde, wenn er groß war.

SHIBUYA HUNDESCHREIN

Liam konnte sich kaum an den Morgen erinnern. Er wusste, dass er mit einem Anruf seiner Schwester begonnen hatte, die ihn über die (nicht neuen) Neuigkeiten aus London informierte, zum Beispiel dass der Putz in ihrem umgebauten Loft nicht gleichmäßig getrocknet war.

Um sechs hatten zwei Wecker gleichzeitig geklingelt. Im Halbschlaf war er über Jeffs Hochglanzmagazine hinweg, die überall verstreut lagen, ins Badezimmer geschlurft. Er schenkte seinem Spiegelbild, das aussah wie ein zerknitterter Marshmallow, ein müdes Lächeln und wünschte sich, er wäre wieder der kleine Junge, der eine Krankheit vorschützte, um nicht zur Schule zu müssen.

Als Liam in Shibuya ankam, wusste er nicht, ob es an dem Ort oder seiner durcheinander geratenen inneren Uhr lag, dass ihm schwindelig war. Er drehte sich mehrmals im Kreis, betrachtete die Hochhäuser und die zuckenden Neonreklamen und kam sich vor wie in einem Zeichentrickfilm. Das Ganze hatte etwas von einer Fata Morgana.

«Gott schütze Amerika», rief Jeff neben ihm.

Menschen rauschten in atemberaubendem Schritttempo vorbei. Unterwegs von X nach Y. Immer bereit ihr Bestes zu geben. Manche erfolgreich, manche erfolglos. Das ist wie der Tod, dachte Liam. Wie werden diese Menschen, die tagein, tagaus zusammengepfercht im erbarmungslosen weißen Licht sitzen und den Sportteil oder dicke Mangas voller Sex und Gewalt lesen, mit diesem Leben fertig? Wie fühlen sie sich, wenn sie abends in ihre gemieteten Ein-Zimmer-Wohnungen zurückkehren, in denen gerade mal genug Platz für sechs Tatamis ist?

Offenbar war der Hundeschrein Treffpunkt für eine ganze Schar von Menschen. Schülerinnen, die die Schule schwänzten, kleine alte Damen, ein großer dünner Mann, der – nachdem er kopfschüttelnd auf die Uhr gesehen hatte – mit dem Handy telefonierte. Als Liam plötzlich Sams Stimme hörte, beschloss er auf der Stelle, dass er ihm von jetzt an aus dem Weg gehen würde.

«Wir standen also an diesem megaheißen Tag vor dem scheiß Almond in Roppongi und warteten auf Yada, die wie immer zu spät kam. Und plötzlich kreuzt Loretta auf und sagt: ‹O Scheiße, ich glaub's einfach nicht, was gerade passiert ist.›»

Loretta fing an zu lachen und alle sieben Models stimmten mit ein. Loretta hatte einen Hang zum Dramatischen und leitete ihre kleinen Geschichten gern mit atemlosen Sätzen ein wie: «Das Problem dabei ist ...» oder «Was mir dabei echt auf den Senkel geht ...» oder «O Scheiße, ich glaub's einfach nicht, ratet mal, was ...».

«Wenn du ihnen das erzählst, erzähl ich ihnen die Geschichte aus Mailand, als es geschneit hat und du in den falschen Zug gestiegen bist. Er ist drei Stunden zu spät zu einem zweistündigen Shooting gekommen, obwohl's ein Schnellzug war», kreischte Loretta, deren Hals einen schokoladenbraunen Rand hatte. Sie versuchte eine Art bäurischen Avantgardelook zu kreieren, sah aber einfach nur ungepflegt aus.

Sam wurde rot und stieß eine Lachsalve aus. Dann setzte er – zu Julie Bs heller Begeisterung – keuchend zu einer neuen Geschichte an: «O Scheiße, hör auf mit dem Gelaber. Stellt euch vor ... Loretta war bei McDonald's. Bei dem gegenüber, wisst ihr?»

«Ich hatte mir 'nen Big Mac und Pommes geholt und war echt super drauf», unterbrach ihn Loretta fröhlich und noch ätzender als sonst. «Ich ging gerade zur Tür raus und biss in den ersten Pommes. Er war kalt, na ja lauwarm, und Pommes gehören schließlich heiß, oder? Ich also zurück und nach heißen verlangt. ‹Hotu!›, hab ich gesagt. Dann hab ich einen hochgehalten und ‹Coldo!› gesagt. Das Schlitzauge sauste zur Pommesstation und drehte mir den Rücken zu. Ich konnte nicht genau sehen, was er da machte, aber ich hatte schon so ein Gefühl, wenn ihr wisst, was ich meine. Er kam zurück und ich dachte, alles okay, also hab ich sie genommen, arigato gesagt, 'ne Verbeugung gemacht und so weiter.

Tja, die obendrauf waren heiß, ziemlich hotu sogar, aber an der Tür merkte ich, dass die darunter eindeutig coldo waren. DU SCHEISS-TYP, dachte ich ... er hatte die kalten bloß mit seinen dreckigen Japsenfingern nach unten gedrückt und ein paar frische obendrauf gekippt. Ich also in den Laden zurückgestürmt und ihm die Pommes ins Gesicht geworfen. Ich geb's echt ungern zu, aber ich hab daneben getroffen! Er hat sich geduckt, aber meinen Big Mac hat er voll abgekriegt.» (Kurze Pause zum Atemholen und für ein Lächeln in Sams Richtung – in den Augen ein keine-Sorge-das-Beste-kommt-noch-Blick.) «Ich hab das Arschloch mitten in die Fresse getroffen» (Sam stellt den Vorfall in Zeitlupe nach) «und er reißt sich die McDonald's-Mütze vom Kopf, springt über den Tresen und schubst mich – er hat mich echt geschubst – und plötzlich steht dieser Polizist mit Taschenlampe und allem Drum und Dran hinter mir und dreht mir den Arm auf den Rücken – richtig blaue Flecken hab ich danach gehabt. Er bläst mir seinen Sushi-Atem ins Gesicht und brüllt tierisch laut: ‹BERUHIGEN SIE SICH!› Darauf ich: ‹Die Pommes von McDonald's sind der letzte Dreck!›, worauf er mich anguckt und dann gucken wir uns beide an, ganz süß der Typ eigentlich, aber dann seh ich seine Zähne und denke: Sayonara. Ich erkläre ihm wie eine anständige Frau: ‹Pommes coldo, nicht hotu›, so wie's alle hier machen, und die miese Sau sagt ganz langsam und mit einer Stimme wie aus'm Englischkurs im Fernsehen: ‹SIND SIE VERRÜCKT?› Also sag ich: ‹Solly, solly, tut mil echt Leid›, und er antwortet so ungefähr, diesmal lässt er's noch durchgehen, aber ich soll machen, dass ich verschwinde. Ich mache also kehrt und dann ...»

«Weil sie immer das letzte Wort haben muss», steuerte Sam bei.

« ... schreie ich *coldu no goodu*. Er glotzt mich bloß an, und der andere setzt seine Mütze wieder auf und macht sich an die befriedigende Arbeit, kalte Pommes zu verkaufen. Ich also wieder hin und sag zu ihm: ‹Ihr miesen Scheißtypen, McDonald's ist das Letzte, ich werd Vegetarierin›, und dann ...»

«Und dann haben sie die reizende Loretta verhaftet.»

«Golding musste ganz schnell mit dem Taxi nach Ginza kommen. Es war sagenhaft. Sie haben ihre Fingerabdrücke genommen, wegen der Kaution und so. Abgedreht.»

Inzwischen war Yada eingetroffen. Sie trug einen verwaschenen Oxford-Schal um den Hals und einen zusammengerollten *Guardian* unter dem Arm (Liam fragte sich verwundert, wo sie beides gekauft hatte). Sie hörte nur noch den letzten Satz der allzu bekannten Geschichte und wartete, bis sie bemerkt wurde. Sie spielte die Leidende.

«Sorry, dass ich zu spät bin. Auf der Hanzomon-Linie gab es einen Todesfall.»

Eine Lüge, und was für eine. Julie B verschlug es hörbar den Atem. Als Loretta einen sarkastischen Kommentar abgab, machte Yada sich eine Notiz in ihr kleines schwarzes Buch. Hinter Yada lauerte ein großer, dünner Mann, der sich nicht besonders wohl in seiner Haut zu fühlen schien, als er sich mit Namen vorstellte. Yada machte mehrere tiefe Verbeugungen und stieß mit schriller Stimme Entschuldigungen aus. Sie lächelte wie ein straff gespanntes Gymnastikband.

Es gab eine kurze Unterhaltung und der Name des Fotografen sorgte für ehrliche Überraschung. Dann wurde eine wichtige Ansage gemacht.

«Das ist Koizumi Yakumo San von XXY. Der Kunde», verkündete Yada.

«KY», flüsterte Sam Loretta zu.

Die Ärmel seines dunkelblauen Jacketts waren auf perfekte Länge geschneidert. Das Nicken, mit dem KY von XXY sie begrüßte, war zunächst beiläufig und kühl und wurde dann ziemlich abweisend, was Loretta sofort auf sich bezog, weil sie getuschelt hatte.

Die Models setzten sich ihm gegenüber auf eine rissige Betonbank und bemühten sich im hellen Tageslicht möglichst hübsch auszusehen. In den zwanzig Minuten, die er sie beobachtet hatte, hatte er eine ganz andere Seite zu Gesicht bekommen als die breite Masse. Seinen kleinen Augen, die kaum sichtbare schwarze Punkte waren, war nichts entgangen. Jedes Model besaß seinen eigenen Marktwert. Jedes hatte seine ganz besondere Methode, einen

Kunden anzumachen oder abzustoßen. Manche taten es mit einem Lächeln, manche mit ihrer ethnischen Herkunft und andere mit Papiertüchern, die sie sich in den BH stopften. Hübsche, träge Körper, die von ihrer Jugend profitierten – Mappen, die darauf warteten, begrapscht zu werden.

«Die Räume der Agentur sind durch drei Castings belegt und Koizumi San muss in Kürze in Kyobashi sein» (sprich vor zehn Minuten) «deswegen werden wir das Casting hier machen», erklärte Yada, die sich mehr oder weniger auf einen Aufstand gefasst machte.

Der blassblaue Himmel färbte sich grau, als die stillen, unsicheren/ängstlichen und weniger stillen (wahrscheinlich viel unsichereren/ängstlicheren) Gestalten sich mit einem inneren Stöhnen aufstellten wie potenzielle Jobkandidaten. Keiner wusste, um was für einen Job es sich handelte oder wann das Shooting stattfinden sollte. Oder wie hoch das Honorar war.

Jeff lehnte sich gegen den Hundeschrein. Krummer Rücken, gebeugte Schultern. Er versuchte immer sich von den anderen abzugrenzen, denn er wollte um jeden Preis auffallen. Er hielt das für eine gute Methode, sich in Erinnerung zu bringen. Falls seine Mätzchen dieses Mal nichts nutzten, dann vielleicht beim nächsten Mal. Vielleicht würde man ihn sogar direkt buchen. (Eine Möglichkeit, die in Jeffs Gedanken kursiv geschrieben war. Albertus Extra Bold. 48 Punkt. Unterstrichen.)

Der Blick des Manns von XXY wanderte über den Halbkreis aus internationalen, schick gekleideten, enthaarten, fitnessgestählten Körpern; die fein ausgesteuerten Antennen suchten geschäftig nach der magischen Frequenz. Vielleicht suchte er nach jenem ganz besonderen Strahlen oder einem körperlichen Attribut, das in den Mappen, die jeder in der Hand hielt, nicht ausreichend hervorgehoben worden war. In den vertrauten, verächtlichen Blicken artikulierte sich der dringende Wunsch nach einer erfolgreichen Werbekampagne. Alle waren zu allem bereit: Polaroids, Hi-8-Aufnahmen, sich vermessen lassen, einen Stepptanz hinlegen.

Eine Managerin von Folio schwebte in Begleitung von rothaarigen, eineiigen Zwillingen herbei.

«Hi», begrüßte die Frau Yada mit tonloser Stimme. Yadas Zehen verkrampften sich in den Gucci-Schuhen. Es kam vor, dass Go-Sees oder das ein oder andere Casting in Cafés abgehalten wurden, aber ein Casting vor der U-Bahnstation Shibuya war ein absolutes Novum.

Julie B saß neben dem Kunden, presste die Knie aneinander und ging mit ihren bezaubernden Füßen der Schuhgröße 37 leicht auf die Zehenspitzen. Auf der Titelseite ihrer Mappe prangte das Cover der *An-An*, das in dieser Woche überall zu sehen war.

Größe: 5'11'/1,81 Brust: 34/86 Taille: 22/60 Hüfte: 34/86 Schuhe: 6/37 Haarfarbe: Blond Augen: Blau Besonderes: Sprachen, Zähne, Reiten.

Julie B ordnete die schlichte, einfache Perlenkette im Jackie-O.-Stil, die um ihren Hals hing, weil sie sich einbildete, Sorgfalt im Detail könnte ihre Chancen verbessern. Sie lächelte und spielte ein bisschen die Verlegene. Bauch rein, Schultern zurück, jung bis zur Jungfräulichkeit. Prompt gelieferte erste Eindrücke, bereit für eine genauere Musterung.

Das, redete Julie B sich beharrlich ein, ist mein freies Jahr, bevor ich mit dem BWL-Studium beginne.

«Nettes Mädchen. Wunderbare Haut», sagte Yada.

Der Kunde musterte Julie B von oben bis unten und legte lächelnd ihre Karte rechts neben sich.

«Neuseeland. Auckland, Neuseeland.»

Die Models von Morrision wären stolz auf die langsame, deutliche Sprechweise gewesen.

«Vielen Dank, Miss B», sagte der Kunde und beide lachten ein bisschen.

Kleine Miss B, dachte Liam, eigentlich bist du eine ziemlich geile Frau. Die Kompassnadel seines Sexlebens hatte bisher eindeutig auf SCHWUL gezeigt, aber jetzt geriet sie ins Zittern. Er war sich unsicher, ob sie nicht bald woanders hinzeigen würde. Aber wohin? Nirgendwohin wäre ihm recht gewesen.

«Jeff.»

Jeff fuhr sich mit den Fingern, die zu einem riesigen Kamm gespreizt waren, durch das Haar. Er lächelte, um zu demonstrieren, wie angenehm es sich für ein paar Stunden mit ihm arbeiten ließ, und kaute dabei so gleichmäßig auf seinem Kaugummi, wie er atmete. Er machte einen auf höflich und zurückhaltend, während seine Körpersprache mit jedem Atemzug mehr Arroganz vermittelte.

Sieh dir diese schönen Haare an, schien Jeff zu sagen. Erstklassig gepflegt. Schneide sie, färbe sie, mach mit ihnen, was du willst.

Eine seiner Augenbrauen, die linke, zog sich leicht, aber wunderschön nach oben, während er innerlich «bitte, bitte buch mich» flüsterte. (Kursiv. Albertus Extra Bold. 48 Punkt. Unterstrichen.)

Er stand da wie ein Matrose von Bruce Weber, mit verschränkten Armen, die den Bizeps herausdrückten. Beine gespreizt. Zu viel Körper. ET wäre an diesem öffentlichen Ort weniger aufgefallen.

Das Lächeln verblasste, um zu zeigen, wie ernst und tiefsinnig er im Grunde war. Erst vor zehn Minuten hatte er gesagt: «Im Moment mag ich mein Gesicht. Es ist so schmal geworden, ungeheuer schmal. Vorher sah ich so aus ...» (Kugelfischgrimasse) Genau das waren seine Worte gewesen, und dann: «Hey, jetzt sag mal ehrlich, kannst du erkennen, ob ich geschminkt bin?» Das Licht war für die Antwort, die er hören wollte, sehr ungünstig gewesen. «Nein», hatte Liam gelogen, ich kann nichts erkennen, ehrlich.» (Mit Ausnahme der verklumpten, leicht orangefarbenen Foundation, die an einem ausgedrückten Pickel klebte, dessen Inhalt am Morgen gegen den Badezimmerspiegel gespritzt war. Ein sauber ausgedrückter Krater direkt neben dem lächelnden, pausenlos plappernden Mund.)

Schuleschwänzende Mädchen und Pfefferminz lutschende kleine alte Damen schauten fasziniert zu. Auf dem Titelblatt seiner Mappe, die er *mein Book* nannte, prangte (etwas unscharf) ein Covermodel von *Dazed & Confused*, das ihm zum Verwechseln ähnlich sah. Aber es war nicht er. Nicht J-E-F-F aus Racine, Wisconsin. Selbe Frisur, selbe Konturen – Konturen, wie sie die plastische Chirurgie den ohnehin gut Aussehenden ins Gesicht schneidet –, selber Typus dumme amerikanische Schwuchtel, dachte der Kunde, der besagtes Model erst vergangene Woche in der Stadt gesehen hatte.

«Die Welt ist klein», sagte der Kunde zu Jeff und klappte die Mappe zu. Jeffs Karte landete links.

«Unser Neuer», sagte Yada, «hat gerade erst als Model angefangen.»

Größe: 6'1'/1,85 Brust: 38/98 Taille: 30/77 innere Beinlänge: 34/86 äußere Beinlänge: 43/112 Schuhe: 10/43 Haarfarbe: Dunkelbraun Augen: Haselnussbraun Besonderes: Schauen.

Liam wurde während der sechs Probefotos zweimal mit Kopfnicken und einmal mit einem Lächeln bedacht. Seine Karte, die erst am Morgen aus der Druckerei gekommen war, wurde auf die Karte von Julie B gelegt.

Liam hatte das Gefühl, seine Sache nicht gut gemacht zu haben. In seinem Inneren bimmelten die Alarmglocken. Er musste sich unbedingt den Modeljargon aneignen.

«Loretta», flüsterte Yada.

Loretta hob den schönen Kopf und ihr schwarzes Haar fiel vor das klare olivfarbene Gesicht. Dann setzte sie einen Blick auf, der rotes Licht signalisierte. He, guck mal, ja du, ich bin's, die kleine Loretta.

Der Kunde hatte sie nicht vergessen. Er hatte die Agentur ziemlich unmissverständlich darum gebeten, Loretta nicht mitzuschicken, da ihm das Nachtshooting vergangenen Monat in Isikawa schon gereicht hatte. Golding hatte ohne Rücksicht auf den Kunden darauf bestanden, dass Loretta zu dem Casting ging und dort ihre Zeit verschwendete.

Während er Lorettas Mappe durchblätterte und mit der flachen Hand auf das internationale Editorial schlug, stürzten die Erinnerungen über ihn herein. Er dachte an ihren Wutanfall im Kenrokuen-Garten, ihre Forderungen nach einer Mittagspause morgens um elf, noch bevor sie die Fotos am Isikawa-Tor gemacht hatten, ganz zu schweigen von dem Wajima-Lackservice, das sie zerschmissen hatte, weil sie auf den Stufen des Natareda-Tempels so hysterisch gelacht hatte, dass sie es fallen ließ. Loretta wusste, dass sie sich keineswegs wie ein Engel verhalten hatte, und war dementsprechend überrascht gewesen, als sie erfuhr, dass sie zu einem Casting von XXY gehen sollte.

Er erwiderte ihren zaghaften Gruß nicht, sondern schwieg und freute sich über das zunehmende Unbehagen, das er entdeckte. Als sie sah, wie die Nägel des Manns Dellen, wenn nicht sogar Löcher in die Ränder der Klarsichtfolie bohrten, wusste sie, wie er drauf war und dass sie den Job auf keinen Fall bekommen würde. Weder diesen noch einen anderen. Niemals. Karte nach links.

«Sam», flüsterte Yada, «Sam Dylan.»

Als ihre Blicke sich trafen, musste der junge Zimmerman dem Mann zeigen, dass es ihm nichts ausmachte, in ein Teletubby-Kostüm zu schlüpfen, total sexy im Frack rüberzukommen oder den Bösewicht in Armeeklamotten zu mimen – egal was, egal wann.

«Tolle Augen.»

Aber nicht toll genug, dachte der Kunde.

Sams Mappe wurde mit jener Form totalen Desinteresses behandelt, das sehr oft auch totales Desinteresse meint. Karte nach links.

«Und das ist ...»

Mappen wurden durchgeblättert, Zigaretten geraucht. Dann wurden Yada zwei Namen zugeflüstert. Yada gab Liam und Julie B durch ein Nicken zu verstehen, dass sie sich vor eine kahle Mauer stellen sollten. Von jedem wurden schnell zwei Polaroids geschossen.

SCHULE

Takeo war der Dritte von vierzig, der nach dem Warmlaufen um den Sportplatz in die Turnhalle kam.

Er lehnte sich gegen die laminierten Fotografien, die seine Mannschaftskameraden bei der Leichtathletik, beim Schwimmen, am Seitpferd, am Barren, an den Ringen und am Boden zeigten. Die Ausstellung zeigte allerlei Hüpfer, kleine Sprünge, große Sprünge, Hechtsprünge, Handstände, Kopfstände, Flugrollen, Rückwärtsrollen, Räder, Spagate und Flickflacks.

Sadao Hashizume, Kapitän der Schwimm- und Turnmannschaft, Mädchenschwarm und gefühlloser Mittelstufenschüler, war nach dem Lauf kein bisschen aus der Puste und vollführte großspurig einarmige Liegestütze, als wäre es ein Kinderspiel.

Nach dem vierzigsten schmerzte sein Arm wie bei einem Wichskrampf. Sadao peitschte sich über den Punkt, wo normalerweise die Erschöpfung einsetzt, hinaus, bis er zu leiden anfing und sein ganzer Körper wehtat. Er hörte erst auf, als er gewiss war, dass Handa San ihm volle fünf Sekunden lang seine Aufmerksamkeit geschenkt hatte.

Dann stand der Fünfzehnjährige auf und warf Takeo einen herablassenden Blick zu. Die kleinen, eng stehenden Augen, die dunkel und glasig waren, drückten auf erschreckende Weise geballte Konzentration aus. Mit seiner rauen, grimmigen und feindseligen Art hätte er einen prächtigen Kriminellen abgegeben. Brutales Äußeres, große Sprüche, harte Muskeln. Mit Hashizume legte sich keiner an.

Sadao wusste, das Handa San in dem zwölf-/fast dreizehnjährigen Schüler einen anderen glühenden Bewunderer hatte, der dahinschmolz, sobald der Lehrer sich ihm unmittelbar näherte. Er ging auf Takeo zu und lockerte dabei die Schultern. Wäre Takeo allein gewesen, hätte er möglicherweise mit einem drohenden Angriff gerechnet. Oder einer Vergewaltigung.

Sadao war genauso groß wie Handa San, seine Beine waren genauso behaart und beide besaßen fast die gleiche Statur. Seine Haut hatte wie die Handa Sans die Farbe von dunkler Milchschokolade. Seine Schultern waren so breit und kompakt wie die des Lehrers und keines anderen Schülers. Obwohl er mit einem anmutigen, geschmeidigen Körper gesegnet war, strahlte er etwas Bedrohliches aus, wenn er im Umkleideraum stand.

Sadaos pechschwarze Locken waren einen Monat nach der Ankunft des Lehrers wie die Handa Sans exakt zu einer militärischen 12-Millimeter-Bürste gestutzt worden. Sie hätten Zwillinge sein können, wären da nicht Sadaos Milchgesicht und die scharf gebogenen Augenbrauen gewesen, die wie gezupft aussahen – es aber auf gar keinen Fall waren.

Takeo hatte gehört, dass Sadao sich vor Schwimmwettkämpfen am ganzen Körper rasierte. Er fand das ein bisschen merkwürdig, aber sehr engagiert. Für Takeo war der ältere Junge wie der zweite Erwachsene im Unterricht, ein Erwachsener, dem man allerdings nicht trauen konnte.

Handa San war der einzige Lehrer, vor dem Sadao Respekt hatte. Für diesen Lehrer lohnte es sich, zur Schule zu gehen. Er genoss die ungezwungenen Gespräche mit dem Mann, die sich um alles und jedes drehten. Judo, Kendo, Karate, Akne, Ernährung. Seine Zukunft.

Sadao behauptete, er wolle selbst Sportlehrer werden. Was aber nicht stimmte, denn dabei sprang nicht genug Kohle heraus. Das einzig Gute am Unterrichten waren die vielen Ferien. Sadao wusste inzwischen viel über Handa San. Wo er aufgewachsen war, was er im Fernsehen guckte. Junggeselle. Er mochte ihn. Er wusste, dass man so etwas eine Schuljungenschwärmerei nannte, aber das störte ihn nicht. Es hatte nichts mit schwul oder so zu tun, sondern nur mit Neugier und Bewunderung.

«Seht mir zu.»

Anders als der letzte Sportlehrer – der glaubte, eine Übung sei erst effektiv, wenn die Schüler dabei fast zusammenbrechen – ließ Handa San sich etwas einfallen und ging mit gutem Beispiel voran. Sadao hatte seinen Ohren nicht getraut, als Handa San in der ersten Stunde von Viskosität gesprochen und das Experiment mit dem Sirup gemacht hatte. Das war eher etwas für die Unterstufe gewesen, aber na ja. Immerhin hatte Handa San die Sache aufgezogen wie in den Wissenschaftssendungen im Fernsehen.

Handa San kratzte mit dem Daumennagel flüchtig das winzige Geflecht aus Brusthaaren, das aus seinem Halsausschnitt guckte, und ließ die Trillerpfeife rasseln. Sadaos Neugier für den Körper des Manns war entfacht. Ein zarter Luftstrom trug seinen Geruch in die Nase des Jungen. Sadao benutzte wie Handa San ein Rasierwasser mit einer Nuance Nelke. Ein reifer Duft ohne helle Zitrusnote.

Obwohl die Tage streng nach Stundenplan und mehr oder weniger gleich verliefen, war Sadao jedes Mal aufgeregt, bevor er in den Sportunterricht ging. Zufällige Begegnungen auf dem Korridor bedeuteten ebenso viel wie das jüngste Foto der Leichtathletikmannschaft.

Am Anfang konnte Sadao sich nur schwer eingestehen, wie viel Spaß ihm der Unterricht bei Handa San und der Nachmittagsclub machten. Er wollte sich auf keinen Fall als *homo* sehen. Er hoffte, dass das erregte Zittern, das ihn in Gegenwart des Manns überfiel, nur eine vorübergehende Phase war. Schließlich, tröstete er sich, wollte er weder vor dem Typen in die Knie gehen und ihm einen blasen noch sonst was mit ihm machen. Er hatte noch nie so viel an einen Lehrer gedacht wie an Handa San. Er hatte überhaupt noch nie so viel an einen Mann gedacht.

Vor seinen Augen zog das schmale umgedrehte «U» vorbei, wo die Pobacken des Manns zusammentrafen. Diese Stelle zwischen den langen, starken Beinen besaß einen unersättlichen Mittelpunkt – Handa Sans Arschloch. Es war das erste Mal, dass er sich dabei überraschte, wie er einem anderen Mann auf den Arsch guckte. Das verwirrte ihn ein bisschen, denn er wusste, dass er keine Schwuchtel oder sonst wie in diese Richtung gepolt war. Es ging rein um Anatomie, den modellierten Menschen. Er mochte Mädchen, beruhigte er seine Paranoia. Fotze, flüsterte er im Stillen. Eine schöne F-O-T-Z-E.

«Gut, und jetzt an die Taue. Stellt euch auf.»

Sie marschierten auf ihre Plätze wie Zeichentrickfiguren. Was würde als Nächstes kommen? Eine Übung für Arme und Schultern? Für die Beweglichkeit der Hüften? Oder etwas zum Ausgleich der Halsmuskulatur?

Bei diesem Lehrer wussten die Jungs nie, was als Nächstes kam. Jede Stunde war völlig anders und baute doch irgendwie auf der vergangenen auf. Alles ergab einen Sinn.

«Ein Freiwilliger?»

Vierzig Arme, zerbrechlich wie dünnes Eis, schossen in die Höhe.

Takeo hob den schönen Kopf und das schwarze Haar fiel in sein klares olivfarbenes Gesicht.

«Du», ihre Blicke begegneten sich zum ersten Mal an diesem Tag, «tritt vor, Sadao.»

Sadao spürte, dass Handa San ein besonderes Interesse für ihn hegte, und dieses Gefühl gefiel ihm. Er wurde oft als Vorturner ausgewählt. Einmal hatte er sein Unterhemd ausziehen und die horizontale Linie zeigen müssen, die den unteren Rand seiner Brustmuskulatur markierte. Schließlich war Sadao Kapitän der Schwimm- und Turnmannschaft.

Handa San hatte mit dem Zeigefinger nachgezeichnet, wo das Zwerchfell lag, und dabei die Wärme des jugendlichen Körpers gespürt ohne ihn tatsächlich zu berühren.

Es roch schon nach Regen, bevor die ersten dicken Tropfen auf die weißen Linien des Sportplatzes fielen. Regen fiel auf die Blätter, versammelte sich zu Pfützen und prasselte gegen die Fenster.

«Passt auf und hört gut zu.»

Stille. Nur der Regen schlug auf das Dach.

Handa San wandte sich an Sadao. «Mach es mir einfach nach, dann kann dir nichts passieren.»

Handa San zog den weißen Trainingsanzug aus. Die kurze graue Turnhose bauschte sich an den Schenkeln auf. Die Stofffalten, die auf der Haut klebten, wurden durch mehrmaliges Zupfen geglättet. Er nahm das Band mit der Trillerpfeife ab. Sein Unterhemd rutschte hoch und wieder runter.

Was für ein ungünstiger Moment, um einen Steifen zu kriegen, dachte Sadao. Er stellte sich kurz eine rotblonde Frau vor, die auf dem Rücken lag und ihre geschwollenen, dicht beieinander liegenden Brüste zeigte. Ein weicher, warmer, glatter Bauch zwischen breiten europäischen Hüften, kurze Arme, stämmige Schenkel, eine tief gebräunte Haut und halb geschlossene Lider: eine gewaltige, provozierende Pose, die spöttisch dazu aufforderte, ihre Fischmöse zu lecken. Aber seine Erektion flaute nur kurz ab und kehrte zu ihrer vollen Härte zurück, als er Handa San ansah, der nur in der grauen Sporthose und Reebok-Turnschuhen neben ihm stand.

«Erst zuhören, dann zugucken. Ich möchte, dass ihr die Taue hochklettert. Wenn ihr es bis kurz vor dem Ende geschafft habt, schwingt ihr eure Beine nach oben und haltet das Tau mit den Füßen fest. Lasst mit der rechten Hand los, fasst unter euren Kopf und greift fest zu. Dann macht ihr dasselbe mit der linken Hand.

Ganz recht, auf dem Kopf. Klettert eine Hand nach der anderen hinab und umklammert das Tau so mit den Füßen, dass es hindurchgleiten kann. Wenn ihr nicht weiterwisst, schreit einfach. Einen Meter über dem Boden haltet ihr euch mit den Händen fest, lasst die Beine nach unten schwingen und kommt in den Stand. Ich will keine Angebereien sehen und keine Tarzanschreie hören. Kein ‹Guckt mal! Ich halt mich nur mit den Beinen fest!› Und macht langsam, ihr sollt euch nicht das Genick brechen. Verstanden?»

«Fertig, Sadao?», fragte Handa San und zog einmal kräftig an dem Tau.

Der Freiwillige nickte. Er hoffte, die anstrengende Kletterübung würde ihn von der Beule in seiner Hose befreien.

«Dann los», sagte Handa San und sie fingen an zu kletterten.

Einen Meter vor dem Ende warf Handa San Sadao einen Blick zu. Sadao schluckte schwer; ihm war schwindlig. Sein Herz pochte so wild wie damals, als er E genommen hatte. Er war erleichtert, dass unten alle neununddreißig Augenpaare auf Handa San gerichtet waren.

Er schwang, wie es ihm erklärt worden war, die Beine über den Kopf und griff mit den Füßen nach dem Tau, aber seine Erektion wurde noch stärker.

Scheiß drauf, wer wird schon was sehen, solange ich auf dem Kopf stehe, dachte Sadao.

Er löste die rechte Hand vom Tau, ließ sie an seinem Kopf vorbeigleiten und packte fest zu. Dann tat er dasselbe mit der linken Hand. Alles schien gut zu gehen.

Während er eine Hand nach der anderen hinabkletterte und sich mit den Füßen festhielt, pendelte das Seil abenteuerlich hin und her. Handa San, dessen Gesicht so rot war wie eine Morelle, warf dem Jungen neben sich einen kurzen Blick zu.

Beide hielten sich fest und schwangen in exakt dem gleichen Moment die Beine Richtung Boden.

Sadao nahm schnell sein Unterhemd, wischte sich kurz über das Gesicht und hielt es sich dann vor den Körper.

«Gut gemacht, Sadao», sagte Handa San beiläufig und steckte die Trillerpfeife in den Mund.

«Entschuldigung, darf ich bitte nach draußen gehen? Mir platzt gleich die Blase.»

Handa San lächelte. Diese Ausdrucksweise gehörte sich nicht gegenüber einem Lehrer, aber Sadao durfte das. Er war leicht amüsiert über diesen Versuch, ein echtes Männergespräch zu führen. Und es machte ihn ein bisschen geil.

«Klar», sagte er und sah zu, wie der Junge davonrannte.

Während die Jungs sich in drei Zehner- und einer Neunerreihe aufstellten, ging Sadao zur Toilette. In seinem Alter beherrschte er die hohe Kunst des Wichsens und er wusste, dass er in einer Minute in die Kloschüssel spritzen konnte, wenn er wollte.

Hinter der verschlossenen Kabinentür hörte er, wie Handa San neununddreißig Jungs aufforderte ihr Unterhemd auszuziehen. O Scheiße, bitte Gott, mach, dass keine Schwuchtel aus mir wird.

Wie viele Fünfzehnjährige wusste er, wie sein Saft schmeckte, aber es war ihm nie in den Sinn gekommen, ihn mit anderen zu vergleichen, Worte zu finden, die die Konsistenz oder das Gefühl beschrieben, das er den Geschmacksknospen bereitete.

Wieder einmal wurde die Toilettentür ganz warm, als das Herz eines Jungen so schnell und unkontrolliert zu pochen anfing, dass es ihm bis hinauf in den Hals schlug.

«Super», schrie Handa San. «Jetzt schwingt die Beine nach oben und greift das Seil mit den Füßen. So ist's richtig. Nicht so schnell, Takeo. Löse die rechte Hand und greif nach unten. Greif fest zu. Und jetzt dasselbe mit der linken Hand. Guter Junge, du hast es.»

Alles lief bestens. Handa San sah sich nach Sadao um, der sich Zeit ließ.

«So ist's richtig, nehmt das Tau *ganz* fest zwischen die Füße.»

Sadao hörte plötzlich Handa Sans schrille Trillerpfeife und schaffte es gerade noch rechtzeitig, aufzuhören. Er wusste, dass er seine Energie verlieren würde, wenn er jetzt kam. Er gab sich einen leichten Klaps auf die Backe und beruhigte sich durch gutes Zureden.

«Wie wär's mit einem zweiten Versuch?», fragte Handa San, als der Junge sich in die Neunerreihe stellte.

Der Junge nickte und sagte: «Klar.»

Sadao überstand die Stunde ohne Probleme, merkte aber, wie während der einarmigen Hocke sein Blut wieder in Wallung kam. Bei der abschließenden Lockerungsübung war seine Erektion absolut nicht mehr zu unterdrücken.

Im Duschraum ging es ruhiger zu als sonst. Die ganze Stunde über war die Stimmung ein wenig verhalten gewesen. Das Wasser und der Dampf schienen härter aus den unbeweglichen Duschköpfen zu sprühen als sonst.

Handa San, der sich in der engen Duschkabine einseifte, schien mit den Gedanken ganz weit weg zu sein. Er wirkte sehr allein. Sehr geheimnisvoll. Vielleicht ein bisschen einsam, dachte Sadao.

Takeo verschränkte die Arme über dem Kopf und streckte abwechselnd ein Bein unter dem Wasserstrahl aus. In zwanzig Minuten würde der Junge schreien: «Mama, ich bin zu Hause.»

Beim Abtrocknen fragte Sadao den Lehrer nach den Wettkämpfen am Samstag. Während er so tat, als würde er zuhören, tupfte er sich die rötlich braun marmorierten Brustwarzen mit einem lindgrünen Handtuch ab.

Sieh mich an, signalisierte sein Körper. Hey, sieh dir das an. Na los.

Sadao sehnte sich danach, den Blick des Manns aufzufangen. Es gelang ihm nicht. Sein Penis zappelte, als er ihn abtrocknete. Zappelte und wuchs. Jetzt guck schon – du Arschloch. Na los, hierher.

Als alle Schüler bis auf vier im Umkleideraum verschwunden waren, saß Sadao noch nackt und mit dem Handtuch über den Schultern auf der langen Holzbank.

«Beeil dich, Sadao», sagte Handa San leicht ungeduldig.

Sadao stand am hinteren Ende des Raums und spielte den Leidenden.

«Fehlt dir was?», fragte Handa San wie auf Stichwort.

Sadao antwortete nicht, sondern zog – widerwillig – eine taubenblaue Feinrippunterhose an. Eine mit geringem Polyester- oder Lycraanteil für mehr Elastizität.

Handa San würde den Sex ganz nüchtern angehen und sofort und ohne Hemmungen zur Sache kommen. Sie würden ohne den ganzen Gefühlsscheiß auskommen, den er schon mit Mädchen erlebt hatte. Es würde nicht um Liebe gehen, sondern um Schwanz, Arsch und rausschießendes Sperma.

Han-da San: Diese drei Silben hatte der Jugendliche ausgesprochen, als er vor drei Nächten seine Ladung verschossen hatte. Bevor er wieder richtig hart wurde, zog er sich das Unterhemd über, das dieselbe Farbe hatte wie die Unterhose.

«Gute Nacht, Sensei», sagte Takeo.

Handa San nickte; seine Mundwinkel verzogen sich zu einem Lächeln. «Bis dann.»

Handa San stellte sich in den Kreis, der den letzten Rest von Takeos jugendlicher Hitze abstrahlte, und sah auf die Uhr. Dann hielt er sich einen Basketball vor die Brust und wiegte ihn beinahe zärtlich in seinen starken Armen.

Ein fragender Blick Sadaos versetzte Handa San in leichte Panik. Sadao saß stumm da und beobachtete ihn, während er sich mit der Hand über die linke Schulter fuhr. Takeo und die anderen beiden waren gegangen: Sie waren allein.

Allein: eine Situation, die für den jungen Lehrer gefährlich werden könnte, falls jemand sie entdeckte. Die Schulordnung warnte davor, jemals mit einem Schüler a-l-l-e-i-n zu sein. Schwarz auf weiß stand geschrieben, dass eine solche Situation unbedingt zu vermeiden war.

Es war nicht allein die berufsbedingte Paranoia, die Handa San einen Schauer über den Rücken sandte, sondern auch die Erinnerungen an früher. Damals war er selbst oft der Letzte gewesen, der sich im dampfenden Umkleideraum abgetrocknet und angezogen hatte.

Sadao ergriff die Initiative. Er wollte es drauf ankommen lassen. Die Situation stellte eine Herausforderung dar.

«Sensei, ich glaube, ich habe mir einen Muskel gezerrt. Hier. Es tut sehr weh.»

Seine Worte klangen komisch/gekünstelt/wie eine Pornofantasie.

«Lass mal sehen.»

Seine Worte klangen vertraut/unbeholfen/wie eine Pornofantasie.

Takeo verließ die Sporthalle und ging schnell den grauen, matschigen Weg entlang, der mit Pfützen und Mountain-Bike-Spuren übersät war. Seine Hose verfing sich in den langweiligen Farnen, die aus den Beeten wucherten.

Glasklare Wassertropfen kullerten über seine Schuhe, liefen in die Risse der Asphaltplatten und hinab zu den unsichtbaren Wurzeln der hohen Kiefern, die sich wie Klauen um Erde und Kristalle legten.

Ein Fleck auf der Außenmauer der Sporthalle jagte Takeo einen kurzen Schrecken ein. Der Fleck sprang ihm entgegen. Wie der Schatten eines Manns, der mir auflauert, dachte er. Er musste über sich selbst lachen.

«Werd mal erwachsen, du Blödmann!», sagte er.

Er hopste fröhlich weiter und hörte, wie in seinem Tornister, der wie ein Buckel auf seinem Rücken saß, die Bücher auf- und absprangen und die Bleistifte durcheinander wirbelten. Es klang, als würden auf seinem Rücken Pferde galoppieren.

#8B

Fliegen bedeckten den Himmel mit einem abscheulichen, grauen Schleier.

Kurz vor Einbruch der Dunkelheit hatte ein Regenschauer für eine Weile die Luft gereinigt – dann hatte ein schwacher Wind eingesetzt.

Shinohara San saß am Fenster und ließ den Blick über rote Dächer, blaue Dächer, ausgestelltes Neonlicht und orangefarbene Fernsehantennen schweifen. Sie glaubte siebenhundertfünfzig Variationen von Grau zu erkennen, die allmählich schwarz wurden. Und ein silbernes Funkeln, ganz kurz nur, aus dem Hochhaus gegenüber. Siebter Stock. Jalousien. Sie war sich sicher. Nur ein Lichtreflex auf einem Objektiv.

Es war nur ein Gefühl, aber Shinohara San war überzeugt, dass sie beobachtet wurde. Sie war sich (zu 99,9 %) sicher eine Gestalt ausgemacht zu haben, die hinter der Jalousie einen Schritt zurückgetreten war, als sie mitten hineingeblickt hatte. Zuerst fühlte sie sich in ihrer Privatsphäre verletzt und war ein bisschen ängstlich. Irgendein dreckiger Perverser. Dann fand sie zunehmend Gefallen an der Vorstellung. Vielleicht hatte sie einen geheimen Verehrer.

Wie lange hatte sie neulich an der Staffelei gesessen? Wie lange ging das schon so? Was hatte sie angehabt? Dann musste sie schlucken. An einem Tag im Sommer hatte sie nach ein paar Drinks *was soll's?* gedacht und sich mit einem strategisch platzierten Spiegel an einem Akt-Selbstporträt versucht.

Was, wenn sie jemand dabei beobachtet hatte, als sie mit Zigarette und weit gespreizten Beinen die Hure gespielt hatte? Was, wenn sie jemand dabei beobachtete, wenn sie allein mit sich und ihrem Körper auf dem Sofa lag?

Sie öffnete langsam den Malkasten und zwei Paletten mit runden, beschrifteten Farben kamen zum Vorschein. Die hübschen Farbkleckse waren vom Wasser aufgeweicht. Einige gingen schon zur Neige. Schwarz würde bald alle sein. Alles geschah überlegt.

Was ist, wenn ich beobachtet werde?, dachte sie und ein Finger legte sich an ihre Lippen, den Hals, den V-Ausschnitt ihres Pullovers. Unter dem Pullover begann ihr Herz zu pochen.

Sie wurde sinnlich, geil. Sie wollte masturbieren. Sie sah auf die Uhr, dann wurde der Pulli ausgezogen.

Es bereitete ihr Vergnügen, Rauch in die kühle Abendluft zu blasen. Der Zwickel zwischen den durchlässigen Fasern ihres Höschens bekam einen zart honiggelben Fleck. Sie war total feucht. Der kleine Knopf in dem Schlitz bettelte nach einem kreisenden Finger, der ihn so sanft und scheu berührte wie die Zunge eines Kätzchens, das zum ersten Mal Milch von einer Untertasse leckt.

Bevor er den Schlüssel ins Schloss steckte, stieß er ein kräftiges Rülpsen aus, das stark nach Misosuppe roch. Als der Schlüssel sich drehte, sprang sie auf und rannte ins Badezimmer. Während ihr Mann an der Tür das übliche Theater mit Sunday Girl veranstaltete, lief das Schaumbad ein, dass sie sich gönnen wollte.

«Hallo», sagte er.

«Hallo.»

Mann las einen Artikel über die Kreislauf- und Atemprobleme von Tiefseetauchern, während Frau etwas zu essen machte.

Frau wurde ignoriert, während Mann sich den marinierten Thunfisch schmecken ließ und mit Sake nachspülte. Sunday Girls Augen wurden kreisrund, als sie sah, wie der heiß begehrte Thunfisch im Mund des Manns verschwand; ihre Nasenflügel bebten.

Shinohara San, die sich ein Handtuch um den Leib geschlungen hatte und sich grob die Haare trockenrieb, machte es sich auf dem Sofa bequem. Er bemerkte sie nicht einmal.

«Frauen wollen sich nach dem Sex unterhalten, Männer wollen schlafen», rief sie. «Sag was dazu.»

Er lächelte.

«Du solltest wissen, dass ich einen Fick brauche.»

Sie bestand darauf, dass sie es gleich hier auf dem Sofa machten ohne vorher zu gurgeln. Bei Licht und weit geöffneten Vorhängen.

Nachdem sie beide gekommen waren, flüsterte ihr Mann ihr ganze zwei Minuten lang etwas ins Ohr – dann schlief er ein.

#7B

«Mama, ich bin zu Hause.»

Es roch nach gegrilltem Aal, der Leibspeise seiner Mutter – seine nicht.

Takeo zog Hemd und Unterhemd auf einmal über den Kopf und legte beides gefaltet über den Schreibtischstuhl. Er strich seine Socken fein säuberlich glatt und legte sie über die anderen Sachen. Zum Schluss öffnete er seinen Gürtel und stieg, indem er übertrieben mit Hüften und Hintern wackelte, aus der Hose. Dann wand er sich aus seiner Unterhose.

Als der einzige Sohn einer fantasielosen Ehe sich in dem geteilten großen Spiegel betrachtete, dachte er, dass es bestimmt ein geiles Gefühl wäre, so zu bleiben, wie er war, und beschloss – zum allerersten Mal – das Schloss an seiner Zimmertür zu benutzen. Hätte seine Mutter beim Scheuern der Pfanne nicht so laut vor sich hin gesummt, hätte sie vielleicht das Klicken gehört, das wie der Abzug eines Gewehrs klang und Takeo so erschreckte, dass er hochfuhr/sich auf die Zehenspitzen stellte/rot wurde/in Erwägung zog, schnell wieder aufzuschließen.

Takeo saß am Schreibtisch beim Fenster; die eine Hälfte seines Gesichts wurde von der Gelenkleuchte angestrahlt. Vor ihm lag die Hausaufgabe in Naturwissenschaft.

Er konnte sich nicht konzentrieren. Verträumt ließ er die Knie zusammen- und auseinander federn. Ein ätzendes Lied, das er am Morgen im Radio gehört hatte, ging ihm nicht mehr aus dem Kopf. Verzerrte Gitarrenklänge, heulender Gesang und ein schrilles Pfeifen. Stupider Rhythmus, hämmernder Beat. Bescheuert. Der Refrain geisterte ihm durch den Schädel und bettelte ihn an so schnell wie möglich die CD zu kaufen.

Er fuhr sich mit den Fingern durch die millimetergenau geschnittenen Haare, die schon doppelt so lang waren wie noch vor ein paar Tagen. Der Schnitt verlor das Kantige und ließ ihn wieder jünger und weicher aussehen. Er überlegte, wie Handa San wohl in seinem Alter ausgesehen hatte. Er hoffte, genau so wie er.

Takeo ging zurück zum Spiegel und betrachtete sich. Sein leerer Bauch war ganz flach. Er atmete ein und jede seiner Rippen trat einzeln hervor. Ein, aus. Heben, senken. Am Rücken des Jungen sprangen die Schulterblätter hervor wie Flügel.

Er wollte gleichzeitig sich selbst und das Foto von Handa San ansehen und löste es vorsichtig von der Wand ab. Der Posterstrip blieb kleben und er heftete seinen Helden auf das kalte Glas des Spiegels.

Der Junge wusste nicht, worauf er aus war, aber er wusste, dass es mit *Onanieren* zu tun hatte. Er fand es lustig, Handa San beim Ausziehen zu spielen. Weiße Socken, BVD-Unterhose, weißes Unterhemd, graue Sporthose, schwarzes T-Shirt, Trainingsanzug und Turnschuhe lagen ruck, zuck auf dem Fußboden. Dann kam er sich plötzlich blöd vor, weil er immer noch er selbst war. Als er die Baseballkappe aufsetzte – verkehrt herum, wie Handa San es manchmal tat – und dazu eine Ray Ban – genau wie die von Handa San –, sah Takeo, dass er sich verwandelt hatte, und versteinerte.

Er wusste nicht, ob er lachen oder weinen sollte.

Die Brille wurde abgenommen und ein erstauntes Augenpaar kam zum Vorschein. Wie aus heiterem Himmel griffen die Zahnräder in seinem Kopf ineinander. Eine unerfreuliche Gewissheit stand in dem zwölf-/fast dreizehnjährigen Gesicht geschrieben. Er sprach mit heiserem Flüstern in den Spiegel hinein, als würde er sich seinem Lehrer anvertrauen.

«Aus mir wird eine Schwuchtel. Selbst wenn ich heirate, wird eine Schwuchtel aus mir.»

Er hatte Homosexualität nie als etwas gesehen, das ihn betreffen könnte. Dass er die Sachen, von denen er träumte, tatsächlich tun könnte – wenn auch erst in ferner Zukunft –, erregte ihn und er kam sich ein bisschen dumm vor. Er lächelte und dachte an ein Zelt in Österreich. Aus dem feinen weißen Stoff der Unterhose und der Trainingshose ragte eine Beule hervor. Die Brille wurde schnell wieder aufgesetzt.

«Ziehen! Ganz lang machen. Zehenspitzen. Vor. Halten. Zurück. Weiteratmen. Hoch. Oberkörper lang ziehen, nicht nach vorn kippen. Na los, Sasabe. Ziehen! Kobayashi, nicht so schnell. Zehenspitzen. Arme senken und eeent-spannen. Das war nichts!»

Er klang wie ein (netter) schwuler Lehrer, der auf harter Kerl machte. Sein Flüstern hallte von den Wänden wider und kam aus allen Richtungen wie im Dolby-Surround-Sound.

Takeo stellte sich vor, wie sechsunddreißig Jungs, die in schnurgeraden Reihen auf den weißen Linien standen, ihre unbeholfenen Versuche einstellten.

«Seht mir zu.»

Ruhig und flüssig zeigte Takeo dem Spiegel in wunderschöner Zeitlupe, wie man die vorgeschriebene Übung richtig ausführte. Der Junge sah zu, wie sein Körper elegant die Luft durchschnitt. Es war eine Dehnübung – eine einfache Dehnübung. Er hatte sie seit der Kindheit zigtausendmal ausgeführt und dabei oft NHK geguckt. Der Spiegel brachte ihm die bekannte Übung neu ins Bewusstsein.

«An dieser Stelle nicht nachfedern. Und hier ... drücken, bis es wehtut!»

Takeo merkte, wie straff, wie weich seine Haut war. So sieht mich Handa San, dachte er.

«Verstanden? Gut, dann noch einmal.»

Er gab ein melodiöses Lachen von sich, das ungeheuer jungenhaft und unschuldig klang.

«Und ziehen! Ganz lang machen. Zehenspitzen. Vor. Was habe ich gerade über das Nachfedern gesagt? Halten. Weiteratmen. Zurück. Hoch. Ziehen, Hosokawa. Ziehen! Zehenspitzen. Arme senken und eeent-spannen. Gut, vier Freiwillige.»

Takeo stellte sich vor, wie sechsunddreißig Arme, zerbrechlich wie dünnes Eis, in die Höhe schossen.

«Du, du, du ...» Dann nahm er die Brille ab und seine Augen begegneten sich im Spiegel. « ... und du – du geiler kleiner Bursche, du – los, hierher. Komm neben mich, Junge. Stell dich auf.»

In Takeos Pupillen loderte ein schwarzes Feuer, das sich vollendet vom strahlenden Weiß abhob.

«Sieh mir zu.»

Wohnung 7A

Die Augen des Zuschauers waren wachsam. Es waren große, runde Augen. Sehr dunkel. Jede der langen Wimpern besaß ihren eigenen Glanz.

Für diese Augen war der Junge im Hochhaus gegenüber vollkommen. Wäre es möglich gewesen, Schönheit festzuhalten und zu konservieren, wäre jetzt der ideale Moment gewesen, um auf STANDBILD zu drücken.

Um kurz vor sieben saß der Junge an seinem Schreibtisch, perfekt ausgeleuchtet, als würde er für ein Foto posieren. Von der Seite strahlte die Schreibtischlampe, im Hintergrund das Neonlicht und von oben fiel ein schwacher Mondschimmer auf ihn herab. Der Bleistift in seinem Mund ist ein fantastisches Requisit, dachte der Zuschauer.

Vielleicht fühlte sich der dünne sechseckige Bleistift gut zwischen seinen Zähnen an. Er biss nicht zu, sondern ließ ihn still ruhen; nur von Zeit zu Zeit ließ er ein wenig locker und drehte ihn exakt einmal herum. Manchmal knabberte er ein bisschen am Ende – wie alle Kinder mochte er den Geschmack von Farbe und Holz auf der Zunge. Je näher er dem Fenster kam, desto mehr strahlte er.

Als Takeo das Licht ausmachte, nahm das Gesicht des Bewohners von Wohnung 7A den gewohnten leeren, schlaffen Ausdruck an. Als die Lampe gleich darauf wieder anging – und der Junge plötzlich wie ein Schwarz-Weiß-Foto auftauchte –, fragte sich der Zuschauer, ob hier möglicherweise ein Spielchen im Gange war.

Aus an aus. An. Aus an. Aus.

#9A

Als Atsko sah, wie ihre Mutter pünktlich aus dem Bus stieg, leckte sie sich rasch das Salz von den Fingern. Mittwochs kam sie immer später. Mitarbeiterversammlung.

Atsko riss ein Päckchen zuckerfreies Kaugummi auf, um den Geruch der Erdnüsse loszuwerden. Ihre Mutter sollte auf keinen Fall etwas merken.

Atskos Mutter guckte ihrer Tochter in den Hals, legte eine Hand unter den Pony des Kinds und verkündete, sie sei gesund genug, um mit dem Hund rauszugehen. Hätte das Einzelkind nicht das künstlich aromatisierte Kaugummi – Erdbeer-Limette-Geschmack – gekaut, hätte sie vielleicht noch einen schulfreien Tag herausschinden und den verhassten Sportunterricht am Nachmittag schwänzen können.

Atsko verstand nicht, weshalb sie seit einem halben Jahr spazieren gehen musste. Es steckte bestimmt mehr dahinter als die Bekämpfung drohender Zellulitis. Aus der Ehe ihrer Eltern wusste Atsko, dass in einer sexuellen Beziehung ein Partner mehr profitierte als der andere, und zwar meistens der Mann. Anders als ihre Mutter wollte sie die Siegerin sein. Sie kannte Mädchen, die sich selbst zu Schlitzen degradierten. Dosen, in die man gewaltsam eindringen konnte. Kleine, warme Löcher zum Begrapschen, Ficken und Reinpissen. Ein Mädchen aus ihrer Klasse hatte vergangenen Monat heimlich eine Abtreibung gehabt. Alle wussten davon.

«Jungs haben es gut», vertraute sie ihrem Wauwau an.

Der Kamm, mit dem sie ihren Pony glättete, hatte so gleichmäßige Zinken, dass es gespenstisch wirkte.

Der kleine Artois-Beagle mit den langen Ohren und der langen Schnauze, der auf den Namen Sherry hörte, lief hechelnd und sabbernd im Kreis herum. Atsko hatte das Zauberwort gesungen: «Gassiiii.»

STRASSE

Tokio bei Nacht – Hondas und Toyotas Stoßstange an Stoßstange. Lichter, Gesichter, Doughnutläden. Glänzender Stahl, funkelndes Glas, Neondschungel.

Eine dicke fünfzehnjährige Schülerin mit einem winzigen durchsichtigen Schirm schlurfte gemächlichen Schritts von Ampel zu Ampel durch den Regen.

In einer engen Seitenstraße, die mit langen, Falten werfenden Stoffreklamen und Plakatwänden voll mit schwarzen Schriftzeichen behängt war, blieb das fünfzehnjährige Mädchen, das seinen Hund spazieren führte, stehen und befestigte die Ohrclips, von denen ihre Mutter nichts wusste, an den weichen, fleischigen Ohrläppchen. Dann kam der Lippenstift. Sie musste sich beeilen.

Atsko steckte sich eine Zigarette an und nahm schnell zwei tiefe Züge. Sofort wirkte sie verändert; abgeklärt, überkandidelt. Älter. Sie stellte sich vor, sie wäre splitternackt und machte sich auf den Weg. Eine Nymphe, bekleidet nur mit ihrem Haar und der kleinsten Handtasche der Welt – kaum groß genug für ein Schlüsselbund.

Als sie sich Roppongi Crossing näherte, steckte Atsko ihre Zahnspange ein und wickelte ein frisches, künstlich aromatisiertes Kaugummi aus. Ananas. Falls sie mit einem knutschen würde.

Vor dem chromblitzenden Eingang des Almond drängten sich

wie immer stromlinienförmige Gestalten, die dünne schwarze Mappen in den Händen hielten und auf ihre Armbanduhren guckten. Coole Menschen in Leinenanzügen und Seidenkleidern unter einem blau-rosa Baldachin. Käuflich erworbene Jugend und Spannkraft. Eine sah genauso aus wie das Covergirl der *An-An* von dieser Woche. Irre groß, vielleicht 1,81.

Über die Kreuzung, geradeaus, rechts, geradeaus, scharf nach links, zwei Stufen nach unten – angekommen. Dort drüben, bei den Büschen. Ein guter Platz für fünfzehnjährige Jungs/Mädchen, die vergewaltigt werden wollten. Atsko wusste, was sie zu sagen hatte und wie sie es sagen musste. Sie nahm übergangslos die hohe Piepsstimme einer schläfrigen kleinen Schwester an.

«*Take my hand and put it where you'd like it to be*», flüsterte sie mit amerikanischem Akzent in ihre hohle Hand, um sich zu vergewissern, dass ihr Atem süß roch. «Mach weiter», raunte sie mit allzu junger, allzu unverbrauchter, allzu gefügiger Stimme. Sie klang wie eine kleine Sprechpuppe.

Das einzige Kind einer fantasielosen Ehe war bereit es mit so gut wie jedem zu treiben, vorausgesetzt er war über zwölf, unter vierzig und hatte keine Haare im Gesicht. Oder eine Brille. Und er musste Ausländer sein. Fettsäcke kamen auch nicht infrage. Sie suchte nicht nach ihrem Traumprinzen, sondern nach Spaß und sie hatte zehn Minuten Zeit, weil es sonst Fragen geben würde.

Eines Abends war ein eindeutig zu erkennendes Lesbenpaar vorbeigegangen und hatte (in einer Art telepathischem Augenblick) mit ihr geflirtet. Dann hatten die Frauen sich umgedreht, um zu sehen, wie sie reagierte. Sie hatten ihre Zungen rausgestreckt, mit dem Becken Ficki-Ficki-Bewegungen gemacht und «Komm, Pussy, komm» gerufen. Ausländerinnen. Atsko hatte sich ein bisschen geekelt und war verlegen gewesen. Aber vor allem hatte sie sich geschmeichelt gefühlt.

Sherry, der acht Monate alte Artois-Beagle mit den langen Ohren und der langen Schnauze, kannte den Ablauf und die Regeln. Wenn sie bellte oder an der Leine zog, gab es auf dem Nachhauseweg keine M&Ms. Manchmal wackelte sie mit dem Kopf wie die Spielzeughunde, die hinten in Autos sitzen.

Atsko sah auf die Uhr. Sie fragte sich, ob ihr in den nächsten acht Minuten ein riesiger *gaijin*-Schwanz sein Zeugs über die seidenglatten Schenkel spritzen würde.

Benutz mich, flüsterte ihr Körper. Benutz mich.

KELLER

Der Mann aus Hokkaido war wie immer überwältigt. Die Sehnsucht nach der Reinkarnation von James Dean raubte ihm den Atem und brachte seinen Puls zum Rasen.

«Der neue Junge ist nett», ermutigte ihn Ippei. «Groß.»

«Ich glaube, ich bleibe bei dem kleinen Teufel, den ich schon kenne.»

«Scottie», blökte Ippei.

Scottie schlenderte zum Schrank und nahm die üblichen drei Handtücher heraus.

«Du Glückspilz», lachte Ippei, «es ist das Riesenbaby.»

Scottie stöhnte auf.

Die obszöne Hässlichkeit des Manns rief bei allen – außer bei Ippei – Ekel, Mitleid und letztendlich Vertrauen hervor. Seit Ippei dem Mann vor gut neun Monaten zum ersten Mal begegnet war, wollte er alles über ihn wissen, besonders über sein Innenleben. Wie war der Mann aus Hokkaido so geworden? Und – vielleicht noch wichtiger – wie reich war er?

Scottie warf einen prüfenden Blick in den Badezimmerspiegel. Bauch rein, Schultern zurück, geduldige Miene aufsetzen. Er kam gerade von der Sonnenbank und sein Gesicht war knallrot. Drei Viertel der Haut brannte, der Rest pellte sich, als wäre er atomarer Strahlung ausgesetzt gewesen. Er sah mit überdurchschnittlich neurotischer Selbstverliebtheit in den Spiegel und schüttelte verärgert den Kopf.

Wenn er nicht im Bordell war, nutzte Scottie die Zeit, um sich weiterzubilden. Er las viel, sprach sieben Sprachen, ging ins Fitnessstudio. Er hatte die Namen der edelsten Weine auswendig gelernt und kannte die besten Schuhmacher, Schmuckhersteller, Parfümeure und Herrenschneider. Wie ein Schauspieler, der sich auf eine schwierige Rolle vorbereitet, eignete er sich von allem, was ihm begegnete, das Wichtigste an. Er konnte sich über chinesische Jade, englisches Porzellan, französische Möbel, europäische Malerei und – am allerbesten – über Indie-Musik unterhalten.

Scottie, der als Sohn eines (netten) dort stationierten Stabsfeldwebels in Yokohama geboren und aufgewachsen war, sprach perfekt Japanisch, was bei den Freiern, wenn die Stunde sich dem Ende näherte, entweder gut ankam oder ihnen auf die Nerven ging.

Als Jugendlicher hatte er Donne und Shaw gelesen und sich mit Geschichte, Philosophie, Zoologie und Physik beschäftigt. Er hatte sich frühzeitig auf eine Karriere eingestellt, war Mitglied in diversen Clubs gewesen, hatte Fremdsprachen gelernt und sich Witze gemerkt. Scottie wusste, dass es keine große Rolle spielte, ob sein IQ bei siebzig oder hundertsiebzig lag, wenn ein Mann durch den Einwegspiegel seinen Körper musterte, aber sobald das Spiel im Gange war, konnte Intelligenz hilfreich sein.

Der dreiundzwanzigjährige Scottie hatte Los Angeles im Visier. Oder irgendeinen anderen Ort.

Hauptsache raus aus Yokohama. Er wollte weg hier und sein Konto bei der Sumitomo Bank sah gut aus.

Er wollte in die wunderbare Welt des Kinos einsteigen. Er hatte auf der Kunsthochschule Film studiert und drehte gerade eine kleine Sache über die japanische Schwulenszene.

Bei vielen seiner – obertuntigen, leicht ausgeflippten – Low-Budget-Produktionen hatte er seine Regieanweisungen gebrüllt, wenn eine Einstellung wiederholt werden musste. Aber vor der Kamera sei er viel besser, prahlte er. Ein Naturtalent. Die Videos, die er von sich drehte und an seine Freier verkaufte, zeigten einen jüngeren, schlankeren, meisterhaft unschuldigen Künstler in Jockstraps, Badehose, Uniform oder Leder. Videos, die nicht für den normalen Hausgebrauch geeignet waren.

«Hallo», sagte der Mann freundlich. Ein Lächeln hob kurz die abscheulichen Pausbacken, ein Anblick, der noch unerfreulicher war als der Hintern des Durchschnittseuropäers. In seinen Augen sah der Junge, der auf ihn zukam, toll aus – als wäre er gerade von einem schönen Tag am Strand zurückgekehrt. Und dieser supergeile Goldjunge gehörte ihm.

«Ich weiß, was du willst.»

Ein Levi-Strauss-&-Co.-Knopf, zwei Levi-Strauss-&-Co.-Knöpfe, drei ... dann – plopp – vier, fünf Levi-Strauss-&-Co.-Knöpfe wurden aufgemacht. Glänzendes Edelstahl oder woraus sie sonst gemacht werden.

Das Riesenbaby starrte gebannt auf die Jeans, die am zweiten Knopf von unten ausgefranst war. Auf die Taschen, die ganz hell waren. Die dunkelblauen Schlaufen, die sich von dem schwarzen Gürtel abhoben.

Sein Blick wanderte zwischen den Brustwarzen hin und her, während er die Lippen schürzte wie ein durstiger Geselle, der ein eiskaltes Getränk zum Mund führt. Kecke, hackfleischrosa Brustwarzen. Linke Brustwarze, rechte Brustwarze. Der Mann war hypnotisiert, im Bann von Scotties Macht. Der nette, saubere Scottie mit dem frisch rasierten Körper.

Der Mann wurde sanft am Revers gezogen.

«Zieh dich aus.»

Je mehr Kleidungsstücke der Mann auszog, desto schockierender wurde es. Dicke schwarze Haarbüschel bedeckten die Warzen seiner schlaffen Titten Körbchengröße D.

Die meisten wollten Öl, aber der Mann stand mehr auf Babypuder, das seine besonderen Vorzüge hatte. Puder saugte Schweiß auf und überdeckte Körpergeruch – der schlimmste Alptraum jeder Hure.

Der Mann spürte, wie Scottie sich über ihn beugte. Er roch wie immer nach *Eternity* von Calvin Klein. Durch die winzigen Spalte seiner Augen, die Schlaf vortäuschten, sah er, wie Scottie ganz, ganz langsam nach dem Talkumpuder griff, genau wie er es immer tat. Keine Eile.

«Gut so?», fragte Scottie.

Als er das vertraute Geräusch hörte, mit dem die Johnson-&-Johnson-Flasche geöffnet wurde, hielt der Mann aus Hokkaido sich die Nase zu. Vor ein paar Wochen hatte Midori sich ihm so ungestüm genähert, dass er hatte niesen müssen. Seitdem ging der Mann kein Risiko mehr ein.

«Dreimal Talkumpuder hier ...

dreimal Talkumpuder da ...
und da ...

und da ...

und

puder
puder
puder

und
einmal
unten
rum.

Und
noch
einmal.»

«Herrlich», sagte der Mann.

«Ist das schön?»

«Mmm», machte der Mann und schloss die Augen.

«Okay. Auf die Plätze, fertig – los.»

Er hatte es gern auf der Brust. Das Puder wurde mit behutsam kreisenden Bewegungen einmassiert. Warm und leicht. Kreisen, kreisen, bevor es richtig losging. Kreisen. Eine hässliche Seiko-Minute, zwei hässliche Seiko-Minuten, drei hässliche Seiko-Minuten – es waren immer zehn hässliche Seiko-Minuten. Ungefähr. Kreisen, kreisen. Scottie musste warten, bis er halb eingedöst war, und ihn dann aufwecken. Kreisen, kreisen. Er verstärkte den Druck und wurde abrupt wieder sanft. Er neckte ihn. Sorgte dafür, dass er sich wohl fühlte. Dass er sich für eine Weile nicht wie das Ungeheuer von Hokkaido vorkam.

«Gut so?»

«Suuh-pa.»

Der Furz des Manns setzte eine gewaltige Giftgaswolke frei.

«He, wie ist denn der Neue?», erkundigte er sich in perfektem Englisch. «Akira. Wie ich höre, ist er, wie ihr sagt, VWE.»

«Ein XXL-Schwanz, wird gemunkelt.»

«Mmm.»

«Davon würde ich mir gern ein Scheibchen abschneiden», murmelte Scottie in sich hinein.

Ippei hatte die Jungs darauf gedrillt, die Hoffnungen der Hoffnungsvollen weiter zu nähren. Scottie hatte seine Bemerkung geschickt platziert.

«Auf jeden Fall ein Mordsding», fügte er hinzu.

Der Mann drehte sich um. Er hatte eine hübsche versaute Idee.

«Lust auf einen Dreier?»

#7B

In dem Hochhaus vollzogen sich dieselben Gutenachtrituale wie in vielen anderen: Türen wurden abgeschlossen, Wasserhähne nachgezogen, Handtücher glatt gestrichen, Wecker gestellt, Fotografien geküsst, Zimmer abgedunkelt. Nur noch ein paar Minuten und Takeos Mutter würde mit allem fertig sein.

Takeos Schuhe, die sie vor gut zwanzig Stunden auf Hochglanz gewienert hatte, waren verkratzt und – innen – feucht. Möglich, dass sie aus lauter Liebe in Erwägung zog, die Schuhcreme mit der Zunge aufzutragen.

Sie streute Fußpuder hinein – hier ein bisschen, dort ein bisschen – und machte sich an die Arbeit.

Trotz ihres Alters hatte sie sich etwas Mädchenhaftes bewahrt.

Mühelos wurden die Schuhe zum Glänzen gebracht; ihre Finger genossen es, die Stelle im rechten Schuh zu betasten, wo der große Zeh ihres Sohns langsam eine Delle in das Oberleder drückte.

Im Dunkeln sahen ihre Augen aus wie schwarze Trauben, die ihr jemand in das ernste, blasse Gesicht gedrückt hatte.

Als die Wolken sich vor dem Mond kurz teilten, stachen die vereinzelten silbrigen Fäden in ihren Haaren heraus wie die Saiten einer Gitarre.

Sie mochte den Ausblick nicht und sah nur dann gern aus dem Fenster, wenn es schneite und der Wind die Flocken durcheinander wirbelte. Das erinnerte sie an Zuhause. Sie hätte gern gewusst, wohin die Wolken zogen. Vielleicht zu einem seltsamen Haus am Berg, gleich neben dem Vogelnest?

Es war kurz vor Mitternacht; Zeit, etwas zu tun, das sie besonders liebte, aber vor ihrem kleinen Mann geheim hielt. Sie schenkte sich ein Glas süßen Sherry ein, setzte sich ans Fenster und drehte – mit aufgesetzten Kopfhörern – an dem kleinen Transistorradio. Sie suchte nach einem schönen Lied, fand aber nur eins, das sie nicht besonders mochte. Sie drehte zurück zum Anfang und ging die einzelnen Sender durch. Bunka Hoso, Nippon Hoso, J Wave, BBC World Service. Auf diese Weise bekam sie alle möglichen Dinge zu hören und machte viele neue Entdeckungen.

Schließlich wurde Far East Network eingestellt, der amerikanische Militärsender.

Es dauerte nicht lange und ihre kleinen Hände klatschten lautlos zu «Careless Whisper» mit.

Sie dachte an die Zeit zurück, als sie noch ein junges Mädchen gewesen war, das mit drei Blumen, die ein Junge ihr geschenkt hatte, eine gewundene Straße entlangging.

Sie erinnerte sich noch an das Lied, das die Vögel gesungen hatten, als der Junge ihr «Gute Nacht!» nachrief.

Sie dachte an den Wind, der ihr das Haar zerzaust hatte, die Wärme, die zwischen ihren Brüsten hochgestiegen war, und an die Welt der Jugend, die voller Magie und Reichtümer steckte.

Sie dachte daran, wie die Grillen gezirpt hatten, als sie vor lauter Freude, am Leben zu sein, mit Weinen aufhörte.

Sie dachte auch an die Zeit zurück, als sie auf das Nachlassen der Überschwemmungen gewartet hatten, die entsetzliche Schäden verursachten. Der Himmel war voller Schmetterlinge gewesen. Aber das war alles lange her und an einem Ort weit, weit weg geschehen, der nicht das Geringste mit dem siebten Stock eines Tokioter Hochhauses gemein hatte.

«Oje», seufzte sie und fühlte sich in dem elfstöckigen Turm eingesperrt.

Ein Schwarm Vögel flog in einer Diagonale von links nach rechts.

Mit dem Gedanken, dass die Vögel zu dieser nächtlichen Stunde eigentlich irgendwo sitzen und den Schnabel ins Gefieder stecken müssten, beschloss sie, dass es Zeit war, ins Bett zu gehen.

DONNERSTAG

木

#7B

Sie lagen beide auf seinem Bett. Identisch. Beide groß für zwölf/ fast dreizehn, beide schlank, beide nackt. Beide ein Knie angezogen. Eisige Symmetrie. Ein ruhiger, heller Körper auf dem Bett. Warmer Körper, kaltes Spiegelbild.

Takeo hatte in der Nacht das Laken weggetreten und schlief nackt bei abgeschlossener Tür.

Er hörte über den Walkman Radio. Vom schmalen Rückenansatz wuchsen die ersten, winzigen Härchen bis hinunter in die Arschspalte. Feiner als Wimpern.

Die rosig braune Rosette war bereit sich dem Finger zuöffnen, den der Junge gern ein bisschen reinschieben wollte. Aber der Finger blieb unter dem Kissen. Er wusste, dass man Cremes und andere Sachen dafür brauchte. Öl, Gleitmittel. Kondome. Vibratoren. Sex. SEX. S-E-X. Er wollte wissen, was es damit auf sich hatte. Er wollte, dass sein Körper endlich in Gang kam.

Obwohl er nicht durchgeschlafen hatte, war der Junge frisch und munter. Dann fing er plötzlich an zu zittern und ihm wurde schwindlig. Er konnte es kaum abwarten, den Tag zu beginnen und den Kampf mit Socken, Unterhose und Hose aufzunehmen.

Takeo stand beim Fenster und sah hinaus in das helle, matte Licht, das ein Gewitter ankündigte. Er rümpfte die Nase. Gestern Abend vor dem Zubettgehen hatte der Wetterbericht «trocken mit gelegentlichen Aufheiterungen» angekündigt. Um sieben hatte es plötzlich «bis zum Abend bedeckt und zeitweise Nieselregen» geheißen.

«Guten Morgen», sagte er zu dem Hochhaus gegenüber; er wollte hören, ob über Nacht der Stimmbruch eingesetzt hatte. «Und wie geht es dir heute?»

Der zwölf-/fast dreizehnjährige Junge aus #7B ging wieder zum Spiegel und hielt aus lauter Angst vor den Haaren, die unter seinen Armen wuchsen, die Luft an.

Er nahm die Haut über der Oberlippe ins Visier, überzeugt, dass die Härchen, die schon immer dort gewesen waren, genauso länger und dicker wurden wie sein Schwanz.

Er zog die Unterhose von gestern an; sie sah noch sauber aus.

Kurz nachdem er die Tür wieder aufgeschlossen und das Klicken mit einem Husten übertönt hatte, klopfte Takeos Mutter zweimal an und trat ein. Ihr Sohn saß aufrecht auf der Bettkante, die hellen, fast weißen Hände auf die Knie gestützt, wodurch die langen, geschmeidigen Muskeln hervortraten. Schweiß stand auf seiner Stirn. Seine Mutter war überrascht über die ungewohnte Ernsthaftigkeit, die ihr Sohn ausstrahlte.

«Geht es dir gut?»

Ob es mir gut geht? Ich sehe wohl kaum so aus, dachte Takeo. Welchen Tag haben wir heute?, überlegte er schnell. Donnerstag. Donnerstags war kein Sport, er würde nur den Club versäumen. Das, dachte er, ist der ideale Tag für Bauchschmerzen.

«Nein», log er.

Takeos Mutter fühlte seine Stirn: normal bis etwas zu warm.

Der Regen bildete einen silbergrauen Schleier; dicke Tropfen fielen aus unsichtbaren Wolken.

«Kopfschmerzen?»

«Ein bisschen.»

«Was macht dein Darm?»

Keine Antwort, nur ein gesenkter Kopf.

Takeo legte das Kinn in die offene Hand und nagte an seiner Unterlippe, bis sie fast zu bluten anfing. Der Regen prasselte plötzlich gegen das Fenster. Es klang wie eine ordinäre Dusche. Die Tropfen rannen über die Scheibe und platschten auf den Metallsims. Er wich ihren Blicken aus und starrte ziellos aus dem Fenster.

«Du hast leicht erhöhte Temperatur.»

Er sah sie erstaunt an.

«Ehrlich?»

Vielleicht habe ich das wirklich, dachte er. Vielleicht habe ich das wirklich.

«Ich sage in der Schule Bescheid», waren die Zauberworte, die bedeuteten, dass er einen Tag zu Hause bleiben durfte.

Sie strich mit ihren dünnen, kalten Fingern leicht über seine Schulterblätter und erkundigte sich, ob sie ihm etwas zu trinken oder etwas anderes bringen solle. Das war das Stichwort, den Schlafanzug anzuziehen und wieder ins Bett zu springen.

Er bat um ein Glas Wasser. Und einen Eimer – nur für den Notfall.

Takeo wurde erwachsen, aber er war immer noch ihr kleiner Junge. Er würde den ganzen Tag bei ihr zu Hause sein. Sie würde ihn bemuttern. Diese Abhängigkeit gab ihr das Gefühl, wichtig zu sein, gebraucht zu werden. Die Frau war begeistert von der Vorstellung, den ganzen Tag lang Mami sein zu dürfen.

Der Kuss, den sie ihm auf den Hals gab, kribbelte auf Takeos Haut. Er dachte, sie würde gehen und ihren Tag beginnen, der aus einer immer gleichen Abfolge von Verrichtungen bestand, die sie vollzog wie ein Ritual – aber sie blieb sitzen und lächelte. Als er glaubte, sie würde gleich den Verstand verlieren, sagte sie: «Ich liebe dich.»

Hinter dem Wecker des Jungen kletterte ein riesenhafter Kakerlak mit glänzendem Panzer hervor, der mit tastenden Fühlern das Zimmer nach etwas Essbarem absuchte, was im Fall eines Kakerlaks alles sein kann. Alles.

Takeo schloss die Augen. Seine Mutter glaubte, er wäre zu Tränen gerührt. Als sie in Richtung Küche verschwand und er das vertraute Knochenknacken in ihrem linken Fuß hörte, verspürte der einzige Sohn einer fantasielosen Ehe einen Juckreiz. Es juckte unter der Unterhose, in der Leistengegend. Er zog die Unterhose runter, um sich zu kratzen, und schrie laut auf, als er eins-zwei-drei Schamhaare zählte.

Der Kakerlak, der neben dem Bett des Jungen über die Wand mit den vielen hässlichen Posterstrips kletterte, kam sich beobachtet vor und erstarrte.

Takeo fühlte sich vollkommen machtlos.

«Aus mir wird eine Schwuchtel», sagte er zu dem Kakerlak. Für einen kurzen Augenblick überlegte er, ob er das Tier mit seinem durchsichtigen Lineal zerquetschen sollte – er hörte schon das Knirschen und sah den Matschfleck vor sich.

«Selbst wenn ich heirate, wird eine Schwuchtel aus mir.»

STUDIO EBIS

Liams Terminplan wies eine Dichte auf, die kein Mitglied der Royal Family akzeptiert hätte.

Er saß wartend vor einem großen Schminkspiegel und knipste die Lämpchen im Rahmen an und aus. An, aus. Die Garderobe war leer bis auf eine Reihe mit Hockern. An. Er war der Erste. Aus. Vierzig Minuten zu früh. An. Ein weißer Raum. Aus, an, aus. Er war in Panik gewesen, er könnte aus Versehen auf dem falschen Bahnsteig stehen oder (schlimmer noch) in die falsche Bahn (womöglich einen Express) steigen. An. Er hatte sich immer wieder die Wegbeschreibung auf dem Auftragsblatt durchgelesen. Und über die Summe geschluckt, die er erhalten sollte. Aus. Er war mit dem Finger viele Male über den Namen des Fotografen gefahren, bevor er kurz vor Mitternacht das Licht ausgemacht hatte. An, aus. Er saß im Dunkeln und empfand fast so etwas wie Ehrfurcht. An. Herbie Yamaguchi. Nein, dachte er, das kann nicht sein. Aus, an.

Liam sagte die vielen Linien des Tokioter U-Bahnnetzes auf wie ein Mantra. Ginza-Linie, Marunouchi-Linie, Hibiya-Linie, Tozai, Chiyoda, Yurakucho, Hanzomon – in Lila, die ihm vom Klang her am besten gefiel –, Namboku, Toei Asakusa – in Rosa, deren Aussprache er am schwierigsten fand –, Toei Mita, Toei Shinjuku und die Toei-#12-Linie.

Ein U-Bahnplan, der aussah, als hätte ein systematisch begabtes, aber farbenblindes Kind übrig gebliebene Spaghetti gezeichnet. Die dicken, schwarzen Linien der JR-Bahn und die dünnen schwarzen Linien, die der Plan als ANDERE BAHNLINIEN vermerkte, verliehen dem Plan fast etwas Dreidimensionales.

Liam stellte sich kleine Aufgaben: Fahre von Kanda nach Hikarigoaka; von Yotsuya-Sanchome (eine weitere Station, deren Klang ihm gefiel) nach Akihabara; von Ebisu nach Tsukiji, wo er an einem der nächsten Morgen hinwollte. Der Fischmarkt. Dort konnte man gut Töpferwaren und Messer kaufen, hatte man ihm erzählt.

Zwanzig vor neun kam die Visagistin. Mikiko. Viele Verbeugungen. Sie ging Tee holen. Zehn Minuten später steckte der Hairstylist den Kopf in die Tür, zog eine Kassette aus der Brusttasche und wirkte ausgesprochen erleichtert, dass *seine* Musik aus den Lautsprechern kam. Mitsuru. Nach weiteren fünf Minuten kam die Stylistin. Ihre Augen vollführten einen Kameraschwenk, sie gab ein knappes «Ohio» von sich und fing an mit ihrem Handy zu telefonieren. Mikiko, Mitsuru und Maki. Liam schrieb sich die Namen auf. Anders konnte er sie sich nicht merken.

Liams Vervollkommnung begann mit einer Kopfmassage von Mitsuru, gefolgt von einem millimetergenauen Haarschnitt. Golding hatte darauf bestanden, dass es keine radikalen Veränderungen an seiner Frisur geben dürfe, da er seiner neuen Setcard ähnlich sehen müsse. Nach dem Schminken sollte er reichlich Haargel bekommen.

Ein drei Jahre alter Schminkkoffer aus Aluminium ging langsam auf.

Die Maskenbildnerin war etwas nervös, nicht wegen Liam, Mitsuru oder Maki chan – und auch nicht wegen des Fotografen –, sondern weil es ihr erster Job für XXY war und sie einen guten Eindruck hinterlassen wollte.

Ihre Pinsel wurden mehr aus Show denn aus praktischen Erwägungen in einer Reihe ausgelegt. Mehrere Emaillepaletten klappten auf und brachten drei Paletten mit runden, beschrifteten Farben zum Vorschein, die sich wölbten wie Seiden- oder Satinkissen. Die hübschen Farbklackse – Lila, Karmesinrot, Umbra, Ocker ... – lagen in klinisch weißen Näpfchen und gingen teilweise zur Neige. (Viel beschäftigtes Mädchen.) Die ungeheuer breite Farbpalette nahm ihr kurz den Mut. Liams helle Haut war fast kabukiweiß. Sie hoffte, der Kunde erwartete keinen braun gebrannten All-American-Boy.

Neun Uhr.

Gesichtsreinigung, klärendes Gesichtswasser und Feuchtigkeitscreme wurden mit behutsam kreisenden Bewegungen in die Haut einmassiert. Warm und leicht. Vorsichtig um die Augen herum. Kreisen, kreisen. Hauchzarte Berührungen. Ihre Finger bearbeiteten die vielen Muskeln im Augenbrauenbereich, die sie alle mit Namen kannte. Regenerierten. Bewegten sich hoch zur Kopfhaut. Ein sanftes Klopfen, das den Zügen neue Klarheit verlieh. Klopfen, klopfen. Sie drückte die Lymphe weg. Der Druck wurde stärker und ließ abrupt nach, um das gewisse Etwas nach außen zu holen. Sie sorgte dafür, dass er sich wohl dabei fühlte. Und sie holte etwas aus ihm heraus. Liam fühlte sich in Tokio tatsächlich mehr zu Hause, als er es jemals in London getan hatte. Er fühlte sich frisch. Ausgebürstet und strahlend sauber.

Als Koizumi Yakumo von XXY mit, ja tatsächlich, dem Fotografen Herbie Yamaguchi auftauchte, wurde die Musik leiser gedreht und eine Assistentin holte frischen Tee – obwohl beide schwarzen Kaffee wollten.

«Yamaguchi San», sagte KY von XXY.

Liam sprang auf, als würde er einen alten Lehrer wiedertreffen, der ihn einst beflügelt hatte. Zeichen der Anerkennung wurden ausgetauscht, bevor Liam sich förmlich verbeugte und langsam und deutlich seinen Namen sagte. Sein «Yoroshiku onegaishimasu» klang ungewöhnlich aufrichtig.

«Nenn mich einfach Herbie», sagte der Mann lächelnd.

Er lehnte am Türrahmen, als würden sie sich schon Jahre kennen, und sah zu, wie (eine vorübergehend eingeschüchterte) Mikiko sich um Liams Gesicht kümmerte.

«Beim wem bist du in London?», fragte Herbie.

«Oh, bei niemandem.»

«Hä?»

«Ich bin neu dabei. Ich bin kein richtiges Model», fügte er leise hinzu.

«Ausgezeichnet», sagte Herbie, «bleib so. Manche putzen sich sogar die Zähne mit Vim.»

Liam lächelte leise, hütete sich aber etwas Abwertendes über den tollen Beruf des Models zu äußern.

«Und was treibst du so in London?»

«Ich fotografiere. Straßenszenen. So ähnlich wie die Arbeiten, die du früher für *Blitz* und *Taboo* gemacht hast.»

«Oh», Herbie wirkte ehrlich überrascht, «du kennst meine Arbeiten?»

Liam nickte. Zu Hause hatte er sogar den Band *The London Dream*.

«Ein kleiner Rat», raunte Herbie ihm zu. «Wenn wir nachher die Fotos machen – sei einfach du selbst. Denk an jemanden, den du liebst oder geliebt hast. Denk an, keine Ahnung, denk an den Ort, wo du als Nächstes hinwillst.»

Liam nickte. «Ist gut.»

Die Maskenbildnerin hantierte mit ihren Pinseln. Es war lange her, dass sie Angst gehabt hatte, in Gegenwart eines Kunden einen blöden Eindruck zu hinterlassen. Augenbrauenstifte haaren wenigstens nicht, dachte sie. Während ihre Hände zu zittern anfingen, beglückwünschte KY von XXY sie zu der guten Arbeit, die sie für das Cover der *An-An* von dieser Woche geleistet hatte, und fügte hinzu, dass Julie B um zehn für ein Doppelshooting kommen würde. Sie solle mehr oder weniger den gleichen Look wie Liam haben. Natürlich. Dann lächelte er und sagte, alles sei bestens.

Der Fotograf, die Visagistin und der Artdirector von XXY tuschelten miteinander. Liam sollte keine Foundation bekommen. Ein leichtes Puder? Ja, damit er nicht glänzte. Aber transparent. Ein bisschen was für die Augenbrauen vielleicht und noch ein wenig Farbe für die Augen.

«Die Lippen auch», sagte der Fotograf, «aber natürlich.»

«Augen und Lippen», wiederholte die Visagistin. «Natürlich.» Kein Problem.

Mit jedem Strich des fast vollständig gereinigten Mascarapinsels wurden die Augenbrauen länger und dicker. Jede Bewegung wurde ohne Zögern leicht, selbstbewusst und zielsicher ausgeführt – wie verlangt wurde leicht übertrieben.

Nachdem seine Haare mit Gel zu einer Punkfrisur aufgetürmt und dann auf sadistische Weise zurückgekämmt worden waren, saß Liam fertig in der Garderobe. Licht aus.

Liam stand in einem karottenrot und gelb karierten Hemd, einer riesigen gepunkteten Fliege und einer schwarzen Plastikhose an der Feuertreppe.

«Ame», sagte Mikiko und deutete auf den Himmel.

«Regen», sagte Liam leise.

So viel zur Zuverlässigkeit japanischer Wettervorhersagen. Es war alles andere als trocken mit gelegentlichen Aufheiterungen. Ein kühler Luftzug traf ihn. Seine Augen funkelten. Er dachte darüber nach, ob in seiner Londoner Wohnung alles in Ordnung war und seine Nachbarin die Pflanzen so goss, wie er es ihr aufgetragen hatte. Hoffentlich vergaß sie nicht, das Licht auszumachen und richtig abzuschließen.

Ein Scheinwerfer nach dem anderen ging an. Liam zog sich ziemlich verunsichert ins Halbdunkel zurück, das den mit Wolframlicht beleuchteten Bereich wie ein Zuschauerraum umgab. Dann waren die anderen so weit und er ging zum Prospekt.

Als er die Wärme der grellen Scheinwerfer spürte, geriet er plötzlich in Hochstimmung. Es war toll, wie seine Haut in Glanz erstrahlte, während sich der Rest des Studios in ein schwarzes Meer verwandelte.

Die Stylistin, die aussah, als würde sie unter Mangelerscheinungen leiden, zupfte an ihm herum und machte wegen allem einen Heidenaufstand. Alles musste perfekt sitzen und sie bekam die Fliege einfach nicht gerade. Herbie meinte, sie sähe schief besser aus, und als Liam ihm zustimmte, entschied KY von XXY, dass sie schief bleiben solle. Dann musste sie natürlich so schief sitzen, dass es keck aussah. Das Absurde war, dass Liam auf einem Trampolin stand und all das sorgsame Zupfen und Glattstreichen für den Arsch war, sobald er anfangen würde zu springen.

Liam stand auf einem mit roter Kreide markierten X und ließ einige Lichttests über sich ergehen. Ein leises Plopp nach dem anderen. Ein Assistent auf Socken hielt ihm den Lichtmesser unter die gepuderte Nase.

«Okey-dok, wir machen nur ein Polaroid», sagte Herbie zu ... der Kamera?

Blitz.

«Polaroid.»

Blitz.

Liam, der von dem weißen Blitz geblendet wurde, schloss die Augen und sah zu, wie der grelle Punkt verblasste.

Blitz.

Liam verharrte reglos in seiner Pose, während drei Assistenten hinter ihm mit Wunderkerzen vorbeiliefen.

Blitz.

Reglos, aber voller Leben. War das noch ein Polaroid oder haben wir schon angefangen, überlegte Liam.

Obwohl Liam weit weg stand, hörte er, wie Julie B mit ihrem Walkman ins Studio platzte und die Treppe zur Garderobe raufging. Professionelle fünfzehn Minuten zu früh.

Blitz.

Kreuzigungspose.

Blitzblitzblitz.

Das gefiel ihnen. Herbie zog die Schuhe aus und ging auf den Prospekt zu.

«Mach, was du willst», sagte er.

Einen Augenblick lang wirkte Liam völlig verloren.

Blitz.

Angst vor der ersten heiligen Kommunion.

Blitz.

Am Krankenhausbett.

Blitz.

Am Grab.

Blitz.

Schlange stehen bei Sainsbury's.

Blitz.

Blick gen Himmel. Ich bin ein richtiger Clown.

Blitz.

Ich bin ein ganz primitives Säugetier, das für diesen Quatsch einen absurd hohen Stundenlohn kassiert.

Blitz.

Filmwechsel.

Blitz. (Lichttest.)

Ein Lächeln. Aufrichtig unaufrichtig.

Blitz.

«Herbie, muss ich nicht wissen, wofür das ist – ich meine, wie das Konzept aussieht –, damit ich alles richtig machen kann?»

Blitz.

Herbie übersetzte, was Liam gesagt hatte, und alle lachten und klatschten in die Hände. Ja, sie hatten vergessen ihm das Konzept zu erklären.

Blitz.

Aber das war nicht weiter schlimm; Beliebigkeit war gerade Trend.

Blitz.

Liam ahmte zur Musik, die aus den Lautsprechern dröhnte, verzerrte Gitarrenklänge nach. Stupider Rhythmus, hämmernde Beats und heulender Gesang, der gegen eine Mauer aus schrillen Pfeiftönen anschrie.

Blitzblitzblitz.

Filmwechsel.

«Das Konzept hat mit Einsamkeit zu tun», sagte Herbie achselzuckend. «Frag mich nicht», lachte er, «ich bin nur der dumme Fotograf.»

«Und für wen machen wir das?»

«Einen Blumenlieferservice.»

Vier Filme fürs Hüpfen auf der Stelle.

Blitzblitzblitz x 36 x 4. Fuji ASA 100.

Julie Bs Haare waren über der Stirn zu kleinen, scharfen Wellen frisiert. Es sah aus, als hätte ein Kind ihr Schnörkel aufgemalt.

Sie stand bei der Feuertreppe und beklagte sich fünf Minuten lang über einen Job, für den sie am vergangenen Abend von sechs bis zehn gebucht gewesen war. Sie zeigte Liam die Polaroids als Beweis dafür, dass die Haarstylistin ihr perfektes Haar versaut hatte (hatte sie nicht) und der Maskenbildner sie völlig albern geschminkt hatte (hatte er).

Der Kunde war unzufrieden gewesen, weil Julie B unzufrieden gewesen war, und sie hatte eine Korrektur über sich ergehen lassen müssen. Was für ein Alptraum. Sie hatten ihr mit Glitter einen Blitz auf die Stirn gemalt, ihre Lippen neu modelliert, das Zuviel an Rouge abgepudert. Danach war der Heroin-Schick im Eimer gewesen.

«Und gerade als ich dachte, scheiß drauf, das muss reichen, es wird langsam spät, wurden die Stylistin und der Maskenbildner total hektisch. Der blöde Kunde verlangte ein komplett neues Styling, von dem mein Gesicht noch ganz wund ist. Siehst du? Und siehst du das da? Blutunterlaufen! Ich hab Glitter ins Auge gekriegt.»

Tja, dachte Liam, solange Loretta die Zickenrolle ganz für sich allein beansprucht, ist Julie B richtig nett.

«Hey», sagte sie, «schon aufgeregt wegen morgen?»

«Wieso?»

«Du machst doch die Sano-Schau, oder?»

«Verdammt, die Woche fliegt nur so dahin. Das hätte ich fast vergessen.»

«Du hast Jeff im letzten Moment ausgestochen, habe ich gehört.»

«Ehrlich?»

«Sam auch. Die beiden sind stinksauer. Yada sagt, wenn du die Sano-Schau kriegst, stehen dir alle Türen offen.»

Liam überkreuzte zwei Finger.

Julie B und Liam wurden mit sanfter Gewalt in den Tageslichtbereich des Studios getrieben und mit wirkungsvoller Stimme aufgefordert sich vor eine Mauer zu stellen, die von der – Überraschung, Überraschung – gerade aufgetauchten Spätvormittagssonne weiß angestrahlt wurde. Die Mauer hätte an jedem beliebigen (sonnigen) Ort auf der Welt stehen können. Die Stylistin zog Julie B einen roten und Liam einen blauen PVC-Regenmantel über und gab ihnen einen Strauß gelber und weißer langstieliger Tulpen.

Wieder zupfte sie an ihnen herum und machte wegen der Kragen und Manschetten einen Heidenaufstand.

Der Hairstylist kämmte die Haare noch ein bisschen zurück, während die Maskenbildnerin dafür sorgte, dass es keine glänzenden Stellen gab – wobei sie sich besonders auf die Nasen konzentrierte. Als alles seine Ordnung hatte, besprühte KY von XXY beide mit einem feinen Warmwasserstrahl.

«Okay», schrie Herbie.

Das Licht war so grell, dass Liam beinahe die Augen zusammengekniffen hätte.

Blitz.

Sie fingen vom vielen Blinzeln an zu tränen.

«Ach, mein armer Liebling», flötete Julie B und strich ihm leicht übers Haar. «Nicht weinen.»

Blitzblitzblitz.

Er musste weggucken.

Blitz.

Es half, etwas Dunkles anzuvisieren.

Blitz.

Manchmal schloss er die Augen, als wäre er total glücklich, und vergrub die Hände tief in den Hosentaschen – Handflächen nach innen, als würde er onanieren.

Blitzblitzblitz.

«Herbie, gibt es dabei ein, na ja, ein Konzept?», erkundigte Liam sich wieder.

«Ihr seid ein Liebespaar», schrie KY von XXY.

«Es ist aus!», kicherte Julie B.

Blitz.

«Aber Liebling, ich bin schwanger!», flüsterte Liam ihr ins Ohr.

Blitz.

Es folgte eine Pantomime aller möglichen Gefühlszustände. Blitz. Sie zeigte unterdrückte Empörung, gestikulierte wild und bombardierte ihn mit Fragen. Blitzblitzblitz. Was sagte er, als er sie an der Schulter fasste? Blitz. Seine Vorhaltungen ließen das Grüppchen Studioassistenten verstummen, das nahebei auf der Mauer saß und laut darüber nachgedacht hatte, wie man am besten seine

Karriere förderte. Blitz. Als sie den Hals nach hinten reckte und sich lachend an ihn lehnte, bekam das Bild etwas Harmonisches. Blitz. Der Brustkorb des Mädchens verlängerte sich auf schöne Weise. Blitz. Die aufgerichteten Brustwarzen waren sogar unter dem PVC zu sehen. Blitz. Ziemlich sexy. Blitzblitzblitz. Liams Hände umfassten liebevoll ihre Hüften. Blitz.

«Arzt – du musst zum Arzt gehen», schrie Julie B.

Blitz.

«Oder zum Historiker.»

Blitz.

«Ach, was sind wir blöd. Nach Hollywood, Liebling. Nach Hollywood!», schrie sie in den Himmel, wobei sich ihr Kopf schmerzhaft gegen Liams rechten Wangenknochen drückte. Das war ein hübscher Moment: Das Wasser glitzerte auf dem PVC wie die Tränen eines Clowns und ihr spontanes, albernes Lachen klang wie aus dem wahren Leben. Natürlich.

Der Mann von XXY wollte eine Korrektur vornehmen.

Er legte mit der Ernsthaftigkeit eines Arztes eine Hand an Julie Bs Kehle und sagte: «So ist gut, sehr gut. Das Kinn ein bisschen runter, bitte.»

BRÜCKE

Akios Körper war mit Bisswunden und Hautabschürfungen übersät. Vorhaut, Hals, Brustwarzen, Taille und Zehen: überall lila, rote, grüne und blaue Flecken. Er wusste, dass sie in ein bis zwei Tagen verschwunden sein würden, aber er war nicht scharf auf neue oder noch Schlimmeres.

Er war von Kopf bis Fuß porentief sauber, hatte sich eingecremt, die Zähne mit Zahnseide gereinigt, die Nägel gefeilt und die Haare frisiert. Er musste nur daran denken, bei seiner Rückkehr das Canesten abzuwaschen, das er verschwenderisch am Pimmel verteilt hatte.

Er trug abgewetzte Turnschuhe (die kurz davor waren, auseinander zu fallen), eine ausgeblichene Levi's (geflickt, dreckig, über dem Knie eingerissen und eher eng und sexy als weit und trendy) und ein kariertes Hemd (dessen Knöpfe er erst vor einer Stunde abgerissen hatte und das jetzt offen bis zum Bauchnabel war). Er wollte ein neues Bild von sich vermitteln. Den Rebellen. Das Scheckbuch von der Sumitomo Bank guckte gut zwei Zentimeter aus der linken Gesäßtasche heraus.

Unter ihm floss Wasser, kilometerweit. Eine ganze Welt voll Wasser. Verschmutztes, frisches, abgestandenes, uraltes. Auf der Wasseroberfläche sah Akio sein Spiegelbild, das von der strahlenden Sonne verdunkelt wurde.

Heute ist wohl wieder ein Tag, an dem du die Uni schwänzt und nicht gehorsam mitschreibst, was?, flüsterte eine leise Stimme in seinem Inneren. Er fragte sich, ob jemand sein Fehlen bemerken würde – das zweite Mal in dieser Woche. Er würde eine Ausrede erfinden müssen. Bauchschmerzen, Ohrenschmerzen.

Am Ufer unter der Brücke lag der alte Mann von neulich in der Sonne und trocknete zwei Decken und eine Fußmatte. Kein Kostümfundus und kein Garderobenmeister hätten sich solche Lumpen zusammenfantasieren können. Nicht einmal John Galliano. Der Designer Christopher Nemeth hätte sie vielleicht *Der Tropfmantel* getauft, denn genau das waren sie. Issey Miyake würde so etwas in einer Glasvitrine ausstellen.

Der alte Penner war nicht allein. Sein Begleiter war noch älter, hatte keine Zähne mehr im Mund und nuschelte in einem Dialekt etwas in sich hinein, was nur mit Mühe zu verstehen war. Es hatte mit dem scheußlichen Gebräu aus Wasser, Gras und Matsch zu tun, das er kochte und – wie er seinem schlafenden Kumpel versicherte – eine besonders köstliche Suppe ergeben würde.

Akio hielt für einen Augenblick die Luft an. Atemstillstand.

Plötzlich verspürte er eine tiefe innere Ruhe. Er kam sich vor, als wäre er unsichtbar. Er schwebte. Sein Herz schlug augenblicklich langsamer. Endlich lebte er den Traum seiner Kindheit aus. Den Traum, der (kurz) vor der Pubertät in Tsuchiura begonnen hatte. Den Anstoß hatte eine Plastiktüte gegeben, die er, unter einem Stein versteckt, am Fuß eines Baums am Kasumigaura-See gefunden hatte. Darin hatten Zeitschriften gelegen, die er höchstens aus kurzen Einblendungen im Nachtprogramm des Fernsehens kannte. Unzensierte ausländische Zeitschriften, in denen große Männer unanständige Dinge mit anderen großen Männern taten. *Suck, Hard, Euro Boy, Inches.*

Die Hochglanzmagazine hatten sein hübsches Köpfchen vom Frühstück bis zum Abendessen beschäftigt. Die Bilder hatten Klasse. Sie waren freizügig, versaut, die Gesichter voller Geilheit. Und Gier. Die Seiten waren arg zerfleddert und wunderbar widerlich. Und diese riesigen Schwänze erst. Sie erschreckten den Jungen und fesselten ihn zugleich.

Beim Anblick dieser gewaltigen, provozierenden Schwänze, die spöttisch dazu aufforderten, sie zu lecken, vergaß Akio alles über die Geheimnisse der Fotze, denn er wollte lieber etwas haben, dass er in die Hand nehmen oder mit Mund und Arsch aufnehmen konnte.

Immer wieder hatte er sich nach beiden Seiten umgesehen und auf Schritte gehorcht, während er sich hinunterbeugte, um die perfekte Papierhaut der Pornostars in *Suck* zu küssen.

Er tat alles, was er auf den Bildern gesehen hatte und mit sich allein tun konnte. Er knetete seine Brustwarzen, befingerte seinen mit (künstlich aromatisierter) Spucke geschmierten Arsch, pisste gegen einen Baumstamm – genau wie auf den Fotos in *Inches*. Er hatte die Hefte vom Baum weggenommen und woanders im Gebüsch versteckt, wo er sie mit Blättern und demselben Stein zudeckte, eine alberne Gewohnheit.

Der Schüler aus Tsuchiura, der bizarr sein wollte und wusste, dass er ein Spießerkind war, hatte die Gefahr gesucht, indem er mit aufgeknöpfter Levi's stundenlang auf derselben Parkbank ausharrte und hoffte, dass ein (netter) Mann auftauchte und nach seiner 0101-Tüte suchte.

Danach kehrte er heim zu Mama, Papa und Oma, spielte das perfekt dressierte Kind und wünschte sich, während er die Tanuki-Soba-Suppe schlürfte, er hätte einen schleimigen Schwanz im Mund. Mama, Papa und Oma. Und ihr scheußlicher Einrichtungsgeschmack. Und die grässlich konservativen Erwartungen, die sie in ihn setzten. Er wollte Gefahr, Aufregung und Unmengen von Babyöl auf der Haut – ein Leben bei Nacht und voller Sex.

Die Stelle im Wald übte eine beruhigende Wirkung auf ihn aus und gab ihm das Gefühl, an einen abseits gelegenen, fremden Ort versetzt zu sein. Es kam kein (netter) Mann vorbei, um nach seinen vergrabenen Schätzen zu suchen; nur einmal blieb eine grauhaarige Frau stehen, die mit ihrem Hund spazieren ging, und wies ihn darauf hin, dass sein Hosenstall offen sei. Sehr direkt. Als sie sich neben ihn setzte, um eine Zigarette zu rauchen, hatte er es richtig mit der Angst zu tun bekommen.

Ein leichter Wind trug einen zarten Duft heran und brachte das erste gefallene Blatt mit. Bald würde es richtig Herbst sein.

Die Jungs im Keller konnten mit den großen Männern nicht konkurrieren, zu denen er im Gebüsch, nur einen Katzensprung vom Kasumigaura-See entfernt, trocken gewichst hatte. Mit Ausnahme von Scottie, weil er James Dean ähnlich sah, und Midori, weil er einen Großen hatten.

Durch den Schleier seiner Wimpern sah Akio verschwommen das glitzernde Wasser und wünschte sich an jene Stelle im Wald zurück, wo er auf dem Rücken gelegen und die Beine um einen Baumstamm geschlungen hatte. Damals hatte er sich keinen Deut darum geschert, ob jemand mit seinem Pudel vorbeikam, während er so heftig an seinen Eiern ruckelte, dass sie vor seinen Augen verschwammen. Seine Bauchmuskeln waren bis zum Zerreißen gespannt gewesen, damit er einen besseren Blick auf die herausgerissenen Seiten hatte, die am Baum hingen und um ihn verstreut lagen.

Irgendwo in Herznähe machte sich ein rhythmisches Pochen bemerkbar – ein Zucken, als wollte sich etwas aus ihm befreien. Er verspürte ein Kratzen im Hals. Sein Magen knurrte.

Er war nicht mehr der Junge von damals, aber er erinnerte sich noch an das letzte Mal im Gebüsch, bevor es zu kalt geworden war. Dieses letzte/erste Mal. Wie der Schmerz sich von seinem Hals bis in die Schenkel ausgedehnt hatte.

Als er merkte, dass es so weit war, hatte er schreckliche Angst bekommen: Es war, als ob ein Insekt mit ruckhaften, drängenden

Stößen seinen engen Kokon sprengt und sich mit befreiten Flügeln in die Lüfte erhebt.

Die erste weiße Ladung schoss heraus, klatschte an seinen Hals, rutschte ein Stück hinunter und kam zum Stillstand.

Die zweite landete direkt unterhalb des Nabels.

Die dritte und letzte, die irgendwo in seinem Arsch einen Schmerz auslöste, landete als schwerer Tropfen dort, wo sich erst vor wenigen Tagen die ersten Schamhaare ihren Weg nach draußen gebahnt hatten.

Akio, der den Verkehr, der rumpelte wie ein aufgewühlter Magen, nicht mehr wahrnahm/sich nicht darum scherte, ob jemand guckte, drückte seinen Schwanz, der sich aus der Jeans drängte, bog ihn, bis es wehtat, und verteilte Canesten in seiner Unterhose.

Seine Augen starrten auf das sanft glitzernde, schmutzige Wasser. Als seine Lider sich für einen Moment senkten, pressten seine Lippen sich fest aufeinander. Als er die Augen wieder öffnete, waren sie nicht mehr dieselben. Ein ekstatisches Leuchten lag darin.

Er schluckte schwer. Es war Zeit, zu gehen.

Der begehrenswerte Junge machte sich federnden Schritts auf den Weg. Er merkte, wie sein Herz schneller schlug, als er von der Brücke ging.

Er tat etwas, das er schon lange nicht mehr getan hatte: Er lächelte. Die kleinen Muskeln in seinen Mundwinkeln zuckten rhythmisch.

#6A

Jeff wurde vom Telefon geweckt.

Er zog ausgeblichene Chinos über, kratzte sich und ging in die Küche, wo hoffentlich noch warmer Kaffee übrig war.

Er gähnte ein schwerfälliges «Ja?» in den Hörer.

Der verschlafene, einsachtundachtzig große Einundzwanzigjährige hätte genauso gut in London, Paris, New York oder Mailand sein können.

«Jeff ...» Es war Golding, der Dragking höchstpersönlich, und zu dieser morgendlichen Stunde leitete sie das Gespräch nicht mit einer Frage, sondern mit einer Feststellung ein.

Er sah auf seine Armbanduhr, die er nie abnahm, und flüsterte lautlos: «Scheiße!»

« ... Yada steht seit halb elf vor dem Polizeihäuschen in Omotesando und wartet auf dich.»

Was sollte er antworten?

«Hey ...» Lüg ihr das Blaue vom Himmel runter. «Was ist los in der Agentur? Seit zehn versuche ich vergeblich anzurufen.»

Das hörte sie nicht zum ersten Mal.

«Magenschmerzen?», fragte sie, wobei sie den Hörer von sich weghielt.

Jeff verstummte. War das Kubo, die er im Hintergrund lachen hörte? Oder Loretta?

«Eine simple Frage ... schaffst du es, zu diesem Casting zu kommen, zu dem *du als Einziger* bestellt bist, oder soll ich Yada zurück in die Agentur beordern?»

(«... *du als Einziger ...*» Diese Worte machten Jeff wacher als ein Espresso in der Old Compton Street. «... *du als Einziger ...*» Kursiv. Albertus Extra Bold. 48 Punkt. Unterstrichen.)

«Ich bin in zwanzig Minuten dort», sagte Jeff.

#7B

Behutsam kreisende Bewegungen. Warm und leicht.

«Tut das gut?», fragte Takeos Mutter.

Sie hielt Schläfenmassagen für ein Allheilmittel.

Kreisen, kreisen. Sie verstärkte den Druck und wurde abrupt wieder sanft, fast so, als wollte sie ihn necken. Behutsames Kreisen, warm und leicht. Vorsichtig um die Augen herum. Hauchzarte Berührungen.

Als Takeos Mutter ihn auf die Stirn küsste, bekam er eine Gänsehaut. Sie sagte, sie würde ihm ein schönes Mittagessen kochen.

Sowie die Wohnungstür sich hinter ihr geschlossen hatte, befreite Takeo sich aus dem Laken und zog sich die blau-weiße Schlafanzughose runter. Er dachte überhaupt nicht an S-E-X; er wollte wissen, was mit seinem Körper passierte.

Der zwölf-/fast dreizehnjährige Junge stellte sich wieder vor den Spiegel. Mit angehaltenem Atem betrachtete er die drei Haare, die rechts in seinem Schambereich wuchsen.

Mit dünnen, kalten Fingern zog er jedes Haar in die Länge. Eins-zwei-drei Schamhaare.

«Ekelhaft.»

Sie waren einfach gewachsen ohne ihn um Erlaubnis zu fragen.

Er stand da wie versteinert. Die Schamhaare sahen blöd aus – sie waren überhaupt blöd. Es musste etwas geschehen. Die Schlafanzughose wurde mit einem Ruck wieder hochgezogen und der Elastikbund schlug gegen seinen Bauch.

«Was macht dein Darm?», fragte er im Tonfall seiner Mutter, während er zum Fenster stapfte. «Wahrscheinlich wachsen Haare drin», schrie er in den Himmel.

Ein Gefühl von Freiheit, das ihn jedes Mal überkam, wenn seine Mutter aus dem Haus ging, durchströmte ihn. Dieses Gefühl war kostbar. Die leere Wohnung strahlte etwas Verbotenes aus, das den Jungen berauschte. Arme Mama, dachte er. Arme Mama.

Takeo weinte im Zeitlupentempo. Die Tränen hinterließen eine glitzernde Spur auf seinen Wangen. Die Tränen rechts liefen schneller als die Tränen links. Er begriff, dass er genauso wenig Macht über seinen Körper hatte wie sein Vater über den Krebs. Sein Unterhemd war tränennass.

Wolken, die aussahen wie tote Pferde, preschten näher und schlugen Purzelbäume über Tokio.

«Aus mir wird eine Schwuchtel», sagte er zu roten Dächern, blauen Dächern, ausgestelltem Neonlicht, orangefarbenen Fernsehantennen und siebenhundertfünfzig Variationen von Grau. «Selbst wenn ich heirate, wird eine Schwuchtel aus mir.»

Er stand an seinem gewohnten Platz; sein Gesicht drückte tiefe Trauer aus.

Trauer, weil er den Jungskörper, den seine Mutter gewaschen, genährt und gekleidet hatte, verlieren würde. Er wollte nicht in einem Erwachsenenkörper leben und – nach allem, was er über Homosexuelle wusste – wollte er auf keinen Fall einer von *denen* sein. Er wusste nicht, ob er sich beglückwünschen oder hassen sollte.

Haut, die spürte, dass sie nur noch kurze Zeit rein und fest, pickellos und relativ unbehaart sein würde, löste sich in Luft auf. Sein Atem hatte um seinen Kopf herum einen grauen Nebelring gebildet. Als er es bemerkte, beugte er sich vor und atmete kräftig aus. Er schrieb mit dem Finger etwas hinein wie eine Lippenstiftbotschaft an einen abwesenden Liebhaber.

«Gib mir ein H, gib mir ein O, gib mir ein M, gib mir noch'n O ... was haben wir jetzt? HOMO!»

Arme Mama. Arme Mama, keinen Mann mehr, eine Schwuchtel zum Sohn und einen Schnurrbart, den du mit heißem Wachs abreißen musst, dachte der Junge.

Takeo verweilte für fünf Minuten am Fenster und starrte durch die klare Glasscheibe hinaus in die Stille und auf die winzigen, zielgerichteten Bewegungen der Menschen und Maschinen, als wäre alles ein Film. Der Himmel war fast vollständig von einer schmutzig weißen Decke überzogen. Die armen Pferde waren am letzten Hindernis gestrauchelt und verströmten ihr graues Blut.

1. *Ich muss kein Homo sein. Dagegen kann man bestimmt etwas unternehmen.*

2. *Ich muss nicht überall Haare haben. Ich kann sie wegrasieren.*

Der Tofu, der auf dem Herd vor sich hin kochte, erfüllte die Wohnung mit einem heimeligen Duft. Der Junge hätte sich am liebsten übergeben.

Takeo wusste nicht, womit er anfangen sollte. Er öffnete die Kühlschranktür. Ein Bier. Ja, dachte er. Wieso nicht? Er stellte sich vors Küchenfenster, trank den ersten Schluck und ließ den Blick über das Hochhaus gegenüber wandern. Ohne eine bestimmte Person im Kopf zu haben zeigte er den Stinkefinger und zwinkerte.

Eines Tages, dachte er, wird es ein gewaltiges Erdbeben geben und von dem hässlichen Klotz werden nur das Rohmaterial und ein paar stinkende Leichen übrig bleiben.

Unten erkannte er den Mann aus #10B, der zur Bushaltestelle ging.

«Hinter der zuvorkommenden, selbstsicheren Fassade verbirgt sich ein rückgratloser Einzeller», hatte Takeos Mutter einmal gesagt. «Es gibt überhaupt keine Einzeller mit Rückgrat, Mama», hatte ihr Ein und Alles erwidert. «Du weißt schon, was ich meine. Der dürfte *dir* jedenfalls keine Klavierstunden geben.»

Takeo konnte sich nicht vorstellen, dass es jemanden gab, der es mit dem Mann aus #10B machen würde, außer für Geld.

Eine Fliege setzte sich auf den Flaschenrand, probierte schnell und flog davon.

«Takeo», imitierte der Junge die Stimme seiner Mutter, «trink nicht mehr daraus. Du weißt nie, wo sie vorher gewesen ist.»

«Oder was sie als Letztes gefressen hat», sagte er mit seiner eigenen Stimme, während er mit dem Daumen den Flaschenrand abrieb und den Blick wieder auf die alte Tucke richtete.

Am liebsten hätte Takeo die Bierflasche nach ihm geschmissen.

«Ja», johlte er höhnisch, als der Alte einem Jungen, der auf dem Fahrrad vorbeifuhr, mit gierigen Blicken hinterherglotzte.

«Scheißschwule!», schrie Takeo durch die Fensterscheibe. «Ich seh dich.» Er betete im Stillen, dass er bitte, bitte nicht so werden würde wie der.

Das Badezimmer wurde zur Bühne des Jungen, samt den Requisiten, die er für seine Vorstellung benötigte. Er zog sich in Windeseile ganz nackt aus; die Unterhose kitzelte beim Runterziehen an der Vorhaut. Als der Vorhang hochging, stand er seinem Spiegelbild gegenüber.

«Was glotzt du, Schwuchtel?», sagte er sich mitten ins Gesicht und stellte sich dabei eine schummerige Seitenstraße vor. «Los, den schnappen wir uns.»

Takeo griff nach dem erstbesten Gegenstand, bei dem es sich nicht um ein Werkzeug handelte, mit dem man schneiden, zustoßen, anzünden oder totschlagen konnte. Kein verrosteter Schraubenzieher, kein Brecheisen, keine Säge, kein Hammer, kein fünfundzwanzig Zentimeter langer Universalschraubenschlüssel und kein Holzklotz. Auch keine Lötlampe. Es war die Kerze, die seine Mutter manchmal ansteckte, wenn sie eins ihrer Endlosbäder nahm.

Takeo knipste das Neonlicht aus und zündete mit einer übertriebenen Geste ein Streichholz an. Die Kerze tauchte das Bad rasch in ein goldenes Licht. Er wollte sich geil fühlen, pornomäßig. Er suchte nach dem Babyöl, aber als er es nicht fand, begnügte er sich mit einer Familienpackung Johnson-&-Johnson-Babypuder.

«Und jetzt, du kleine Schwuchtel – haltet ihn fest – und jetzt ein bisschen Puder hier ...

ein bisschen Puder da ...
und da ...

und da ...

und

puder
puder
puder

und
noch
einmal

unten
rum.»

Er wusste, es war abartig, was er vorhatte, aber er wollte es. Abartig sein.

Er stellte sich eine Bande lauter kleiner Handa Sans in weißen Trainingsanzügen vor, die über ihn herfielen, als er aus der Dusche kam. (Er wusste, was er tat.) Das Puder war ganz warm, genau wie seine Hände – wie ihre kleinen Hände –, die seinen ganzen Körper damit einrieben. (Er wusste genau, was er tat.) Plötzlich war er ein Schneemann und ein Schneemann braucht einen Mund.

«Du dreckige Fotze», flüsterte ein zwölf-/fast dreizehnjähriger Handa San und griff nach dem erstbesten Gegenstand, bei dem es sich durch Zufall um einen sportwagenroten Lippenstift von Christian Dior handelte.

Takeo trank einen Schluck Bier und musste darüber lachen, was er tat.

«Verheiratet?»

«Nein.»

«Lebst du allein?»

«Ja.»

«Du dreckige Homofotze.»

Der zwölf-/fast dreizehnjährige Handa San drückte den Lippenstift mitten auf Takeos Mund und fing an gegen den Uhrzeigersinn einen kleinen Kreis zu malen, der größer wurde, sich von den Lippen bis zur Kinnmitte und weiter bis hoch zur Nase und runter bis zum Kinnrand ausdehnte und schließlich als Schmierfleck mitten auf der Wange endete. Die rot-weiße Spirale in seinem Gesicht erinnerte an Werbeclips für rechtsdrehenden Joghurt.

«Schwuchtel.»

Takeo trank noch einen Schluck Bier.

Er malte sich die rechte Brustwarze rot und zog immer größere Kreise, bis das Produkt aus dem Hause Dior den gepuderten Körper des nackten Jungen mit einer roten Spirale schmückte.

Takeo stieß ein wohliges Schnurren aus, so wie die viel Einblick gewährenden Schauspielerinnen/Nutten, die er aus dem Fernsehen kannte. Sein Schwanz fühlte sich an wie eine geschüttelte Colaflasche.

«Und jetzt die andere», flüsterte der Anführer der Bande. In Takeos Fantasie wurde sein rechtes Ohr geküsst.

Takeo verstummte und rührte sich nicht. Er war vollkommen passiv. In den Fängen der Bande. Der nächste Kreis gegen den Uhrzeigersinn setzte weit weg von der linken Brust des Jungen an, wurde immer kleiner und endete mit einem Stich in die Brustwarze. Takeos Augen waren geschlossen, sein Herz pochte und in seiner Fantasie zogen sieben gleichaltrige Handa Sans ihre weißen Trainingsanzüge aus.

«Okama!», brüllten sie, «Okama chan!», und zogen die schwarzen T-Shirt aus.

In Takeos Vorstellung kniete sich einer der kleinen Angreifer vor ihn hin und schrieb in verschmierten Großbuchstaben BLAS MICH auf seinen Schwanz. Im selben Moment bemerkte Takeo, dass vom Lippenstift nur noch ein Stummel übrig war. Im selben Moment hörte Takeo ein Klicken an der Wohnungstür. Im selben Moment begann sich die Schrift auf seinem schrumpfenden Penis zu verzerren.

«Ich nehme ein Bad, Mama, ich hab mich übergeben.»

Aber es kam keine Antwort. Er horchte angestrengt. Das Klicken kam nur von dem alten tropfenden Wasserhahn in #8A. Er war immer noch nicht repariert, obwohl sie es versprochen hatten. Diese Lügner.

Durch die Lüftung drangen manchmal sogar Gespräche. Schon oft war Takeo auf einen Stuhl geklettert und hatte gelauscht, wenn das Ungeheuer aus #8A seine Wutanfälle bekam – und erst zufrieden war, wenn Tränen flossen.

Der Junge aus dem siebten Stock war allein zu Hause und betrachtete sich im Spiegel. Er hatte so etwas noch nie gemacht und das Ganze kam ihm ein bisschen blöd vor. Und merkwürdig. Langsam bekam er Angst vor sich selbst.

Er trank noch einen Schluck, ließ die Flüssigkeit von einer Backe in die andere schwappen und schluckte runter.

Takeo knipste das Deckenlicht an.

Ein tiefer Blick in jede Spirale erinnerte ihn wieder an die schwierige Lage, in der er steckte.

1. Ich muss kein Schwuler sein. Dagegen kann man bestimmt etwas unternehmen.

2. Ich muss nicht überall Haare haben, ich kann sie wegrasieren.

«Arme hoch», sagte Takeo zu seinem Spiegelbild. Er erstarrte, als er sich auf Zehenspitzen sah.

Der zwölf-/fast dreizehnjährige Junge hielt den Atem an, damit der Spiegel nicht beschlug, während er bestimmte Stellen aus nächster Nähe begutachtete. Ein eindringlicher, intimer Blick. Die kleinen dunkel werdenden Stellen, zwischen denen nicht einmal Millimeter lagen, wurden auf dieselbe kritische Weise ins Visier genommen, wie seine Mutter es mit Schmutz tat, und genau wie der Schmutz mussten auch die kleinen Haare verschwinden.

Takeo trank noch einen Schluck und ging zur Tür. Ja, sie war abgeschlossen – niemand konnte hereinplatzen und nachsehen, ob er ertrunken war.

Meine Mama, dachte er, meine arme alte Mama.

Schamhaare – noch eine Sache, die bedacht werden musste. Er würde seine Unterhosen untersuchen müssen, bevor sie in die Wäsche kamen, und ebenso die Klobrille, die Badewanne, Handtücher und Bettzeug. Sie sollte nicht merken, dass dieses Zeug seinen ganzen Körper bedeckte wie Blutegel.

Der junge straffe Körper stellte sich wieder auf Zehenspitzen, um den Schaden zu begutachten. Takeos Augen zoomten von verschwommen zu scharf. Die Haare würden ihm nie mehr aus dem Kopf gehen. Aber sie abrasieren? Sie würden am nächsten oder übernächsten Tag wieder da sein. Stoppeln. Nicht fein, sondern borstig. Seine Mutter hatte oft über Stoppeln geklagt. Deshalb wachste sie auch ihre Beine.

Er sah sich um. Es war unmöglich, das Heißwachs seiner Mutter zu benutzen, auch wenn er wusste, wie man es in der Mikrowelle zubereitete. Er hatte ihr oft genug dabei zugesehen. Das gehörte zu den Sachen, die sie nicht vor ihm geheim hielt.

Im Badezimmerschrank fand er zwei Pinzetten. Und den Rasierer seines Vaters. Alles Werkzeug, das er benötigte, stand ihm zur Verfügung, einige besonders geeignete lagen sogar in Reichweite. Als Takeo im zweiten Fach von unten eine Tube *leicht parfümierte* Enthaarungscreme fand, wusste er, dass er gerettet war.

Er setzte sich auf den Toilettendeckel, hielt die Luft an und zupfte die drei Schamhaare aus. In weniger als fünf Sekunden war alles vorbei. Es hatte wehgetan, aber sie waren weg. Dafür sah er dort unten aus wie ein gerupftes Hühnchen. Er beschloss für die Achselhöhlen die *leicht parfümierte* Creme zu verwenden.

Zur Anwendung in Gesicht, an Armen und Beinen.
Die Haut wird weich und geschmeidig, störende Härchen werden sanft und problemlos entfernt.
Bitte befolgen Sie gründlich die Anweisungen in der Packungsbeilage.
ENTHÄLT THIOGLYCOLAT
DARF NICHT IN REICHWEITE VON KINDERN GELANGEN
Die Einwirkzeit von zehn Minuten darf nicht überschritten werden.
Dieses Produkt ist frei von Tierversuchen.
100 ml

Da die Packung bereits in den Müll gewandert war, gab es auch keine Beilage mehr. Seine Mutter hatte immer eine Tube parat, solange er denken konnte. Das gehörte zu den Geheimnissen, eine Frau zu sein. Thioglycolat: Der Junge bekam das Wort kaum über die Zunge. Thi-o-gly-co-lat.

«Ge-fähr-lich.»

Takeo sauste im Affenzahn in sein Zimmer und holte seinen Wecker, damit er auf keinen Fall die angegebenen zehn Minuten überschritt. Die Uhr zeigte ihm, dass seine Mutter noch nicht einmal eine Viertelstunde aus dem Haus war und aller Voraussicht nach spätestens in einer weiteren Viertelstunde zurück sein würde.

Takeo sah zu, wie die Wanne voll lief, und goss eine ganze Flasche Shampoo in den Wasserstrahl. Er wollte sichergehen, dass der Lippenstift auch wirklich abging und es keinen Schmutzrand in der Badewanne gab.

Auf dem Wasser bildete sich cremiger Schaum. Schaumberge FÜR NORMALES HAAR. Das Shampoo sollte eigentlich nach Kiefernnadeln duften – aber es stank nach Plastik. Die Menge hätte ausgereicht, um ein ganzes Ballett einzuschäumen.

Takeo wusste nicht genau, wie viel Enthaarungscreme er nehmen sollte. Als er die Creme mit einem Wattebausch in den Achselhöhlen aufgetragen hatte und die Ellbogen wie Hühnerflügel in die Taille drückte, damit sie einziehen konnte, überlegte er, was er mit dem Rest anstellen sollte. Es waren noch gut sechzig Milliliter über, schätzte er. Ungefähr der Inhalt eines kleinen Joghurtbechers.

Der zwölf-/fast dreizehnjährige Handa San im Spiegel legte den Kopf zurück, warf ihm einen fiesen Blick zu und spuckte aus.

«Hast du gar keine Selbstachtung?», fragte das Spiegelbild höhnisch.

Takeo trat einen Schritt zurück und erblickte einen Jungen, der krank spielte, um einen Tag lang im Bett bleiben zu dürfen. Einen Jungen, dessen verwitwete Mutter für ihren einzigen Sohn einkaufen ging, um ihm etwas Schönes zu kochen. Einen Jungen, der mit Talkumpuder und Lippenstift beschmiert war, als wollte er in einem Popmusikvideo auftreten. Einen Jungen, der die Härchen auf seinen Unterarmen entfernte wie ein beschissenes Mädchen. Sofort rieb er sich mit dem Rest des *leicht parfümierten* Drecks den ganzen Kopf ein.

«Nimm das, du blöder Schwuli.»

Sowie die erste Hand voll über den millimetergenau geschnittenen Haaren verteilt war, bereute Takeo, dass er so weit gegangen war. Sein Schambereich und die Achselhöhlen waren nicht für den Blick der Öffentlichkeit bestimmt. Scheiße, dachte er, ich werde so kahl sein wie ein hart gekochtes Ei. Seine Gedanken rasten.

Alles richtig machen hieß zehn Minuten stillzuhalten und darüber nachzudenken, was er tun könnte, um in den Augen aller ein besserer Sohn zu sein. Mit beinahe kalter Gleichgültigkeit registrierte er, wie sein Kopf langsam und gleichmäßig den Geruch der leicht parfümierten Creme annahm. Er sah sich gründlichst vor, dass nichts auf seine Augenbrauen tropfte.

Aus dem langen Schlitz der glänzenden, quaderförmigen Metallbox zog Takeo ein Kosmetiktuch. Die Haare lösten sich beim Ziehen ganz leicht von der Haut. Die Tücher waren zum Glück reißfest und blieben nicht in Fetzen auf der Haut kleben.

Noch eine Minute. Sein Kopf war ganz warm.

Er zog ein frisches Tuch aus der Box. Das erste, kräftige Ziehen ließ auf seiner Kopfhaut eine helle, kahle Stelle zurück.

10

«Schwuli.»

9

«Scheißschwuli.»

8

Ein Klicken an der Wohnungstür.

7

«Sieh dich doch an.»

6

«Mach dich auf was gefasst.»

5

Schweres Schlucken, Händezittern, Zehen,
die sich in die kalten Badezimmerfliesen krallten.

4

«Los jetzt ...»

3

«Takeo?»

2

Augen zu.

1

Kopf unter den Wasserhahn. Geräusche,
die sich nach Haarewaschen anhörten.

0

«Ich nehme ein Bad, Mama, ich hab mich übergeben.»

ZÜNDUNG

Die Klinke der Badezimmertür senkte sich.
Beide holten tief Luft – er hatte noch nie abgeschlossen.

Er fröstelte, während sie draußen mit den Einkaufstüten stand, die voll gepackt mit allen guten Sachen waren, die es im Supermarkt zu kaufen gibt.

«Alles in Ordnung da drin?»

«Mmmh.»

«Nimm ein lauwarmes Bad, hörst du? Du hast Fieber.»

«Ist gut», sagte er mit Engelsstimme, während er die morastigen Tücher in die Toilette warf. Es hörte sich an, als wäre er beim Kacken. Seine Mutter hielt das für ein gutes Zeichen.

Scheiße, was habe ich bloß gemacht?, seufzte Takeo in sich hinein, während er sich im Spiegel betrachtete und kleine Papierfitzel abzupfte. Eins ist ganz sicher, ich sehe nicht aus wie ein Homo. Eher wie ein Rechter.

Die Hähne wurden voll aufgedreht, um Beschäftigung vorzutäuschen.

Haare wurden aus dem Abfluss genommen und weggespült. Die Enthaarung war erfolgreich verlaufen, nur an einzelnen Stellen musste rasch mit dem alten Rasierer seines Vaters nachrasiert werden. Selbst nach all der Zeit, dachte Takeo, riecht er nach ihm. Wenn er noch am Leben wäre und mich jetzt sehen würde ...

«Badezeit», sagte er tonlos zu seinem Spiegelbild. Aber es war verschwunden – er sprach mit einem dampfbeschlagenen Umriss.

Als er sich vorbeugte, um mit dem Ellbogen die Wassertemperatur zu prüfen, traten unter der weichen, festen Jungshaut die Muskeln hervor. Ein Muskelspiel wie ein kleines Feuerwerk. Nur Kopf, Knie und Schultern guckten aus dem Wasser heraus, wie abgeschnitten und ausgestellt. Das Wasser war ein bisschen zu heiß: perfekt.

Er trank das Bier aus, während seine Mutter geputztes, in Plastik eingeschweißtes Gemüse in den Kühlschrank stopfte.

Während er die Klinge fest und in perfekt geraden Linien über seine Kopfhaut zog und aufpasste, dass er sich nicht schnitt, kreisten seine Gedanken darum, dass er den Stöpsel ziehen/sich abtrocknen und die leere Tube mit der Enthaarungscreme/die Bierflasche/den Lippenstiftstummel verstecken musste. Als ihm das graue Fusselgewirr einfiel, rutschte ihm die Klinge ab. Die

Haut über seinem rechten Ohr schob sich zurück und riss sofort auf. Es brannte.

«Scheiße!», sagte er leise. «*Na super.*»

Er schrie auf, als er Seife in die Wunde rieb.

«Takeo?»

Keine Antwort. Wassergeräusche.

«Ist was?»

Sie machte sich Sorgen. Wurde energisch.

«In einer Minute bist du draußen», sagte sie und hämmerte verbissen zweimal gegen die Tür.

Kein Plitsch.

«Dreißig Sekunden.»

Kein Platsch.

«Behandle mich nicht immer wie ein Baby.»

Das Seufzen einer Mutter.

«Mama?»

«Ja.»

«Entschuldigung.»

Mehr wollte sie gar nicht hören; es ging ihm gut. Sie war eben besorgt. Aber schließlich war er fast dreizehn. Ein großer Junge. Der Mann im Haus.

Während Takeos Mutter beim Zwiebelnschneiden ausgerechnet «Plitsch platsch, ich nehme ein Bad» sang, war sie einen kurzen Moment lang glücklich. Sie schluckte ein kleines Lachen runter, das in Schluchzen umzukippen drohte. Die Schneidegeräusche waren rhythmischer als ihr Gesang, die Zwiebeln lieblicher als ihre Stimme. Die Stahlklinge traf mit einem tiefen, hohlen Geräusch auf das nasse Schneidebrett; das Messer musste geschliffen werden.

«Dein Sohn wird erwachsen», sagte sie. Sie starrte auf den hellen, glänzenden Zwiebelhaufen. «Nicht mehr lange und er muss sich rasieren.»

Takeo merkte, dass er nur dann einen Ausweg aus seiner misslichen Situation finden würde, wenn er sich das Ganze als Denksportaufgabe vorstellte.

1. Wie kriegst du den Geruch nach Bier, Talkumpuder und der gar nicht so leicht parfümierten Enthaarungscreme aus dem Bad?

Lösung: Erfinde ein Ablenkungsmanöver. Sag, der Verschluss der Talkumpuderflasche sei kaputtgegangen. Das hat den Vorteil, dass du damit erklären kannst, weshalb überall Puder klebt.

2. Wie kommst du vom Badezimmer in dein Zimmer, ohne dass dir Fragen gestellt werden? Lösung: Handtücher. Wickel dich ein wie ein Boxer vorm Kampf. Albere ein bisschen herum.

3. Das Bier/der Lippenstift/das Enthaarungsmittel. Lösung: Alles muss ersetzt werden.

4. Wie schaffst du Bierflasche/Lippenstift/Enthaarungscreme aus dem Badezimmer? Lösung: ?

Als Takeo aus der Badewanne aufstand, klebte der Schaum an ihm wie ein langer Morgenmantel. Er unterzog jeden Zentimeter seines Körpers im Badezimmerspiegel einer genauen Musterung. Unter dem Nagel des rechten Mittelfingers klebte Lippenstift. Sorgfältiges Nagelschneiden beseitigte diesen Makel. Er war zu vorsichtig, um Spuren zu hinterlassen.

Die Pinzette wurde abgewischt und zurückgelegt. Die Kerze zurück an den gewohnten Platz neben die Muschel gelegt. Der Rasierer unter heißem Wasser abgespült. Abgetrocknet. Der Körper noch mal mit Kosmetiktüchern abgewischt, falls er Lippenstiftspuren übersehen hatte. Die Spülung betätigt. Die Handtücher auf Flecken untersucht. Der Stöpsel im Waschbecken überprüft. Gut. Der Badewannenstöpsel überprüft. Nichts.

«O nein!», schrie er und musste ein Kichern unterdrücken.

«Was –»

«Der Deckel vom Talkumpuder ist abgegangen.»

«Ich mach das später sauber. Mittag ist gleich fertig.»

Die Badewanne wurde mit zu viel Vim gescheuert. Ausgespült. Dann das Ganze noch mal.

«Ich mach das später», schrie seine Mutter aus der Küche. Ach, dachte sie, er hilft seiner alten Mama. Wie süß.

Und dann stand er neben ihr, ein Handtuch um den Kopf gewickelt wie Tyson in seiner Glanzzeit, ein Handtuch über den Schultern und das dritte um die Hüften geschlungen. Er spielte Schattenboxen. Pau! Zack! Er boxte wie ein Roboter, was schwierig war, weil unter einem Arm die Bierflasche klemmte, unter dem anderen die ausgedrückte Tube und zwischen den Beinen der Lippenstift. Nur eine falsche Bewegung und ...

«Na, es scheint dir schon viel besser zu gehen», sagte sie, während er sieben geil aussehende Rabauken einen nach dem anderen k.o. schlug. Er tänzelte im Zickzack auf sein Zimmer zu, drehte sich kurz um und verbeugte sich zum Applaus. Sie klatschte in die Hände und nahm sich vor bald noch einmal Fieber zu messen – sein Gesicht war leicht gerötet.

Er machte die Tür hinter sich zu, versteckte Flasche, Tube und Lippenstift in seinem Tornister und suchte seine Baseballkappe. Hoppla, er hatte gerülpst.

«Na, der Fußboden sieht ja aus», rief sie begeistert. «Wie viel Shampoo hast du denn bloß genommen?»

Takeo riss die Tür auf wie ein Kastenteufel. «Das hab ich auch runtergeschmissen. Ich bin schrecklich, oder?»

«Wer möchte schon so einen als Sohn haben?», sagte sie, die Hände in die Hüften gestemmt und mit einem Achselzucken, das Da-kannst-du-mal-sehen-mit-was-ich-mich-so-herumplagen-muss ausdrückte.

«Millionen», sagte er und zog eine Braue bis unter den Mützenschirm hoch.

Sie hatte sich seit Ewigkeiten nicht so gut amüsiert. Auf Außenstehende mussten sie wie ein ausgelassenes Flitterwochenpaar wirken.

Dieser Sohn. Ständig fragte er: *Wieso?* Sie hoffte, dass er niemals etwas anderes als *Wieso, Mama?* fragen würde. Immer zu ihr kam, wenn er einen Rat brauchte. Aber wie alle Kinder würde er damit aufhören, wenn die Fragen unangenehm wurden oder sie keine Antworten mehr wusste.

Während Takeos Mutter Fleckensalz, Klebefilm, Sprühstärke und Cornflakes, die erst seit dieser Woche auf dem Markt waren, auspackte, entdeckte sie die Notiz, die sie auf die Rückseite eines Bons von Hara gekritzelt hatte.

«Takeo, das errätst du nie.»

«Was?», schrie Takeo zurück, während er nachsah, ob neue Schamhaare gewachsen waren.

«Du rätst nie, wen ich gestern bei Hara getroffen habe.»

«Shinohara San.»

«Ja, woher weißt du das?»

«Weil du sie da immer triffst. Was hatte sie im Korb?»

«Katzenfutter.»

«Und?»

«Ich weiß es nicht.»

«Weißt du wohl.»

«Katzenstreu und Vermicelli.»

«Super. Erzähl weiter.»

«Sie möchte dich zeichnen. Ein Porträt.»

«Echt?», rief Takeo, der wieder den Kopf samt Baseballkappe durch die Tür steckte. «Hoffentlich nicht heute.»

«Sie hat Samstagabend vorgeschlagen.»

«Ich glaub, das geht.»

Takeo war von den Shinoharas schwer beeindruckt. Sie waren so kultiviert. Und unternahmen ganz viel. Er hatte schon oft gedacht, dass Shinohara San eine tolle Mutter abgeben würde.

«Sag ihr, jederzeit, solange ich mich nicht splitternackt ausziehen muss.»

«Also wirklich, Takeo!»

Sie lachten beide. Er war geschockter als sie; so etwas hatte er noch nie gesagt. Seine Zimmertür knallte zu. Takeos Mutter schüttelte den Kopf. Wie oft hatte sie ihm schon gesagt, er solle nicht so mit den Türen schlagen. Und *splitternackt*, allein schon die Vorstellung.

Takeo beschloss eine Lösung zu finden, damit die Dummheiten, die er im Bad veranstaltet hatte, unbemerkt blieben. Sie würde ihn jeden Augenblick zum Essen rufen. Er setzte sich an den Schreibtisch. Sie würde ihn bestimmt auffordern zu Hause die Kappe abzusetzen. Er entschied sich es nicht zu tun.

Takeo zog zum ersten Mal seit Ende des Winters die Vorhänge zu, knipste die Schreibtischlampe an und richtete sie auf die Tür, um sie zu blenden, falls sie hereinkam. Er beschloss, wieder den armen Kranken zu spielen.

Der Schlafanzug wurde angezogen und das flaschengrüne Kapuzenshirt, das sie so gerne mochte. Er zog sich die Kapuze bis über die Augenbrauen und machte einen Knoten in das Band.

Dann verschanzte er sich hinter seinem Lexikon und nahm die vertraute Pose ein, die jeder Schüler/jede Schülerin schon mit sieben perfekt beherrscht: Er tat, als würde er lesen. Am besten, er spielte ihr vor, dass es seinem Magen wieder schlechter ging. Aber nein, dachte er. Der Lippenstift, die fehlende Tube.

«Du hast dreißig Sekunden Zeit, dir etwas einfallen zu lassen», flüsterte ihm eine doppelseitige Abbildung des Weltalls zu.

«Alles deins», flüsterte seine Mutter.

Takeo holte tief Luft, rieb sich mit dem Handrücken die Stirn und atmete unter der Bettdecke aus – nur zur Vorsicht, falls er eine Bierfahne hatte. Er schloss die Augen und im selben Moment ging die Tür auf.

«Was ist das denn?», sagte seine Mutter eher verdutzt als verärgert, während ihre Blicke zwischen Schreibtischlampe, Takeo und Vorhängen/Schreibtischlampe/Kapuzenshirt hin und her wanderten.

«Ich habe wieder Schüttelfrost», sagte Takeo.

«Meinst du, du kriegst ein paar Löffel runter?»

Hundebabyblick, ein kaum merkliches Nicken.

«Ja!», hauchte er gegen den Rücken seiner Mutter.

O nein, stöhnte Takeo innerlich, als er das Tablett sah. Es erinnerte ihn immer an seinen Vater, der darauf bis zu seinem Tod seine Mahlzeiten serviert bekommen hatte. Takeos Mutter setzte sich an den Schreibtisch. Sie wusste, dass ihr Sohn seine Lieblingssuppe lieber trinken als mit dem Löffel essen wollte.

«Mama, ich habe nachgedacht.»

«Ja?»

«Über Papa.»

«Aha?»

«Über so Sachen wie das Tablett, seinen Rasierer und die Krawatten in meinem Schrank.»

Ach, dachte sie, er hat nachgedacht. Er hatte immer schon seinen eigenen Kopf, aber plötzlich sprach er mit ihr, als wären sie beinahe ebenbürtig.

«Und seine Schuhe im Flurschrank. Seine Kleidung.»

Sie schüttelte den Kopf.

Jetzt geht das wieder los, dachte er. Wenn sie heute noch mal den Kopf schüttelt, fällt er ab.

«Ich glaube, wir sollten alles wegschmeißen.»

Takeos Offenheit war ein Schock für seine Mutter. Seine Stimme klang merkwürdig erwachsen und bestimmt.

Er schlürfte ein bisschen Suppe und schenkte ihr ein Lächeln, das «*Gut!*» ausdrückte.

«Ich möchte, dass du heute Nachmittag nach Ginza fährst und dir ein neues Kleid kaufst. Wenn du zurückkommst, wird alles weg sein.»

Eine glanzlose Träne blieb dicht über ihrem Mundwinkel hängen.

«Und wenn du wiederkommst, wartet eine Überraschung auf dich.»

Takeos Mutter atmete so tief durch die Nase ein, dass ihre Brust sich hob. Es war jetzt sechs Jahre her, aber er redete genau wie sein Vater.

«Keine Widerrede, fahr einfach!», sagte er, aber seine Stimme klang nicht schneidend und aggressiv, sondern sanft und wohlwollend.

«Du bist ein Geschenk Gottes», sagte sie, «und jetzt iss auf.»

«Neues Kleid?»

«Neues Kleid!», willigte sie ein. Und lachte leise. Wie hatte der Tag sich doch gewendet.

O Scheiße, dachte Takeo, wenn sie nach Ginza fährt, wird sie bestimmt den alten Lippenstift benutzen.

«Neues Kleid, neuer Lippenstift, alles neu. Abgemacht?»

«Was, auch noch einen neuen Lippenstift?»

Er trank noch ein bisschen Suppe.

«Der alte rote steht dir nicht. Der ist zu altmodisch. Kauf dir einen schönen pinkfarbenen – was Fröhliches. Das macht dich viel jünger.»

Takeos Mutter lachte, überrascht, dass ihr Sohn sich über Lippenstifte unterhielt. Aber Takeo kannte ohnehin jedes Kleidungsstück in ihrem Schrank, die Kleider, die Schals, den Schmuck aus

Sonderangeboten. Bei besonderen Anlässen fragte sie ihn um Rat, so als wäre er ihr jugendlicher Liebhaber, ihr geheimer Gigolo. Wenn jemand zu ihr gesagt hätte, ihr Sohn verfüge ganz offensichtlich über ein gewisses Gespür in diesen Dingen, hätte Takeos Mutter entrüstet die Hände in die Hüften gestemmt, die Augen verdreht und gesagt: «Seien Sie nicht albern, er ist doch noch ein Kind.»

«Und damit du ihn auf keinen Fall weiter benutzen kannst», sagte er, während er das Tablett neben sich stellte und – auf wundersame Weise genesen – aus dem Bett sprang, «werde ich ...» Er sauste kichernd davon, schlitterte über den Küchenboden und zog den abgenutzten Stummel aus der Tasche. «... ihn wegschmeißen!», schrie er.

«Gib ihn her, du Ungeheuer», kreischte seine Mutter vom Schreibtischstuhl aus.

«Komm her und sieh's dir an.»

Takeos Mutter stand in der Tür zum Zimmer ihres Sohnes und verschränkte resigniert die Arme vor der Brust. Durch einen winzigen Spalt im Küchenfenster sah sie den rennwagenroten Christian-Dior-Lippenstift, der in der rechten Hand ihres zwölf-/fast dreizehnjährigen Sohns steckte.

«O nein», ächzte sie, als er mit dem Lippenstift herausfordernd gegen die Scheibe klopfte. «Takeo, das ist Christian Dior!»

«Ach wirklich?», lachte er.

Er zog mit den Fingern die Kappe ab und malte blitzschnell ein auf dem Kopf stehendes Strichmännchen an die Scheibe.

«Dior San, Dior San, nicht springen!», kicherte er.

«Ahh!», schrien beide, als der Lippenstift im hohen Bogen aus dem Fenster flog.

Damit, dachte Takeo, bleiben nur noch die Bierflasche und die *leicht parfümierte* Enthaarungscreme.

#6A

Als das Shooting beendet war, rief Liam in der Agentur an, um sich zu erkundigen, ob weitere Go-See-Termine oder Castings anstanden. Im Hintergrund war Jeff zu hören, der für ... für irgendwen seine J-E-F-F-Nummer abzog.

Kubo teilte Liam mit, dass er drei Vorbesprechungen, drei Bookings und um fünf eine *Audition* hätte. Wegen des Shootings hatte Liam drei Go-See-Termine verpasst, aber Yada hatte seine Mappe abgegeben.

«Geh nach Hause und leg dich ein bisschen aufs Ohr», hatte Golding ihm geraten, nachdem Yada ihn durchgestellt hatte, «wie es aussieht, wirst du viel zu tun haben. Deine Setcard ist gut angekommen und ... prima Arbeit übrigens. Herbie Yamaguchi hat angerufen und meint, du seiest wirklich gut gewesen. Er wird seine Beziehungen spielen lassen, damit du einen Kalenderjob kriegst. Du kannst doch Billard spielen, oder?»

Die Tür ging zu und die Klimaanlage sprang an. Liam legte sein Schicksal in die Hände des Taxifahrers. Er war völlig orientierungslos und der Fahrer, der in den Rückspiegel sah, wusste das.

Liam fuhr mit der Hand über die frisch gereinigten weißen Polyesterbezüge. Sie waren maßgefertigt, in geduldiger Handarbeit mit Rüschen versehen worden und passten zu den adretten Spitzenvorhängen am Rückfenster.

Der Fahrer war alt. Der Ausweis zeigte einen Mann mit pockennarbigem Gesicht und buschigem Schnurrbart – ein scharfer Kontrast zu dem langen, ausrasierten Nacken, den Liam direkt vor der Nase hatte. Der Fahrer drehte am Radio, bis er einen englischsprachigen Sender fand. Eine nette Geste. Es war klar, dass er bei der schlechten Empfangsqualität kein einziges Wort verstehen würde. Trotzdem, dachte Liam, nette Geste.

Als es nur noch ein paar Blocks bis zu seinem neuen Zuhause waren, erblickte Liam einen Mountainbiker in einer glänzenden, schwarzen, hautengen Radlerhose, der vor einer roten Ampel wartete. Als das Taxi auf gleicher Höhe war, schaltete die Ampel auf Grün. Das gleichmäßige, sich stetig wiederholende Spiel seiner Muskeln ähnelte einem Daumenkino vom Anfang des zwanzigsten Jahrhunderts. Die Schultern waren hochgezogen bis zu den Ohren. Der Oberkörper war reglos und starr – der einzige feste Bestandteil einer Skulptur, die nur aus fließenden Bewegungen bestand. Die Füße vollführten dicht über dem Boden kreisförmige Tretbewegungen, die sich bis zu den Waden, den Knien und den langen Schenkeln fortsetzten. Der Hintern hob sich leicht vom Sattel. Er war nur spärlich bekleidet, fast nackt. Ein glänzender Bürstenhaarschnitt. Als sich plötzlich das Licht in der schwarzen Scheibe brach, wurde der Radfahrer zu einem Schatten, der sich, während er davonraste, so scharf und klar abzeichnete wie ein Scherenschnitt.

Liam sah zu, wie der Radfahrer flink wie Wasser durch das dichte Netz der Autos glitt. Die Anmut, mit der er sich in wahnwitzigem Tempo durch den Verkehr schlängelte, zeugte von Übung und Wagemut.

Achtzehn Jahre, vielleicht neunzehn. Schwer zu sagen. Der Junge auf dem Rad gab Liam ein Gefühl von Unzulänglichkeit und ihm wurde bewusst, dass er langsam alt wurde. Früher war er selbst ein schöner Junge gewesen und hatte sich genauso angezogen.

Wenn Liam etwas aus London vermisste, dann sein Fahrrad. Aber das war auch alles. Manchmal genügte schon die kleinste Begebenheit, um einen Stimmungswechsel bei ihm auszulösen. Sein Kinn sank nach unten.

Während er das Taxi bezahlte, hoffte er, dass Jeff nicht zu Hause sein würde. Er wollte sich French Toast machen und fernsehen.

Im Glas des großen Spiegels mit dem (wirklich sehr scheußlichen) Goldrahmen sah Liam sich an.

«Ich fühle mich beschissen», sagte er sehr langsam – und dachte: Und sieh mich an, sehe ich nicht auch total beschissen aus?

Der Portier war nirgends zu entdecken; heute wurde er nicht von zwei Augen begrüßt, die vom grauen Star trübe und verschwommen waren.

Gerade als die glänzenden Edelstahltüren des Fahrstuhls sich geschlossen hatten, rannte ein Schüler vorbei, der heute nicht in der Schule war und – seinem Tempo nach zu urteilen – zum Joggen wollte.

Als Liam vor #6A stand, holte er tief Luft und steckte den dünnen Stahlschlüssel ins Schloss. Er hörte im Badezimmer Wasser laufen und machte sich auf ein *Hi* gefasst. Jeff war weggegangen ohne den Warmwasserhahn am Waschbecken zuzudrehen.

«Hi», krächzte Liam seinem beschlagenen Spiegelbild entgegen. «Du bist Liam, stimmt's? Ich bin Jeff. J-E-F-F.»

Er lehnte im Türrahmen und hatte das Gefühl, Jeff schon ein paar Jahre zu lange zu kennen. «Blöder Wichser», murmelte er.

«Blöder W-I-C-H-S-E-R.»

Liam war zu sehr daran gewöhnt, allein zu leben.

«Und, wo bist du her?», fragte er den verschwommenen Umriss, während er mit einem Auge die gesprungenen Badezimmerkacheln musterte.

«Ich? Ich bin aus einem miesen Kaff namens Racine. In Wisconsin. Zwischen Chicago und Milwaukee. Aber verrat's bitte keinem.»

Liam malte ein Smiley mit umgekehrtem Lächeln in den Spiegel, ging in die Küche und stellte den Wasserkocher an. Während das (exakt für einen Becher abgemessene) Wasser aufkochte, zog er sich seinen alten Schlafanzug an, obwohl es erst früher Nachmittag war. Er wollte es bequem haben.

Im Fensterwinkel hing ein neues Spinnennetz. Liam ließ es unberührt und fragte sich, ob die Frau, die jeden zweiten Tag kam und (ein bisschen) sauber machte, die Spinne irgendwann im Verlauf ihrer Putztätigkeit vorübergehend obdachlos machen würde.

Als ihm der Duft des Ahornsirups, den er über den French Toast gegossen hatte, in die Nase stieg, merkte Liam, dass er sich in Tokio mehr zu Hause fühlte als in London. Es war ganz anders hier als in der Goswell Road. Keine Besoffenen aus dem Shakespeare's Head, die auf die Treppe pissten. Keine Getränkedosen, mit denen auf dem Bürgersteig Fußball gespielt wurde. Gut, die Wohnung befand sich ungefähr in derselben Höhe und auch hier drangen Blaulicht und Verkehrsgeräusche zu ihm herauf. Aber es gab keine ratternden roten Busse, von denen immer gleich drei am Stück kamen. Und auch keine ratternden schwarzen Taxis, deren Fahrer vor der grünen Ampel die Geschwindigkeit drosselten, weil sie eine Warteminute herausschinden wollten, in der das Taxameter weiterlief.

Das Fenster in Jeffs Zimmer stand sperrangelweit offen. Die Wände waren mit Fotos von über zweihundert Models gepflastert. Liam trat ein. In den zwei Stunden mit Julie B hatte er so einiges über J-E-F-F erfahren. Nach allem, was man so hörte, hatte er die letzten fünf Monate in London verbracht. Bis auf ein paar redaktionelle Arbeiten für *Attitude* und *New Woman* sowie ein Werbeplakat für C&A war nicht viel gelaufen. Keine Kataloge. Keine Schauen. Keine großen Werbekampagnen. Keine Fernsehspots. Er hatte ausgiebig über London und die dortige Golding-Agentur hergezogen, die von den Eltern des Dragkings geleitet wurde. Komischerweise kein Wort darüber, wo er gewohnt und was für Freunde er gehabt hatte. Verdächtig.

Für einen, der nicht gerade gut im Geschäft war, hatte er vor seiner Landung in Narita reichlich eingekauft. Alle seine Sachen waren neu. Es sah so aus, als hätte sein letzter Tag in London nur aus Shoppenshoppenshoppen bestanden. Als hätte er seine alte Haut abgestreift und sich viele, viele neue zugelegt.

Seine Haare waren frisch geschnitten und hatten dezente Strähnchen. Eine kostspielige Last-Minute-Körperpflege. Die Solariumsbräune verblasste schon wieder, was von Vorteil war. Seine Hände waren manikürt, die Füße pedikürt. Jede Pore seines Gesichts erzählte von dampfenden Tüchern, ausgedrückten Mitessern und gezupften Härchen. So manches geplatzte Äderchen war weggespritzt worden.

Der Kleiderschrank war voll: drei karierte Jacketts (Hugo Boss), ein Regenmantel (Miyake), diverse Anzüge (Paul Smith/Hackett/Versace), Schuhe (Churches und Westwood). Vereinzelte Farbtupfer sorgten zwischen lauter Schwarz für Abwechslung.

Liam schloss die Augen und strich Bügel für Bügel über die verschiedenen Kleidungsstücke. Er fühlte Leinen, Samt, schwere Baumwolle, reine Schurwolle und Kaschmir. Von edel-konservativ bis hin zu schrillen Viskose- und Jeansklamotten von Gaultier war alles dabei. Lauter verschiedene Stoffe, lauter verschiedene Kragenformen und Schnitte. Da, noch mehr Samt. Das sattlila Jackett. Liams Daumen versank darin.

Es hatte den Anschein, als wäre Jeff in den letzten Stunden in London (mit wartendem Taxi) von Geschäft zu Geschäft gefahren und hätte mit einer – aber nicht seiner – Platinkarte von American Express eingekauft. Zielsichere Käufe aus einem Rachegefühl heraus oder aus purer infantiler Gier. Oder beidem.

Das Leder roch, die Toilettenartikel stanken. Alles war so protzig neureich. Liam war aufgefallen, dass J-E-F-F unter seiner neuen Haut ängstlich wirkte. Machten sich da möglicherweise die Schuldgefühle eines (vom Glauben abgefallenen) Katholiken bemerkbar?

Obwohl Jeff anfangs den Meister Propper gespielt hatte, war er nicht einmal vierundzwanzig Stunden nach seiner Ankunft in Tokio mit Loretta und Sam durch die Clubs gezogen. Er hatte es sich zur Gewohnheit gemacht, von seinen Terminen direkt zu irgendeinem Laden hinter Roppongi Crossing zu gehen (geradeaus, scharf nach links und hinein in einen gläsernen Außenfahrstuhl), wo er sich am Gratisbüfett schadlos hielt und Gin-Fizz wie Evian in sich reinschüttete.

Als Liam sich auf Jeffs ungemachtes Bett legte, nahm er den Geruch des Neuankömmlings wahr. Hinter dem künstlichen Duft von Rasierwasser, Gel und Feuchtigkeitscreme roch er Jeffs träumenden Körper.

«Armer Kerl», flüsterte Liam langsam und ganz, ganz leise.

Neben dem Bett stand ein Foto, das Jeff als Kind vor einer hellen, sonnenbeschienenen Mauer zeigte. Die Mauer hätte überall auf der Welt stehen können, aber selbst für jemanden, der noch nie in Wisconsin gewesen war, hing eindeutig etwas von Racine daran.

Es gibt Gerüche, die sich jahrelang halten. Ein Stück mit Zimtöl getränktes Leder, ein mit Moschus eingeriebener Schrank, eine Zedernholzkommode. Anders als eine Blume, deren Duft innerhalb weniger Stunden verfliegt, verströmte das Foto den Geruch einer staatlichen Einrichtung – eines Waisenhauses vielleicht –, der tief in das Papier eingedrungen war. Bleichmittel, nasses Bettzeug, Feuchtigkeit.

Liam fuhr sich mit der Hand über den Schädel und dachte an die Zeit zurück, als er selbst noch ein Junge gewesen war. Ein Junge mit vielen, vielen Träumen, der auf vielen, vielen Gebieten Erfolg haben wollte. Einen Augenblick lang fühlte er sich sehr allein, aber er empfand keine Trauer dabei.

Er ging in sein Zimmer zurück und stellte sich vor den Kleiderschrank. Er zog erst die Schlafanzugjacke und dann die Hose aus und begutachtete seinen Körper. Wie immer war er tief enttäuscht. Zu schwach entwickelt hier, zu ausladend da.

Er atmete ein und jede seiner Rippen trat einzeln hervor. Ein, aus. Heben, senken. Der Spiegel war schmutzig und Reste von Posterstrips klebten daran. Und Tesafilm.

So viele Träume, so viel Erfolg.

Ruhig und flüssig zeigte Liam dem Spiegel in wunderschöner Zeitlupe eine Dehnübung. Nur die Kakteen vor dem Fenster sahen, wie sein Körper elegant die Luft durchschnitt. Eine Dehnübung – eine einfache Dehnübung. Er hatte sie seit seiner Kindheit zigtausendmal ausgeführt und dabei oft Radio 1, 3 und 4 – aber nie Radio 2 – gehört.

Der Spiegel brachte ihm die Übung wieder neu ins Bewusstsein.

Liam strich sich über die millimetergenau geschnittenen Haare und dachte verwundert an die Sachen, die er in den Müllcontainern gefunden hatte. Unter dem Bücherstapel zog er die breite Auswahl an Wichsmagazinen und Schnappschüssen hervor. Er beschloss die Fotos zu behalten. Die Magazine würde er wegschmeißen. *Suck, Hard, Fresh Men. Honcho, Drummer, Steam.* Männer mit großen Schwänzen taten unanständige Sachen mit anderen Männern mit großen Schwänzen. Liam überraschte es nicht, dass viele Seiten fettige Fingerabdrücke hatten oder aneinander klebten.

Das Centrefold von *Steam* zeigte einen Jungen, der allein in einem Schaumbad saß. Nur Kopf, Knie und Schultern guckten aus dem Wasser heraus. Offenbar hatte der heiße Wasserdampf die Linse beschlagen. Oder war es ein Filter? Das Model, das wahrscheinlich auf Anweisung einer langweiligen Tunte, die sich Artdirector schimpfte, den Kopf zurücklegte, wirkte zwischen den tätowierten Muskelbergen auf den anderen Seiten deplatziert. Einfacher, schlichter. Ganz der nette Junge von nebenan. Liam nahm ihn als Menschen wahr, nicht als Wichsvorlage. Er betrachtete eingehend den Blick, der in den Augen des Jungen lag, und fragte sich, woher er kam und was er für eine Geschichte hatte.

Viel geiler als die Pin-up-Boys waren die Fotos von ... von Unbekannt. Zwischen den Bildern von Schülermannschaften, Urlaubsschnappschüssen und einigen Polaroids, die hinten im Bus aufgenommen worden waren, lagen ein paar andere, die einen Jungen an seinem Schreibtisch zeigten. Dieselben Kakteen vor dem Fenster, dieselben Bücher im Regal, derselbe Blick auf das Hochhaus gegenüber, nur aus einem anderen Winkel. Höher. Vielleicht zwei oder drei Stockwerke, schätzte Liam. Das hieß entweder #8A oder #9A.

Genau wie das Pin-up vom Centrefold nahm Liam den Jungen als Menschen wahr. Er betrachtete eingehend den Blick, der in den Augen des Jungen lag. Dann legte er die Fotos in Form eines großen Fragezeichens auf dem Boden aus.

«Pianistenhände», flüsterte er. «Die Brustwarzen eine Mischung aus Rostrot und Braun.» Er hätte gern gewusst, wer das Foto aufgenommen hatte.

Liam blätterte in den Büchern und den Katalogen des Edo-Tokio-Museums, des Nezu-Museums und der Hatakeyama-Sammlung. Museen und Kunstgalerien in Hülle und Fülle. Viele Seiten waren markiert, nicht mit Kaffeeflecken oder zerquetschten Ameisen, sondern Busfahrscheinen, Zugfahrkarten und Postkarten. Liams Blick wanderte über die kahlen Wände, die mit einem offenbar gut abwaschbaren Material tapeziert waren, das aussah wie eine Mischung aus Tapete und Bonbonpapier.

Neben all den Dingen, die für eine Reise zur anderen Seite des Planeten Erde unerlässlich sind, hatte Liam eine Papierschere und einen Prittstift eingepackt. Voller Freude riss er einzelne Seiten aus dem Führer des Japanischen Schwertmuseums, dem Katalog des Idemitsu-Museums und – mit einem Achselzucken – das Centrefold aus dem *Steam* heraus. Paläste, Parks und Gärten. Fossilien, Ozeane und Sonnensysteme. Mama und Papa (?) auf den gewaltigen Wurzeln einer Kiefer. Er wollte die Bilder zu einer Tapete zusammenkleben. Aber zunächst musste er eine Auswahl treffen.

Eine Stunde später hatte Liam ein Päckchen geschnürt, das in den Müll wandern sollte.

\- 6 -

Im Fahrstuhl war es kühl.

Liam betrachtete sich im Spiegel und wünschte sich, er hätte ein T-Shirt oder wenigstens ein Unterhemd übergezogen. Er kam sich plötzlich nackt vor in der alten Levi's und den ausgetretenen Nikes.

Als die glänzenden Edelstahltüren sich schlossen, hörte Liam das Telefon. Er drückte «Auf» und der Fahrstuhl öffnete sich.

Es war Kubo, die Sam hinterhertelefonierte, der nirgends zu finden war; sie hatte aus Versehen die falsche Nummer gewählt. Während sie sich entschuldigte, atmete Liam im Stillen erleichtert auf. Als er wieder beim Fahrstuhl war, fuhr das locker geschnürte Päckchen, das vor nicht einmal einer Minute zu seinen Füßen gelegen hatte, vom dritten über den zweiten in den ersten Stock.

Jemand hatte Brot gebacken; im Flur roch es nach Hefe.

#7B

Takeo war außer Atem.

Eine halbe Stunde nachdem seine Mutter aus dem Haus gegangen war, hatte er alles, was an seinen Vater erinnerte, zusammen mit der leeren Bierflasche und der ausgedrückten Tube in den Müll geworfen.

Anschließend war er wie ein geölter Blitz zu Hara, der Drogerie gegenüber, gesaust, wo er eine neue Tube übel riechende Enthaarungscreme sowie drei billige Lippenstifte kaufte, die im Angebot waren. Um jeglichem Misstrauen aus dem Weg zu gehen, kaufte er noch eine Mangoseife, (rein spaßeshalber) eine potthässliche

Duschhaube und – in der Süßwarenecke – eine Schachtel mit ihren Lieblingspfefferminzbonbons.

Als er zu Hause war, sprang er ins Bett, zog die Knie unters Kinn und keuchte. Plötzlich fiel ihm ein, dass er das Bier vergessen hatte.

Er rannte wieder nach unten, wich den Blicken des Portiers aus und lief zum Getränkeautomaten zwei Straßen weiter. Das Taschengeld von drei Wochen – futsch.

Sein Herz schlug so laut und heftig – bumm-bummbummbumm bumm-bummbummbumm –, dass es in seinen Ohren pochte, und er beschloss, dieses eine Mal den Fahrstuhl zu nehmen.

Takeo nahm die Baseballkappe ab und betrachtete sich im Spiegel. Überall glänzte Schweiß. Er sah aus wie eine Sacha-Puppe.

«2-3-4 ...», zählte der Junge mit, während er zusah, wie eine Zahl nach der nächsten gelb aufleuchtete.

Als die 5 aufleuchtete, erspähte Takeo ein Bündel mit alten Büchern und Zeitschriften. Er blätterte wahllos darin herum und stieß auf Abbildungen von Holzschnitzereien aus Imami, Kupferware aus Takaoka und Stars des No-Theaters. Ganz oben lag das wunderbar komponierte Porträt eines freundlich wirkenden, muskulösen Jungen, der am Rand einer Klippe stand und bis auf ein langes, nasses weißes T-Shirt nackt war. Die grünen Bäume und das grüne Gras wurden offenbar von der ersten Morgensonne angestrahlt.

Takeo kam sich vor, als wäre er im falschen Film; er war nicht mehr er selbst.

Das Papier war weich und glänzte. Wie Seide. Er fuhr mit den Fingern über den fett gedruckten Titel: *Fresh Men*. Als er das Bild lange genug in sich aufgesogen hatte – der Drang zum Hingucken hatte tatsächlich etwas von Durst –, blätterte Takeo weiter.

\- 6 -

«Na los», sagte Takeo, «worauf wartest du noch, Mann?»

Takeo sammelte den Stapel auf, als handelte es sich um eine zeitgestoppte Übung in Handa Sans Zirkeltraining. Magazine, die er höchstens aus kurzen Einblendungen im Nachtprogramm des Fernsehens kannte, wurden fest an die Brust gepresst.

«Jetzt mach schon.»

Der Fahrstuhl kam zitternd zum Halten.

-7-

Das Klicken der Tür. Ein Knall. Das Klicken eines Schlosses.

Takeo schloss ungläubig die Augen, aber seine Netzhaut hatte jeden Titel in sich aufgesogen wie Löschpapier. Ausgebreitet auf seinem Bett lagen unzensierte ausländische Magazine, in denen große Männer unanständige Dinge mit anderen großen Männern taten.

Suck und *Hard,* Worte, die er aus dem Englischen kannte. *Fresh Men, Honcho, Drummer, Steam.* Nur die Worte *Fresh* und *Men* wurden registriert.

Der Junge näherte sein Gesicht den Gesichtern voller Geilheit. Und Gier. Die Seiten waren arg zerfleddert und wunderbar widerlich. Und diese riesigen Schwänze erst.

Irgendwo in Herznähe machte sich ein rhythmisches Pochen bemerkbar – ein Zucken, als wollte sich etwas aus ihm befreien. Er verspürte ein Kratzen im Hals. Sein Magen knurrte.

Die Bilder erschreckten den Jungen und fesselten ihn zugleich. Es waren gewaltige, provozierende Bilder, die spöttisch dazu aufforderten, sie zu lecken. Manche Seiten klebten zusammen, ein oder zwei waren herausgerissen.

Für Takeo gab es in diesem Moment nichts Wichtigeres auf der Welt als diesen Papierstapel, den ein Streichholz im Nu zu Asche hätte verwandeln können. Die panische Angst, schwul zu sein, trat für eine Weile in den Hintergrund.

Immer wieder sah er sich nach beiden Seiten um und horchte auf den Fahrstuhl/das Klicken der Tür, während er sich hinunterbeugte, um die perfekte Papierhaut der Pornostars in *Suck* zu küssen. Er tat alles, was er auf den Bildern sah und mit sich allein tun konnte. Er knetete seine Brustwarzen, bog seinen Schwanz durch, drückte ihn und zog an seinen größer werdenden Jungseiern.

«So sieht also Sahne aus», sagte er, während er sich das herausspritzende Ejakulat ansah, das Kodak und Fuji mit einer Belichtungszeit von wenigen Hundertstelsekunden festgehalten hatten. Die zugezogenen Vorhänge und die vom Schreibtisch weggerichtete Lampe gaben dem Zimmer des Jungen eine noch nie da gewesene heimliche Atmosphäre.

Diese Ware war ihm zu heiß, entschied Takeo. Es wäre vernünftiger, die Sachen wieder in den Fahrstuhl zu legen. Oder runter zum Müll zu bringen. Oder – er musste lachen – sie durch den Briefschlitz von #10B zu stecken. Oder #9A. Wem könnte er sie schicken? Plötzlich kam ihm eine garstige kleine Idee – Handa San. Aber nein, das ging nicht. Was würde er dafür benötigen? Braunes Packpapier, Tesafilm. Und ein Gang zur Post. Nein, ausgeschlossen. Er hatte kein Geld. Und wozu das Ganze überhaupt? Er hielt es für das Beste, sie zu verstecken. Nur wo? Nicht in der Wohnung. Aber wo dann?

Takeo angelte sich eine 0101-Plastiktüte aus der Küchenschublade. Er machte sich über den Stapel Magazine her wie über ein toll verpacktes Weihnachtsgeschenk und riss die Hefte viel schneller auseinander, als es gedauert hatte, sie zusammenzubinden. Er wollte aus jedem Heft ein Bild haben. Mehr nicht. Dafür würde er ein Versteck finden.

Das Überangebot an Fotos stellte ein Problem dar. Schließlich erhielten nur solche Blätter den Vorzug, die auf beiden Seiten geil waren. Seite 86/87 seines Lexikons musste als neue Heimat von Fotografien herhalten, die kein Bildredakteur genehmigt hätte.

Takeo ging langsam die Treppe runter. Er kam sich vor wie ein Einbrecher, der sich durch die Hintertür schleicht. Überall dort, wo Licht durch die altersschwache Lüftungsanlage drang, hinter deren ölverschmierten, (dick) mit Staub bedeckten Gittern die Ventilatoren stillstanden, schienen sich summende Fliegen in allen Größen zum Quatschen verabredet zu haben.

Seine Schritte hallten durch das Treppenhaus, aber Takeo verspürte nicht die geringste Angst. Er wusste, dass ihn dort unten nur mit Warnhinweisen und Totenköpfen versehene Eisentüren und die bis zum Rand gefüllten, undichten Müllcontainer erwarteten.

Takeo, der sein Glück über das unerwartete Geschenk noch kaum fassen konnte, versteckte die Magazine unter Büchsen/Flaschen/Spraydosen, die alles enthielten, was man zum gründlichen

Putzen und zur allgemeinen Instandhaltung des Hauses benötigte. Dann rannte er, immer zwei Stufen auf einmal, wieder nach oben.

Alles richtig zu machen hieß die Verpackung im Klo runterzuspülen, ein bisschen Creme herauszudrücken und alles so zu hinterlassen, wie er es vorgefunden hatte. Die Sachen anzufassen, um ihnen den Glanz des Neuen zu nehmen. Alles richtig zu machen hieß auch, den gesamten Inhalt des Badezimmerschranks in einen Karton zu packen und den Schrank ganz vorsichtig von der Wand abzunehmen.

Er schüttelte den Kopf, so wie seine Mutter es immer tat, aber es war kein freudiges Kopfschütteln. Er war wütend auf sich selbst. Er hoffte, erwachsen werden bedeutete nicht, dass man Blödsinn verzapfte, den man anschließend vertuschen musste, damit niemand es merkte. Der ganze Ärger, dachte er, war nur die Folge eines einzigen spontanen Einfalls. Das war ... er suchte nach dem richtigen Wort ... *iNFANTiL*.

Takeo saß auf seinem Bett – und dem Lexikon, das unter der Matratze steckte – und verkleinerte Land für Land seine Briefmarkensammlung. Die Briefmarken wurden mit einem Klecks Klebstoff an Innentür/Rückwand/Seiten des Badezimmerschranks geheftet.

Das Gleiche hatte er schon mal mit einem alten Erste-Hilfe-Kasten gemacht, den er im Müll gefunden und innen mit den Obstetiketten verschönert hatte, die er zwei Jahre lang gesammelt hatte. Ein Geburtstagsgeschenk für seine Mutter, in das er kleine Gläser mit getrockneten Kräutern gestellt hatte.

Sie war hin und weg gewesen, auch wenn es ihr lieber gewesen wäre, wenn er den Kasten vorher desinfiziert hätte.

#6A

Jeff war für morgen früh um sechs gebucht.

Er wusste, dass er eigentlich brav ins Bett gehen und seinen Schönheitsschlaf nehmen sollte, aber er stand im Dunkeln am

Fenster. Er war innerlich aufgewühlt. Er wollte raus. Er hatte Lust auf ein Bier.

Liam saß im Bett und schrieb einen Luftpostbrief an eine Mutter, die von ihren Enkeln auf Trab gehalten wurde. Er hörte, wie Jeff Pläne schmiedete.

Schließlich knipste Jeff das Licht an. Er musste sich MOTIVIEREN.

Er riss den Kleiderschrank auf, um die Maße eines Dutzends männlicher Models zu studieren.

«Glaubst du, Sam ist irgendwie zurückgeblieben?», fragte er durch die Wand hindurch. «Ich meine, ein bisschen hirntot? Kein Mongo, aber nahe dran?»

«Kein Kommentar», antwortete Liam.

«Hey», rief Jeff, der plötzlich eine Idee hatte.

«Mmh?»

«Wenn wir die Wohnung richtig hübsch cremefarben oder apricot streichen, glaubst du, Pigwoman würde uns dann einen neuen Teppich spendieren?»

«In naturweiß vielleicht», sagte Liam, während er energisch einen Punkt setzte, «oder elfenbeinfarben?»

«Was Helles wäre *schon* schön.»

«Ich glaube, wir müssen *preiswert* denken, wenn wir die Wohnung verschönern wollen», erwiderte Liam und warf einen Blick auf seine Collage.

Jeff schnaubte verächtlich und schluckte seine Vitamine. Dann applizierte er ein Produkt aus dem Hause Clinique. Wenn er jetzt plötzlich ein Karposi-Sarkom bekäme, wäre alles, was er in Hautpflege investiert hatte, für den Arsch gewesen.

Zehn Minuten später hörte Liam, wie Jeff eine tiefer gehende Beziehung mit seiner linken Hand einging. Es begann mit verdächtiger Stille, bis das Bettzeug zu rascheln anfing. Ein leises, rhythmisches Geräusch. Während er an seinem beschnittenen Schwanz spielte, kam sein Ellbogen wiederholt mit dem Laken in Berührung. Der Rhythmus wurde schneller. Dann folgte wiederholt ein Geräusch, das wie ein feuchtes Schmatzen klang. Sein Atem ging heftiger und er legte sich anders hin. Spucke. Reibung. Mehr

Spucke, mehr Reibung. Ein gewaltiges Rascheln. Beine, die sich anspannten und das Laken wegtraten. Liam stellte sich vor, wie Jeff sich das Hirn aus dem Schädel wichste, sich dabei vielleicht einen Finger in den Arsch schob und wahrscheinlich an ... sich selbst dachte. An die liebsten Tearsheets aus seinem *Book* (das möglicherweise aufgeschlagen neben ihm lag), seine Bräune, seine Schwester, seinen Schwanz, das neue Ralph-Lauren-Mädchen (das so knabenhaft wirkte), Obsession, an irgendeinen Italiener aus dem Fitnessstudio in New York (unter der Dusche – Anabolikatitten/Knackarsch), die Postkarten, die er Menschen schicken wollte, die er nicht leiden konnte, die Jobs, die er in Aussicht hatte, an Madonna, o ja Madonna oder (um ehrlich zu sein) Madonnas Tänzer, den Italiener – besonders an seinen Schwanz –, und an die Zeit, als er zwölf-/fast dreizehn gewesen war ... dieses eine Mal nach dem Schwimmverein ... nein, dachte Liam, womöglich überschätzte er J-E-F-Fs Fantasie und sein Erinnerungsvermögen. Es konnte nur eine Fantasie zurzeit sein: Calvin Klein, der Jeff half eine Calvin-Klein-Jeans anzuziehen. Bruce Weber, der die Hand am Auslöser hatte.

KELLER

Der kleine Mann war angezogen, als wollte er auf dem Drivingrange eine Stunde lang Übungsbälle ins Nichts dreschen. Eine Stunde in einer wabenähnlichen Zelle, gegenüber die Netzwand und vor sich eine Unmenge von Bällen, die auf ein kräftiges Ausholen des Schlägers warteten.

«Rate mal, wie viel ich wiege.»

Es entstand eine Pause, während Akio so tat, als würde er nachdenken; er wusste, dass der Mann weiter banales Zeug plappern würde. Er war heute nicht besonders gut aufgelegt: Seine Zungenspitze war wund von den stoppeligen Adamsäpfeln, über die sie geglitten war, und vom Nikotin, das er von Zähnen geleckt hatte.

«Ich wiege achtunddreißigeinhalb Kilo. In den letzten zwei Monaten habe ich acht Pfund abgenommen. Ganz passabel, findest du nicht? Ich mache keine Diät, weißt du, auch wenn ich nichts dagegen hätte. Ich habe sehr viel Stress. Ich *leide* unter sehr viel Stress. Ich bin Einzelhändler und die Geschäfte laufen schlecht.» (Schweigen. Heftige Atemgeräusche.) «Ich gehe davon aus, man hat dir gesagt, was ich brauche.»

(Ein kurzes Lecken der Lippen.)

«Kein Problem», sagte Akio, als stünde er im Begriff, sich ein defektes Elektrogerät anzusehen.

In der Zeit, die ein fünfjähriges Kind braucht, um bis zwanzig zu zählen, waren beide nackt bis auf das Unterzeug.

Er stand in seinem alten, zerschlissenen Fundoshi da, als würde er Akio einen Gefallen erweisen. Der Körper des alten Blödmanns war über und über mit langweiligen Tätowierungen von verschlungenen Drachen und Schlangen bedeckt.

«Zieh das aus und leg dich auf den Tisch», schnauzte Akio. Er war neugierig, welche Position der Mann einnehmen würde.

Für einen über Siebzigjährigen war er überraschend gelenkig; er schwang im Nu die Beine über den Kopf und drückte die Füße an die Ohren.

Akio zeigte dem Mann, was er zu bieten hatte, und der Alte rief: «Alle Achtung.»

«Nicht so», sagte Akio mit leichtem Knurren, «ich will dein Gesicht nicht sehen. Geh in Hundestellung.»

Gesagt, getan.

Beider Puls beschleunigte sich, als Akio ein Kondom über seinen stattlichen Penis rollte, dessen Wurzel der Freier mit Daumen und Zeigefinger nicht umschließen konnte.

Der runzlige, angespannte Anus des Manns ähnelte einem Knopf, der darauf wartete, gedrückt zu werden. Bitte klingeln und auf Einlass warten.

Der runzlige Eingang weitete sich wie eine Pupille, während die Haut sich leicht zurückzog, als würde sie einer Injektionsspritze nachgeben. Ein schwarzes Loch klaffte auf.

Akio überwand vorsichtig den Schließmuskel und der Schwanz des Manns machte einen Ruck. Als Akio bis zum rasierten Anschlag drin war und im Rektum des alten Arschlochs bohrte, merkte er, dass er ihm wehtun wollte. Und das tat er.

Der Mann spürte ein furchtbares Brennen im Darm, gab aber trotz der Schmerzen keinen Mucks von sich. Er hatte das Gefühl, etwas für sein Geld zu bekommen.

Die Mischung aus artistischer Raffinesse und angestauter Wut, mit der Akio ihn fickte, hatte ihren eigenen Rhythmus. Kein einfaches Rein/Raus. Nein, er drang in ihn ein, stieß nach, zog ihn ein bisschen raus, stieß so heftig zu, wie es ging, zog ihn wieder ein bisschen raus und rammte ihn dann bis zum Anschlag rein. Dann ging das Ganze von vorn los.

«Ja, fick mich», sagte der Mann, «mach mit mir, was du willst.»

Akio überlegte, ob es den Mann glücklich machen würde, gefesselt, mit Drogen voll gepumpt und am ganzen Körper mit einem rostigen Bügel zerkratzt zu werden. Anschließend könnte er ihn aus Schabernack mit einem Tomatensaftklistier voll spritzen und dazu «Aids! Aids! Aids!» skandieren.

Akio kramte eine neue Technik aus seinem Repertoire und fickte drauflos wie ein Bulle. Lang anhaltende Stöße, kreisende Beckenbewegungen beim Rausziehen.

Er senkte den Blick und sah, wie die Arschfotze sich bei jedem Stoß und jeder Seitwärtsbewegung kräuselte und wieder glättete.

Akio ging alles durch, was er aus den Videos kannte. Nach einer Weile merkte er, wie der Schließmuskel sich mehrmals zuckend zusammenzog. Er schloss daraus, dass der Mann (aus Yonezawa) gekommen war.

Als Akio das Kondom abzog, war es nicht nur gerissen, sondern auch ekelhaft rosa.

Als aufmerksamer Sexdienstleister drehte Akio dem Mann schnell den Rücken zu und hantierte mit einer Hand voll Taschentücher, damit der eher häufig als gelegentlich vorkommende Betriebsunfall nicht bemerkt wurde.

Der Mann zog sich schneller an als die Feuerwehr und verließ ohne sich richtig zu verabschieden das Zimmer, so als würde er in einer Stunde zurückkommen, um die gereinigten Kleidungsstücke abzuholen.

Er war gegangen, aber nicht im eigentlichen Sinne fort. Er hatte etwas zurückgelassen, ein Gefühl. Ein fades Gefühl von zu Asche verbrannter Hoffnung, gegen das kein Raumspray ankam. Das Gefühl verweilte wie das Summen einer Fliege, die längst auf und davon ist.

#7B

Takeo lag in die Steppdecke gewickelt im Bett und hatte sich das Kissen über den Kopf gelegt, auf dem noch immer die Baseballkappe saß. Er konnte nicht einschlafen, vor lauter Sorge, was später aus ihm werden würde.

Der Schüler mit der ungewöhnlichen Begeisterung für Anatomien blätterte vorbei an Ritterschlachten, Folterszenen, Köpfungen und Heiligenbildern, bis er zu den versteckten Papierschönheiten kam. Er konnte diese Bilder unmöglich länger in der Wohnung aufbewahren. Sie mussten weg.

Kurz vor drei legte Takeo sich lang vor den geteilten Schrankspiegel. Seine Fußsohlen drückten sich gegen das Glas, die Schreibtischlampe schien auf vier seiner Lieblingsseiten, die er aus den Magazinen rausgerissen und – nur vorübergehend – unter das Foto von Handa San gehängt hatte.

Zwei weitere Seiten lagen neben ihm auf dem Boden. Er sah sich die Bilder wahllos an, während er so heftig an seinen Eiern ruckelte, dass sie vor seinen Augen verschwammen. Seine Bauchmuskeln waren bis zum Zerreißen gespannt, damit er einen besseren Blick auf die Schwimmer, den Bauernburschen und den US-Marine hatte.

Auf keinen Fall würde er Wäscheklammern aus der Küche holen und sich an die Brustwarzen hängen wie auf dem Foto im *Drummer*. Das würde wehtun. Er zog nur ein bisschen daran und zwirbelte sie ganz leicht mit den Fingernägeln. Genauso wenig würde er heißes Wachs auf seine Eier tropfen. Aber das brachte ihn auf einen Gedanken.

Takeo stellte sich vor, er wäre einer der Männer aus den Magazinen, die nackt, überbelichtet und eingeölt unter der Dusche, in Scheunen, Umkleideräumen und auf Zahnarztstühlen saßen. Takeo, nackt für die Kamera(s). Takeo, eine sechsseitige Fotostrecke zum Anhimmeln und Begehren. Takeo mit gespreizten Beinen – das Gesicht in einem Kissen vergraben – als knackiges Centrefold. Takeo, der Coverboy, der vollkommene, aufblasbare Loverboy. *Takeo Magazine*.

Während der Junge mit seinem Schwanz spielte und überlegte, ob er sich einen Finger in den Arsch stecken sollte, fiel sein Blick auf ein massenreproduziertes Bild, das eine fettig glänzende Faust zeigte, die in einen fettig glänzenden Hintern eindrang. War es diesen Typen nicht peinlich gewesen, sich nackt fotografieren zu lassen, fragte er sich. Und führte das da nicht zu Verletzungen?

Takeo steckte sich den Finger, steckte sich den Finger nicht in den Arsch. Vielleicht ist Scheiße drin, dachte er. Er würde es vielleicht probieren, wenn er einen ganzen Tag lang nichts gegessen hatte, irgendwann mal.

Ein paar Mal glaubte er, dass er gleich anfangen würde zu bluten/sich voll zu pinkeln, ein schmerzhaftes Gefühl, das sich vom Hals bis hinab in die Schenkel ausdehnte. Aber es passierte nichts.

Kurz vor vier nahm Takeo eine Schere und schnitt ordentlich sechs Fotos aus.

Er zog die Vorhänge zurück, machte das Fenster auf, richtete die Schreibtischlampe auf die Fensterscheibe und knüllte die übergebliebenen Schnipsel zu einem lockeren Schneeball zusammen. Er warf ihn im hohen Bogen einer unbestimmten Person zu, die im Hochhaus gegenüber wohnte.

FREITAG

金

#6A

Jeff hatte gut geschlafen und sah blendend aus, als er Liam um halb sechs eine Tasse Tee ans Bett brachte.

Er wollte Komplimente für sein Aussehen einheimsen und die beigen Klamotten – ein Vorbote des Herbstes – waren in der Tat hübsch anzusehen. Außerdem wollte er für seinen Job beneidet werden. Irgendein Werbeshooting, hatte er ganz nebenbei fallen lassen.

Liam war völlig baff, wie man der fadenscheinigen Welt des Glamours so verfallen konnte.

Jeff war schon seit einer Stunde auf den Beinen und hatte unter der Dusche «Born In The USA» auf Spanisch gesungen. Dann hatte er sich klitschiges Rührei gemacht und es zusammen mit zwei dünnen, verbrannten Scheiben des einzigen vernünftigen Vollkornbrots gegessen, das es in Tokio gab und das sein Mitbewohner glücklicherweise am Tag zuvor aufgetrieben hatte.

Jeff hatte keine Ahnung, dass Liam Kubo beim Ausfüllen des Auftragsblatts beobachtet hatte und deshalb wusste, dass er nicht auf dem Sprung zu einem Werbeshooting, sondern einem redaktionellen Job für *Popeye* war. Ein längerer Beitrag über Handschuhe.

«Gehst du heute Abend ins Bios?», erkundigte sich Liam.

«Ich denke, ich werde mal reinschauen.»

«Wer weiß, vielleicht treffen wir uns dort. Julie B hat mir quasi keine andere Wahl gelassen.»

«Na, du hast aber ein Glück, meine Liebe!»

STUDIO EBIS

Jeff saß wartend vor einem großen Schminkspiegel und knipste die Lämpchen im Rahmen an und aus. An, aus. Die Garderobe war leer bis auf eine Reihe mit Hockern. An. Er war der Erste. Aus. Vierzig Minuten zu früh. An. Ein weißer Raum. Aus. Es war kühl hier drin. An.

Er kam sich ungeheuer blöd vor.

Das unbehagliche Gefühl, das ihn quälte, war unbestimmt, aber immer da. Hinter der Gesichtshaut verbargen sich ein schmerzender Kopf und ein hysterisches Schluchzen, das niemals an die Oberfläche kam. Hinter den großen dunkelbraunen Augen, in die schon alle möglichen Leute geblickt hatten, die seinen Körper mal eine Stunde hier, mal eine Stunde dort mieteten, lauerte die nüchterne Ahnung, dass er implodieren könnte, sowie der Hairstylist ihn anfasste oder die Kamera zu knipsen anfing. Vielleicht würde sogar Blut aus ihm rausspritzen.

Unten auf der Straße eilten Menschen an grauen Gebäuden vorbei. Andere setzten sich ruckartig in Bewegung, als die Fußgängerampel grün wurde. Sie alle waren weit, weit weg, jeder unterwegs zu einem anderen Ziel.

Ich falle, dachte Jeff. Ich falle und keiner ist da, der mich auffängt.

Er schloss die Augen und sah seine Schwester, die auf dem winzigen, quadratischen Spielplatz stand und verzückt zu ihrem Drachen hinaufsah. Ein riesiger Vogel aus glitzerndem, goldenem Plastik, der in den wolkenlosen blauen Himmel aufstieg. Ein Frühlingsmorgen. Seine Mutter saß auf der Bank. Sie war ganz in

Grau gekleidet und rührte sich nicht vom Fleck. Ihr monatlicher Besuch.

Kurz vor acht schlich ein lustloser Hairstylist in die Garderobe. Er hätte viel lieber die Sano-Schau gemacht, war aber nicht ausgesucht worden.

Jeffs Vervollkommnung begann mit einer Kopfmassage, die ein Mann vornahm, der sich nicht mit Namen vorstellte, weil er genau wusste, dass die Models sich einen Dreck dafür interessierten. Nach dem Schminken sollte er reichlich Haargel bekommen.

Eine winzige junge Frau, die von Kopf bis Fuß in tiefstem Schokoladenbraun gekleidet war, verbeugte sich und sagte: «Mitsi.»

«Schwarz, zwei Stück Zucker», antwortete Jeff und strich sich mit dem Mittelfinger über die Stirn. In seinen Ohren klang es, als würde jemand über trockenes Schmirgelpapier schaben.

Sie zuckte mit den Achseln und fing an ihre Pinsel auszulegen. Mehrere Emailleböden, die aus einem vier Jahre alten, zerbeulten Aluminiumschminkkoffer genommen wurden, klappten auf und brachten drei Paletten mit runden, beschrifteten Farben zum Vorschein, die sich wölbten wie Seiden- oder Satinkissen. Die hübschen Farbklackse – unter anderem Lila, Karmesinrot, Ocker, Chromgelb, Chromgrün, Kobaltblau, Indigo, Blattgrün und Weiß lagen in klinisch weißen Näpfchen und gingen teilweise zur Neige. Dann holte sie dem Model den Kaffee, nach dem es verlangt hatte.

«Mmm», machte Jeff. «Der Kaffee schmeckt scheiße. Danke.»

Selberscheißeduschwanzlutschendeswichserarschloch, dachte sie.

«Mitsi», sagte sie und tippte sich mit dem Zeigefinger auf die Nasenspitze, «ist mein Name.»

«Äh, ach ja. Hi, Midzi.»

Mitsi San nahm ihre schlechteste Feuchtigkeitscreme und wünschte sich ein Werkzeug, mit dem man schneiden, zustoßen, anzünden oder totschlagen konnte. Einen verrosteten Schraubenzieher, ein Brecheisen, eine Säge, einen Hammer, einen fünfundzwanzig Zentimeter langen Universalschraubenschlüssel oder einen Holzklotz. Eine Lötlampe, dachte sie, würde sich auf seiner Stirn besonders hübsch machen.

«Solarium», flüsterte sie Jeff zu, «no goodu.»

Acht Uhr, dachte Jeff ohne auf die Bemerkung der Frau einzugehen, Liam und Loretta und Julie B und Gott weiß wer sind jetzt schon da und verdienen viel mehr als zwanzigtausend Yen.

Die billige Feuchtigkeitscreme wurde mit energisch kreisenden Bewegungen tief in die Haut einmassiert. Um die Augen herum hätte sie sanfter vorgehen können. Kreisen, kreisen. Nicht gerade das, was man hauchzarte Berührungen nennt. Ihre Finger, die nicht vorgewärmt waren, bearbeiteten die Muskeln bei den gezupften Augenbrauen. Bewegten sich hoch zur Kopfhaut. (Hatte sie ihn etwa gekratzt?) Ein leichtes Klopfen, obwohl sie ihn lieber geschlagen hätte. Klopfen, klopfen. Sie tat, als würde sie Hauttalg wegdrücken, und hoffte, er würde auf das Zeug in der Tube, auf der BESONDERS MILD stand, allergisch reagieren. Hoffentlich würde er abends Pickel, Ausschlag und blutunterlaufene Augen haben. Klopfen, klopfen, klopfen. Sie sorgte dafür, dass er sich richtig blöd dabei vorkam.

«Gut so?», fragte sie gleichgültig.

Jeff quiekte.

Der Fotograf, die Visagistin und der Moderedakteur tuschelten miteinander. Jeff sollte eine Foundation bekommen. Seine Haut war zu (künstlich) gebräunt. Ein leichtes Puder? Ja, damit er nicht glänzte. Ein bisschen was für die Augenbrauen vielleicht, zum Verwischen, damit nicht auffiel, dass sie gezupft waren. Sie waren zu fein, zu perfekt. Unnatürlich.

«Die Lippen nicht», sagte der Fotograf.

Mit jedem Strich des fast vollständig gereinigten Mascarapinsels wurden die Augenbrauen länger und dicker. Jede Bewegung wurde ohne Zögern leicht, selbstbewusst und zielsicher ausgeführt – wie verlangt wurde leicht übertrieben. Sie wollte ihre Arbeit so schnell wie möglich hinter sich bringen.

Nachdem seine Haare mit Gel zu einer Punkfrisur aufgetürmt und dann auf sadistische Weise zurückgekämmt worden waren, saß Jeff fertig in der Garderobe. Fertig mit dem Modeln. Licht aus.

Jeff stand in seinen Straßenkleidern an der Feuertreppe. Alles drehte sich um die Handschuhe. Sie wollten nur Teile seines Gesichts haben. Oder eine einzelne Haarsträhne.

«Vielleicht wird's ein Titelfoto», sagte der Fotograf, um Jeff aufzuheitern.

«Ame», sagte Mitsi und zeigte auf den Himmel.

«Na super», murmelte Jeff.

Ein Scheinwerfer nach dem anderen ging an.

Jeff zog sich ziemlich verunsichert ins Halbdunkel zurück, das den mit Wolframlicht beleuchteten Bereich umgab. Dann waren die anderen so weit.

Als er die Wärme der grellen Scheinwerfer spürte, geriet er plötzlich in Hochstimmung. Es war toll, wie seine Haut in Glanz erstrahlte, während sich der Rest des Studios in ein schwarzes Meer verwandelte. Er dachte an *Vogue Hommes, GQ* und das alte Ganzkörperfoto hinten im *HX*.

Das erste Handschuhpaar war von Pashu. Die Assistentin zupfte an ihm herum und machte wegen allem einen Heidenaufstand. Alles musste korrekt sitzen. Am linken Zeigefinger hing ein loser Faden, der abgeschnitten wurde. Dann musste ein Fleck am Daumen weggedreht werden. Sonst war alles perfekt.

Blitz.

Mitsi und der Hairstylist saßen auf der Feuertreppe und guckten zu.

«Brust raus, Bauch rein», flüsterte sie. «Kneif deinen stinkenden Hintern zusammen und lächle.»

«Scheißmodel», stimmte der Hairstylist zu.

Modenschau

Das Bunraku *ist eine packende Kombination aus drei Elementen: dem Erzähler, der alle Rollen spricht, dem Samisen-Spieler, der die Erzählung musikalisch begleitet, und den Puppen, die kostbare Kostüme tragen und die Geschichten darstellen. Diese einzigartige Kunstform übt einen Zauber aus, der im abendländischen Drama seinesgleichen sucht.*

«Bunraku», sagte Liam. «Bunraku.» Er konnte sich nicht konzentrieren, obwohl er sich in die hinterste Ecke verdrückt hatte.

Es roch säuerlich nach Kaffee- und Zigarettenausdünstungen. Und nach Plastik. Alle hätten pünktlich um acht Uhr da sein sollen. Nicht alle waren es.

Um sich bei Laune zu halten, guckten die schönen Menschen in der behelfsmäßigen Garderobe in den Spiegel und zogen Schmollmünder. Sie meditierten, lasen, hörten über Kopfhörer Musik und rauchten, regten sich über dies oder jenes auf, telefonierten mit ihren Handys oder quatschten über Drogen, essbare Unterwäsche, Tearsheets und chinesische Astrologie.

Bedeutend weniger schöne Menschen banden eilig Krawatten auf die korrekte Länge, setzten Hüte keck auf Köpfe und vergewisserten sich, dass Kragen stilgerecht über/unter den Revers saßen. Aber damit war die Arbeit nicht getan. Jeder Fussel, jede Knitterfalte, jeder lose Faden musste beseitigt werden.

Ein Filmteam zeichnete mit zwei Kameras stimmungsvolle Momente auf, die in einer Woche niemanden mehr interessieren würden.

Liam war fest entschlossen weder zu sprechen noch zuzuhören. Er wollte nicht dazugehören.

Das Bunraku *ist eine packende Kombination aus drei Elementen: dem Erzähler, der alle Rollen spricht, dem Samisen-Spieler, der die Erzählung musikalisch begleitet, und den Puppen, die kostbare Kostüme tragen und die Geschichten darstellen. Diese einzigartige Kunstform übt einen Zauber aus, der im abendländischen Drama seinesgleichen sucht.*

«Bunraku», sagte Liam. «Bunraku.» Er konnte sich nicht erinnern, ob er diesen Abschnitt schon gelesen hatte. Alle paar Sekunden ging es «Schätzchen!». Küsschen, Küsschen!

Gegen halb neun tauchte Loretta an der Seite von Kubo auf, die alles andere als glücklich wirkte.

Die liebliche, reine Julie B, Covergirl der *An-An* von vergangener Woche – es war Freitag –, las einen weiteren Brief vom One Tree Hill, der Verzweiflung über das Wetter in Neuseeland und Besorgnis über die Ernährung einer einzigen Enkelin zum Ausdruck brachte.

Das Mädchen mit dem hübschen Porzellangesicht und dem zu liebevoll geschnittenen Pagenkopf im Siebziger-Jahre-Stil sah Liam mit hochgezogener Augenbraue an, während die Lachsalven von Minute zu Minute lauter wurden. Ihre Einschätzung? «Der viele Kaffee macht sie kirre.»

Liam sah sich um und begriff, dass er zwischen den Musterkindern der Tokioter Modelszene saß. Sie tranken Spa, aßen Obst und machten Alexander-Technik, während sich die Gratisclubgänger Chips mampfend beim Eingang versammelt hatten und penetrant versuchten den Designer anzukumpeln, damit er ihnen sagte, wann es endlich Alk geben würde. Sie wollten Bier, kaltes Bier. In Strömen.

«Komisch», sagte das Covergirl der *An-An* (blasse, englische Schönheit mit zahlreichen Sommersprossen und Bauchnabelpiercing) zu dem Model auf dem Seibu-Plakat, das überall in der Stadt zu sehen war. «Morgens versteht keine Sau Englisch, aber wenn der Job fast erledigt ist und du schön artig warst, erzählen alle von Ausflügen nach Broadstairs, Reisen an die Gold Coast und wie sehr sie auf Blur abfahren. Ist dir das auch schon aufgefallen?» Zigaretten wurden geraucht, Mappen durchgeblättert. «Mmh, ja», kam die Antwort.

Sie warteten. Unterhielten sich darüber, wo sie ihre Visa erneuern lassen würden. Hongkong oder Thailand? Was sie alles einkaufen wollten und welche Designerklamotten sie sich nachschneidern lassen würden.

Zigaretten wurden geraucht, Mappen durchgeblättert. Ein Grabenkrieg wäre angenehmer gewesen.

Das Bunraku *ist eine packende Kombination aus drei Elementen: dem Erzähler, der alle Rollen spricht, dem Samisen-Spieler, der die Erzählung musikalisch begleitet, und den Puppen, die kostbare Kostüme tragen und die Geschichten darstellen. Diese einzigartige Kunstform übt einen Zauber aus, der im abendländischen Drama seinesgleichen sucht.*

Bunraku, dachte Liam und runzelte in Gedanken die Stirn. Bunraku. Er merkte, dass seine Konzentrationsfähigkeit am Nullpunkt angelangt war. Seine Augen überflogen die Worte, aber es blieb nichts hängen.

Irgendjemand schrie, dass am Hintereingang The Prodigy vorfahren würden, und das Filmteam und die Paparazzi stürmten im

Pulk nach draußen. Irgendjemand lachte. Ein alter Trick – funktioniert immer.

Ein Mann mit Klemmbrett bat um Ruhe. Alle plapperten einfach weiter. Der Mann drehte ein Megafon auf und es gab ein schrilles Pfeifen. Alle verstummten.

«Wenn euer Name aufgerufen wird, sagt ihr Hai!»

«Meint er Hai oder Hi?», fragte Julie B ihre Haarspitzen, die auf Spliss untersucht wurden.

«Okay, wir fangen mit der Golding Agentur an ...»

Ein lautes Muhen sorgte für Aufsehen.

«... Loretta.»

«Hi, ihr!», kreischte sie mit Kleinmädchenstimme und winkte gelangweilt. Ein Lachen ging durch die fröhliche, eingeschworene Runde; die wenigen, die genervt aufstöhnten, wurden ruck, zuck ausfindig gemacht.

«Julie B.» Sofort wurde wieder geplappert. «Hai!», sagte sie, aber ihr dünnes Stimmchen ging im Gepolter, das Lorettas selbstgefälliger Auftritt verursacht hatte, unter. (Kubo schüttelte den Kopf: Lorettas Vertrag würde auf keinen Fall verlängert werden.) «Julie B?»

Ms B hob die perfekt geformte rechte Hand und winkte. Errötend.

Hinter der erhobenen Hand saß Kubo, die, wie Liam auffiel, die Szene so aufmerksam beobachtete, als wäre sie Zeugin eines historischen Ereignisses. Sie beobachtete, wie Loretta Julie B einen Blick zuwarf. Einen Blick, der Bände sprach. Einen Blick, der den Koordinator der Schau veranlasste dem Chefdesigner einen Blick zuzuwerfen. Einen langen, suchenden Blick, der schließlich auf Kubo landete, die ihrerseits einen strengen, fassungslosen Blick auf Loretta warf, die nicht merkte, dass man sie ansah, weil sie nicht hinsah, sondern mit gesenktem Kopf in sich hineinkicherte wie eine ungezogene Göre bei der morgendlichen Schulversammlung. Ein leises Kichern, aber so ausdauernd, dass dem Luder die Rippen wehtaten. Sie zog eine Show ab und ließ ihren Gefühlen freien Lauf. Das Ganze wirkte hinterhältig/aufsässig/triumphierend. Mit anderen Worten: ABSTOSSEND.

Der Chefdesigner, der Kubos deprimierten Blick bemerkte, sandte dem Koordinator einen finsteren Blick zu, damit er ... «Sieh dir das an!» Loretta bemerkte die Blicke, die sich auf sie richteten, und sah weg. Was wollen die bloß von mir, dachte sie, mein Blut oder was?

Bei so vielen Blicken auf die Blicke anderer fiel der Blick auch auf Liam. Er war sich nicht bewusst, dass er beobachtet wurde und einen nachdenklichen, vielleicht sogar verlorenen Eindruck machte. Julie B fand, er sah klasse aus.

Um zehn waren alle auf dem Laufsteg. Man erklärte ihnen, dass es eine tolle Schau werden würde und Spontaneität alles sei. Natürliche Spontaneität. Natürlich, dachte Liam. Er ahnte, dass die Schau genauso spontan ablaufen würde wie eine Hochzeit im Königshaus. Oder eine Beerdigung.

Eine Minderjährige, die sich DJ Record Player nannte, war aus Berlin eingeflogen worden und hatte Techno-White-Labels und jede Menge Marc-Bolan-Scratchings im Gepäck. Sie kreischte, was das Zeug hielt, und war waaahnsinnig gut drauf!

Loretta wurde aufgefordert den Dreitagebart in ihrer Bikinizone zu entfernen. Sie weigerte sich mit dem umwerfenden Charme eines Halloweenkürbisses.

Sie hatte die Nase voll von Tokio. Bald war Weihnachten und sie hatte genug verdient und keine Lust, ihren Vertrag zu erfüllen, und wenn sie es schaffte, bis Dezember in London zu sein, wäre es mit ein bisschen Glück immer noch rechtzeitig für die Katalog-Castings, und außerdem hatte sie gehört, dass Grattan für den neuen Katalog nach Teneriffa gehen würde, und sie brauchte dringend etwas Sonne und ... ach, scheiß drauf. Sie nahm einen kräftigen Schluck aus der Bierflasche und goss den Rest hinter dem Rücken des Dressers, aber vor den Augen der Visagistin in die Slipper eines Franzosen, was während des zweiten Probelaufs so lange für Heiterkeit sorgte, bis die Visagistin ihrem Vorgesetzten davon erzählte, der es dem Koordinator der Schau erzählte, der mit seinem Handy Golding höchstpersönlich informierte.

«Du hättest ihr Gesicht sehen sollen», sagte Julie B, die nur in Höschen und BH neben Loretta gestanden hatte, als man ihr das

Handy reichte. «Sie sah echt glücklich aus, als Pigwoman sie fragte, ob sie lieber morgen früh oder erst am Sonntag nach São Paulo zurückfliegen will.»

In London ist es ... drei Uhr morgens, dachte Liam. Freitagmorgen drei Uhr. Schon Freitag. Montag, Dienstag, Mittwoch, Donnerstag, Freitag. Die erste Schau ist um zwei. Die zweite um vier, die letzte um sechs.

Liam nahm wieder den Reiseführer zur Hand. Morgen, dachte er, fahre ich ... nicht nach Asakusa Kannon oder in den Ueno-Zoo. Nicht zum Einkaufen nach Ginza oder zum Tokio Tower. Ähm ...

VERKEHRSMITTEL

ESSEN KLIMA

UNTERKUNFT

FESTIVALS

HI-TECH TOKIO

PARKS & GÄRTEN

Ja. Das ist es, dachte Liam. Vielleicht bin ich altmodisch, aber ... ich brauche frische Luft.

PARKS & GÄRTEN

Tokio ist nicht nur Häusermeer und Verkehrschaos, sondern eine Stadt mit viel Grün, schwärmte der Reiseführer.

Der Hama-Rikio-Garten *beherbergte ursprünglich eine Villa der kaiserlichen Familie. Der Garten ist berühmt für seinen Salzwasserteich. Die Brücken, die darüber führen, sind mit einem Dach aus Glyzinien überwachsen. Geöffnet von 9 bis 16.30 Uhr; montags geschlossen.*

Liam überlegte, wie es wohl wäre, einen eigenen Salzwasserteich zu besitzen. Er hatte es satt, in einer Wohnung zu leben. Egal ob in London oder Tokio. Er liebte es, wenn über ihm der Regen aufs Dach prasselte, so wie damals in 13, Madeley Road, in 11, The

Mead und in 3, Charlbury Grove, den Häusern seiner Kindheit im Londoner Stadtteil Ealing. Außerdem vermisste er einen Garten, in dem er zusehen konnte, wie die Regentropfen die Wasseroberfläche silbern sprenkelten.

Koishikawa Korakuen *wurde seit dem 17. Jahrhundert mehrmals von verschiedenen Shogunen umgestaltet. Im Garten befindet sich ein Teich mit einer halbkreisförmigen Brücke, die durch ihr Spiegelbild zu einem vollen Kreis ergänzt wird. Geöffnet von 9 bis 17 Uhr.*

Beim zweiten Probelauf wurde Liam gebeten im Zickzack zu gehen, was er so lange für eine gute Idee hielt, bis er ein paar Mal auf schmerzhafte Weise mit überkandidelten, magersüchtigen Models zusammenstieß.

Während drei Lippenpaare zu perfekten, schmutzig roten Herzmündern geschminkt wurden, pressten sich drei andere Lippenpaare auf Kosmetiktücher, um überschüssige Farbe loszuwerden. Das Höllenspektakel konnte beginnen.

«Also Leute, noch zehn Minuten.»

«Und schon zehn Minuten zu spät», maulte ein Franzose, der nur mit einem Gucci-G-String und einem Ring in jeder Brustwarze bekleidet war.

Hinter der Bühne ging es so turbulent zu wie in einer Krankenhausserie. Hairstylisten kreierten Frisuren, die ebenso ausgefallen wie scheußlich waren.

Kurz bevor im Zuschauerraum das Licht abblendete und die Musikanlage eine seltsame Stille erzeugte, die in den Ohren summte, atmete Julie B tief durch und drückte im Geiste ein Dutzend Knöpfe. Ihr Körper streckte sich – sie schien um mehrere Zentimeter zu wachsen – und ein elektrisierendes Funkeln trat in ihre Augen.

Liam bemerkte als Einziger, wie sie die Hand vor die Brust hob und sich schnell und möglichst unauffällig bekreuzigte, wobei sie natürlich sorgsam darauf Acht gab, dass das Make-up auf ihrer Stirn nicht verschmierte. Er empfand ein Gefühl, das er nicht in Worte fassen konnte. Ach, vergiss es, dachte er, während draußen die ersten Takte von Wagners Tannhäuser erklangen. Ich wüsste zu gern, wie tief dieser Glaube geht.

Julie B war keineswegs unglücklich, dass sie mit Loretta laufen musste. Sie fand, das gab ihr etwas Erhabenes.

Sie hakte die Daumen in den Taschen der engen Seidenhose ein und dann schlenderten die beiden lächelnd über den Laufsteg, als wären sie allerbeste Freundinnen.

Einen Fuß vor den anderen, sanft schwingende Hüften, acht Zählzeiten stehen, Drehung nach rechts und zurück. Synchron, perfektes Timing, ganz anders als bei den Proben. Sie erreichten gleichzeitig das Ende des Laufstegs, warteten mit geschlossenen Augen acht Zeiten ab und aalten sich im Rampenlicht wie in der Mittelmeersonne.

Über fünfzig/fast sechzig Kamerablitze trafen ihre Gesichter, aber sie starrten mit stoischer Miene auf die AUSGANG-Zeichen am anderen Ende des Raums. Kein Wimpernzucken. Absolute Coolness.

«Arschlöcher!», sagte Loretta, als sie auf halber Strecke stehen blieb, eine Drehung vollführte und dazu zwei Finger in die Höhe reckte – eine Extraeinlage, die in der Choreografie nicht vorgesehen war. Hätte Julie B die Bewegung nicht exakt kopiert, hätte die Schau mit einem peinlichen Zwischenfall begonnen. Es gab Applaus.

Im Scheinwerferlicht blitzten pomadisierte Haare und weiße Zähne auf, die für teures Geld lang anhaltende Jugend signalisierten. Die Jungs waren an der Reihe, Jungs, die sich hauptsächlich für ihre Parfüms, ihr Sternzeichen, ihre Narben und die Scotchmarke interessierten, die gerade angesagt war.

Kurz vor seinem Auftritt hatte Liam das Gefühl, als würde seine Körpertemperatur dramatisch absinken. Er zitterte vor Nervosität. Sein Dresser, ein Modedesignstudent aus Shinjuku, den die niemals verebbende Nostalgiewelle in Verzweiflung stürzte, begutachtete ihn eine volle Minute lang und entließ ihn dann mit einem «Okay» auf den Laufsteg.

Jemand sang mit David-Bowie-Stimme ein Piaf-Lied, während die kältesten, anmutigsten Schneeflocken der Welt acht Zählzeiten auf Zehenspitzen nach vorn tänzelten, acht Zählzeiten posierten – die Blitze brannten sich in ihre Netzhaut ein – und hinter die Bühne zurückkehrten, wo sie sich rasch umzogen ohne Kragen und Manschetten mit Make-up zu beschmieren.

Zwischen den Höhen und den Bässen schienen Welten zu liegen. Der Lärm war gewaltig, raumgreifend.

Die Klamotten waren scheiße.

DISCO

Es war voll. Rappelvoll. Eine tödliche Mausefalle. Drei- bis vierhundert Menschen. Zwischen superattraktiven Mädchen tanzten ein paar superattraktive Tunten, in allen Schattierungen gebräunte, grotesk aufgetakelte Fashion Victims.

Reden war bei der dröhnenden Musik vollkommen zwecklos und so stürmten sie auf die wogende Tanzfläche und vollführten zu stampfenden Rhythmen lässige Aerobicbewegungen. Alle waren gleich cool drauf. Die Tänzer sahen einander kaum an, sondern ließen die Blicke in alle Richtungen schweifen, während sie sich in dem reduzierten Stil, der gerade angesagt war und den sie sich irgendwo abgeguckt hatten, nach links und rechts drehten. Das lässige Gehabe war genauso unecht wie die Klamotten: bemalte Jeans, beschlagenes PVC, Rip-Stop-Nylon und lichtreflektierende Bänder.

Während die Füße im Gedränge auf der Stelle traten und die ruckenden, wippenden, nickenden Köpfe sich nach allen Seiten drehten (ohne dass die gelbetonierten Frisuren litten), begaben sich weit aufgerissene Augen auf die Jagd. Sehen und gesehen werden. Sie tanzten zu jedem martialischen Fascho-Beat, als besäßen sie Aktien in der Musikindustrie. Lächerliche Tiere mit eitlem Imponiergehabe, verzweifelt auf der Suche nach einem Sexualpartner. Nur wenige schienen ihren Spaß zu haben. Bei Sonnenaufgang würden die meisten trauriges Fickfleisch sein.

Die Bar aus Beton und die spartanischen, schiefergrauen Tische, die sich darumgruppierten, wurden vom Trockeneis in Nebel gehüllt. Zur Steigerung der Atmosphäre.

Laserstrahlen und Neon zauberten verschlungene Muster an die verspiegelten Wände und erhellten Gesichter, die im Unendlichen verschwanden. Noch mehr Atmosphäre.

Es wurden ungeheuer viele Nüsse verzehrt.

Die halbe Golding-Crew war da und kippte im hinteren Teil des Clubs Drinks in sich hinein. Das Brennen in ihren Augen schien eine beruhigende Wirkung auf sie auszuüben.

«Wie war's bei Pigwoman?», wollten alle wissen.

Es ist nicht einfach, gegen hundert Dezibel anzuschreien, aber allen war klar, dass Loretta sich Gehör verschaffen würde.

«Ach, ihr kommt nie drauf, was ...»

«Jetzt kommt's ....», lachte Sam.

«Tja, heute ist mein letzter Tag in Tokio ...»

«Was?», schrie Sam mit aufgerissenen Augen.

«Ich hatte heute das seltene Glück, in Tokio Hundescheiße zu finden. Ich kam gerade aus Harajuku, und als ich den Berg raufgehe, sehe ich mitten auf dem Weg 'ne fette, schimmernde, braune Wurst liegen. Eine Mutter und ihr Kind haben große Augen gemacht, als ich sie mit einer McDonalds-Serviette aufhob und in einen Burger-Karton legte. Einfach so. Tja, und nachdem Pigwoman ihre Sayonararede raustrompetet hatte, von wegen dass ich die Hälfte des Gelds trotzdem kriegen würde und der Flug gebucht wäre bla bla bla, hab ich Danke gesagt und meine Setcards, meine Tearsheets und den ganzen Kram eingesammelt, den man beim Abmarsch mitnimmt. Na, und als die blöde Muschi dann aufgestanden ist und sich zum Wichsen oder sonst was aufs Klo verzogen hat, hab ich die Wurst auf ihren Stuhl gelegt. Also, diese hinterfotzige Kuh hat's echt verdient, oder? Kubo hat getan, als würde sie nichts sehen, aber sie hat. Kubo ist in Ordnung, findet ihr nicht? Dann bin ich abgedampft.»

«Na, hoffentlich landet das Geld, das dir noch zusteht, innerhalb der nächsten sechzig Tage auf deinem Konto», sagte Sam.

Loretta zuckte leicht mit den Achseln. «Jedenfalls hab ich fünf Minuten später von einer Telefonzelle in der Agentur angerufen. Kubo war dran und hat nur mit Ja oder Nein geantwortet.»

«Und?», fragte Jeff.

«NEIN, sie hatte es nicht gesehen, JA, sie hatte sich draufgesetzt und NEIN, sie hatte nichts gemerkt, aber sich ständig über den widerlichen Gestank beschwert. Kubo sagte, ich soll später noch mal anrufen, und als ich es tat, kriegte sie vor Lachen keinen Ton raus.»

«Das nennt man wohl tief in der Scheiße sitzen!», sagte Sam. Ein Aufstöhnen.

Liam stürzte das warme, kohlensäurehaltige Getränk hinunter und war erfreut über die unerwartete Wirkung. Viel zu stark für ihn. Toll. Jeff hatte wieder mal Klamotten im Wert von tausend Pfund an und versuchte locker zu wirken. Die Kleidung, die er trug, stand ihm nie besonders; es sah immer aus, als würde sie ihn tragen. Er sah sich beim Hinsetzen übertrieben vor, dass seine Hose nicht knitterte, und wirkte nicht besonders glücklich, als ein Neuer ihm über die Musik hinweg etwas zuschrie. Es war nicht Jeffs Art, aufmerksam zuzuhören. Aber jetzt hörte er zu. Sehr aufmerksam, während ihm ein e-Moll-Akkord in die Gedärme fuhr. Er zog ein Gesicht, als hätte man ihm auf einem kleinen Tablett eine Rechnung serviert, die er eigentlich einem anderen unterschieben wollte. Sein starrer Blick richtete sich auf ... auf Sam, der auf der Tanzfläche einen Stierkampf mit Loretta aufführte, seine Gedanken schweiften ab und er driftete in die Vergangenheit oder einfach weg.

Er biss die Zähne zusammen, sog das Bier ein, das hier offenbar jeder trank, und ließ es durch die Zahnzwischenräume flutschen, wie es Schauspieler im Fernsehen tun. Der alte Trick, unsichtbarer Nachdenklichkeit sichtbar Ausdruck zu verleihen. So ähnlich wie Kaugummi kauen, nur stilvoller. Ein überdrehter, nervöser Blick trat in seine Augen, als hätte er sich mit Hustensaft berauscht/ Butan geschnüffelt. Sein Gehirn war kurz vorm Explodieren. Ein kleiner Groschen war gefallen. Hoppla – eine Krise. Jeff schaltete auf Terminator um und guckte durch den rot getönten Sucher.

ALKOHOLRAUSCH Nr. 309
PSYCHOLOGISCHES RETTUNGSPROGRAMM
AKTIVIERT.

1. SUCH DIR EINE DUNKLE ECKE
2. SUCH NACH DER LÜFTUNG
3. SUCH DEN NOTAUSGANG
4. NIMM NICHT DEN FAHRSTUHL
   SONDERN DIE TREPPE

VORSICHT

MACH, DASS DU HIER RAUSKOMMST
DU MUSST DICH GLEICH ÜBERGEBEN

KELLER

Ein Mann aus Taira, der in seinem Garten Beete mit unauffälligen Blumen gepflanzt hatte, die Bienen anzogen und einen Geruch in seinem Heim verbreiteten, der ranzigem Honig ähnelte, blickte durch den Einwegspiegel.

Die Augen hinter der kleinen, runden, von Schweiß verschmierten Brille lächelten. Nur die Augen.

In fünf Minuten würde er vor einem Körper knien, der sich für immer als Akira in sein Gedächtnis einprägen würde. Er würde die kleine runde Brille weglegen und dann ein gut sitzendes Gebiss aus dem Mund nehmen.

Er würde Akira mit ziellos an die Decke gerichtetem, aber freundlichem Blick darum bitten, die Sache bis acht Uhr hinzuziehen: die volle Stunde.

«Es ist schon wieder eine ganze Weile her», sagte der Mann leise.

«Sie sehen gut aus», log Ippei.

«Man tut, was man kann.»

«Ah, wie ich sehe, haben Sie schon den Neuen entdeckt. Akira.»

Akio hob den schönen Kopf und das schwarze Haar fiel in sein klares olivfarbenes Gesicht. Der Blick, den er durch den Spiegel sandte, signalisierte grünes Licht.

«Neu», sagte der Mann, «wie neu?»

«Er hat am Dienstag angefangen.»

Alle vierzehn Tage gönnte sich der Mann das Vergnügen, mit der Zunge Füße zu säubern. Zuerst leckte er den Spann, dann die Seiten, bis er sich schließlich schmatzend über die Sohle und – das Beste hob er sich bis zum Schluss auf – die Zehen hermachte. Hinterher war er so glücklich wie ein Hündchen, das von der Leine gelassen wird.

Während der Mann, der vom leidenschaftlichen Lecken in Schweiß gebadet war, sich weiter den köstlichen Füßen widmete, überlegte Akio, ob Fusseln an seinem Gebiss kleben würden, wenn er es wieder aus der Tasche zog. Wahrscheinlich, dachte er, hat er es geschickt in ein irisches Leinentaschentuch gewickelt. Oder in Plastik.

Kurz nachdem der kniende Mann deutlich hörbar den letzten lecker-lecker Speichel runtergeschluckt hatte, bildete das trockene Gebiss wieder den Mittelpunkt seines Lächelns. Keine Fusseln zu entdecken.

Während er sich auszog und eine kitschige Schürze umband, redete er wie ein Wasserfall und erzählte Akio alles über seinen kleinen Garten und die kürzlich vorgenommene Renovierung seines Badezimmer.

Blöde Tunte, dachte Akio und warf ihm von oben einen leicht höhnischen Blick zu, genau wie Ippei es ihm gesagt hatte. Der Mann trug die schwärzeste Perücke, die Akio je gesehen hatte, die schwärzeste Perücke, die es gab.

Wetten, dass er als Kind so lange Zutrauen zu Insekten hatte, bis er gestochen wurde, dachte Akio. Wetten, dass er seine kleinen Freunde dann heulend zertrampelt hat?

«Mit wem sprichst du, wenn du einsam bist?», fragte Akio.

Manchmal hatte er sein Mundwerk nicht im Griff und plapperte einfach drauflos. Den Freiern gefiel das, den meisten jedenfalls.

Vielleicht hätte Akio gern «mit meiner Mutter», «einem alten Schulfreund» oder «einem Nachbarn» als Antwort gehört.

Der Mann sagte: «Mit mir selbst.»

STRASSE

Das Essen, das in seinem Magen obenauf lag, schoss ihm aus dem Mund und klatschte auf den Asphalt – ein Brechanfall wie aus *Der Exorzist*.

Ein Unbekannter mit billig gefärbten blonden Strähnchen, die schon fast herausgewachsen waren, reichte ihm lachend eine halb volle Dose warmes Dr Pepper und sagte mit holländischem Akzent: «Hier, spül dir den Mund aus.»

«Danke», sagte Jeff und trank einen Schluck. Der nächste Brechanfall war bühnenreif. Es sah aus, als würde sich ein Zauberer eine schier endlose Kette bunter Tücher aus dem Mund ziehen.

Autos, Lichter, Gesichter. Melonen im Sonderangebot. Glänzende Fische in Särgen aus zerstoßenem Eis.

Atsko hatte im Gehen die Ohrclips angelegt und sich einen schmalen Seidenschal um den Hals geschlungen, von dem ihre Mutter nichts wusste. In ihrer Fantasie war sie 1,81 groß, splitternackt und blond. Dann kam der Lippenstift. Sie musste sich beeilen.

Vor dem Almond in Roppongi steckte sie ihre Zahnspange ein und wickelte – rein vorsichtshalber – ein frisches, künstlich aromatisiertes Kaugummi aus. Mango. Das Mädchen war glücklich. Bei der Uhr drängten sich wie üblich weißhäutige Menschen, die dünne schwarze Mappen in der Hand hielten. Das dreckige Pfützenwasser, das die vorbeifahrenden Autos in ihre Gesichter sprühte, glänzte auf der Haut wie Glitter.

Über die Kreuzung, geradeaus, rechts, geradeaus, scharf nach links, zwei Stufen nach unten. Da drüben, bei den Büschen, deren Blätter sich schon herbstlich verfärbten.

Sie suchte nach Spaß und sie hatte zehn Minuten Zeit, weil es sonst Fragen geben würde.

Sherry gab ein lang gezogenes Jaulen von sich. Das tat sie jedes

Mal, wenn sie ein M&M aufgefressen hatte und das nächste haben wollte. Als die Bonbons alle waren, hielt Atsko der Hündin zum Beweis die leere Tüte unter die Schnauze und knisterte.

«Alles alle.»

Der Hundekopf wackelte, senkte sich und schnüffelte auf der Suche nach einem fallen gelassenen Krümel über den Asphalt.

Die Fünfzehnjährige sah auf die Armbanduhr.

Atsko schätzte, dass er gerade aus dem Bios oder einem der Clubs kam, die am anderen Ende der Straße lagen.

Er war groß, gut angezogen und offensichtlich schwer betrunken. Genau richtig.

Der junge Mann aus Racine, Wisconsin, brauchte frische Luft. Ein bisschen Zeit zum Nachdenken. Einen kleinen Spaziergang, um wieder einen klaren Kopf zu kriegen. Und er musste dringend pissen.

Dort unten, dachte er. Der Baum. Da ist es dunkel. Ja, das wird gehen. Zwei Stufen runter, beim Gebüsch. Aber da war jemand. Ein Mädchen mit einem kleinen Hund – ein Vieh mit langen Ohren und langer Schnauze, das gehorsam neben ihr saß und hechelte. Die pummelige Figur der beiden grenzte eindeutig an Korpulenz, um nicht zu sagen Fettleibigkeit.

Sie war *absolut* nicht sein Typ.

Er überlegte, ob er dem blöden Köter einen ordentlichen Tritt versetzen sollte. Und ihr auch. Hässliche Tussi.

«Hi», sagte er.

«Nimm meine Hand und mach damit, was du willst.»

«Du bist süß», sagte er. «Kawaii.»

So ein Trottel, dachte sie, während sie den Kopf zur Seite neigte und die Hand ausstreckte. Er war genau der Richtige für ihre Zwecke. «Nimm meine Hand.»

Ihre lakritzbraun geschminkten Lippen öffneten sich und entblößten höllisch weiße Schneidezähne; ihre Zunge streckte sich aus, um den Schweiß auf seiner Oberlippe zu schmecken. Der Schweiß, sein Atem und der klare Speichel rochen und schmeckten zuerst nach – iiih – Dr. Pepper und dann nach Bier, Knoblauch, Kaugummi ...

Der stinkbesoffene Ausländer hatte keine Ahnung, dass die spitzen Schneidezähne Haut durchtrennen und sich tief in seinen Hals bohren konnten. Sie eigneten sich sogar zum Blutsaugen, was einen blauen Fleck hinterlassen würde, der sich dunkellila verfärben und schließlich über hellbraun zu hellgelb verblassen würde.

Sie machte sich durch die Hose hindurch an seinem Schwanz zu schaffen, aber es geschah nichts.

Sie fragte sich oft, wie dieses männliche Körperteil steif werden konnte, obwohl es keinen Knochen hatte. Mit Knochen würde den Impotenten das Kommen ein bisschen leichter fallen.

«Sag mal, gehst du immer so ran?», keuchte der junge Mann aus Racine.

Der Typ zog eilig seinen Reißverschluss runter. Gutes Zeichen.

«Ich muss dringend pissen», erklärte er.

Was sie tat, schien ihm zu gefallen. Jedenfalls lächelte er ein bisschen. Aber sein Ding hing schlaff herunter wie ... tja, wie ein nutzloses Kabel vielleicht?

Er spannte die Bauchmuskeln so heftig an, dass sein schwitzender Körper sich beinahe krümmte, und spürte unter leichtem Stöhnen, wie es langsam kam ...

Er stieß die Hand des Mädchens weg.

Von der Blase bis hoch zur Kehle breitete sich ...

Ein harter Strahl schoss heraus und klatschte auf die seidenglatten Beine der kleinen Schlampe. Er stöhnte erleichtert und gab wohlige Laute von sich. Sie nicht.

Jeff schüttelte mit übertriebener, aber für einen Betrunkenen normalen Gründlichkeit die letzten Tropfen ab.

«Fotze», sagte der Mann aus Racine.

Atsko hatte das Wort schon einmal gehört. Sie hatte bereits daran gedacht, ihren Vater zu bitten, er möge den Englischlehrer, bei dem er gelegentlich Einzelunterricht nahm, fragen, was es bedeutete, entschied sich aber – rein vorsichtshalber – es sein zu lassen.

«Sprichst du englisch?»

Atsko schüttelte den Kopf ohne den Blick von seinen Augen abzuwenden. Sie war leicht konsterniert: Keiner hatte bisher mit ihr gemacht, was er über ihren ganzen Körper gemacht hatte.

«Ich steh auf Jungs. Ich Schwanzlutscher. Trotzdem danke. Arigato, sayonara und ciao, Baby.»

«Bye bye», sang Atsko mit der hohen Piepsstimme einer schläfrigen, amerikanischen kleinen Schwester.

Im Film hätte es jetzt geregnet. Im Film hätte sie sich gegen die Mauer gelehnt und eine Dusche von Mutter Natur empfangen. Aber es regnete nicht. Und sie war nicht im Film. Und es wurde höchste Zeit.

«Du hättest nach seinem Knöchel schnappen sollen», beklagte sich das Mädchen jammernd bei seinem Wauwau. «Und ich hätte ihm das Knie reinrammen sollen.»

Auf dem (eiligen) Rückweg ging Atsko kurz zu Hara rein und kaufte sich einen großen Becher Haägen-Dasz Chocolate-Chip. Das Eis schmolz in ihrer warmen Hand und sie trank es wie einen Milchshake. Ihre Geschmacksknospen gerieten in Verzückung.

KELLER

Der Mann aus Ogori war bis jetzt der Unkomplizierteste. Zehn Minuten. Nichts Perverses, kein schmutziges Reden, nur einfaches Abwichsen.

Er zog den Reißverschluss seiner Nadelstreifenhose runter, lehnte sich an die Wand, verschränkte die Hände über dem Kopf und genoss mit zusammengekniffenen Augen zehn wunderbare Minuten lang Akios variantenreiche Wichstechnik. Akio musste sich nicht einmal ausziehen.

Anfangs glaubte Akio, der Mann wäre vielleicht enttäuscht, aber als die Papiertücher zum Einsatz kamen, fragte der Freier, ob er ihn in seinem Hotel besuchen wolle. Sonntag, acht Uhr. Dazu ein viel sagender Blick. Ippei brauche nichts davon zu erfahren, flüsterte der Mann aus Ogori wie ein Angler am See.

«Zimmer 539.»

«In Ordnung. Sonntag um acht.»

Akio ließ für eine Minute Heißwasser laufen und wusch sich sorgfältig die Hände. Den langen, dünnen Fingern, die – nicht zu vergessen – vier Seiten hatten, wurde besondere Aufmerksamkeit zuteil.

Das Gesicht im Badezimmerspiegel war nicht wirklich das Gesicht eines Strichers. Es war das Gesicht eines jungen Manns, der vom Schmutz fasziniert war und seine spätpubertären Rebellenfantasien auslebte.

Es war noch nicht zu spät, noch war er nicht zusammengeschlagen oder mit etwas infiziert worden, das nicht mit Hilfe eines Tropfens Dettol zu bekämpfen war. Er hatte sich freiwillig für das Leben in dieser miesen Absteige entschieden.

In dieser Woche waren ihm jeden Tag die Brustwarzen gesaugt worden, die inzwischen auf jede Berührung empfindlich reagierten. Er hatte doppelt so viel verdient wie erwartet und viele wollten, dass er sie besuchte, ohne dass Ippei davon erfuhr. Er hatte bekommen, was er gewollt hatte, bekommen, wofür er hergekommen war. Er wusste nicht genau, ob er gehen oder noch einen Tag/eine Woche/einen Monat bleiben und mit seinem Schwanz Karriere machen sollte.

Scottie klopfte zweimal an und trat ein.

«Bist du so weit?»

«Klar.»

«Wo ist es dir lieber, hier oder in der Küche?»

«Hm, egal.»

Scottie packte vorsichtig die Kamera aus.

«Ganz schön groß», sagte Akio.

«Profiteil.»

«Und es ist nur für ...»

«Fürs Kabelfernsehen, wie ich gesagt habe. Ein schwuler Kabelsender in den USA.»

«Ist gut.»

«Vertrau mir. Es ist nicht für NHK.»

«Ist gut.»

Akio atmete tief ein, hielt die Luft an und atmete wieder aus.

«Und wie gesagt, dein Gesicht wird nicht zu erkennen sein», sagte Scottie überschwänglich.

«Versprochen?»

«Ja, vertrau mir.»

«Okay. Vor dem Duschvorhang ist gut.»

Scottie machte den Eindruck, als wüsste er genau, was er tat, als er am Halsausschnitt von Akios Unterhemd ein kleines Mikrofon befestigte.

Er überprüfte den Bildausschnitt und schüttelte den Kopf.

«Nein. Ah, ich weiß. Setz dich aufs Klo.»

«Aufs Klo?»

«Ja. Super. Und denk dran, was ich vorhin gesagt habe. Antworte in ganzen Sätzen.»

«Ich glaube, das krieg ich hin.»

«Und fass dich kurz. Wegen der Untertitel, weißt du.»

Scottie bereitete die Einstellung vor. Er wollte in der Totalen anfangen und dann langsam näher kommen. Es waren die verräterischen Momente in den Augen, auf die er es abgesehen hatte.

«Erzähl mir, wie du dich an deinem ersten Tag als Masseur gefühlt hast», begann Scottie ein wenig streng.

«An meinem ersten Tag als Masseur wurde ich zu meinem Schwanz und zu meinem runden Arsch. Zu meinen Brustmuskeln, meiner Taille, meinem Gewicht, meiner Zunge.»

Akio sprach sehr langsam. Anders als bei Diana und Midori, die tuntig und frech gewesen waren, glaubte Scottie, dass er dieses Mal brauchbares Filmmaterial erhalten würde.

«Weißt du was? Ich glaube, der Platz, wo du zuerst gestanden hast, war am besten.»

Akio stellte sich wieder vors Waschbecken.

«Lass Wasser laufen und wasch dir die Hände.»

«Das andere war zu statisch, oder?»

«Genau.»

Akio atmete tief ein. Schultern zurück, Bauch rein.

«Okay, das machen wir noch mal, aber guck durch den Spiegel in die Kamera.»

«Wie ...»

«Ja, gut so. Kamera läuft», flüsterte Scottie.

Das Bild von Akio, der sich unglaublich sorgfältig die Hände einseifte, gefiel ihm. Die Aufmerksamkeit, die er jedem einzelnen seiner langen, dünnen Finger widmete, erhielt durch den Zoom etwas Übertriebenes.

«Und wie war dein erstes Mal mit einem Freier? Wie hast du dich dabei gefühlt?»

Akio sah an die Decke, als suchte er nach einer Eingebung. Dann richtete er den Blick auf seine Augen, nicht in die Kamera. Es war ein fremdartiger Moment, ein großartiger Moment, und Scottie war in Gedanken schon bei NBC, RTL und Channel 4.

«In der ersten Minute, die ich mit meinem ersten Freier zusammen war, wurde ich zu meinem Schwanz, zu meinem runden Arsch – ich war nichts als weiche Haut und eine schmale Taille.»

«Selbe Frage, andere Antwort. Und jetzt in die Kamera.»

Akio fühlte sich ein bisschen an die Improvisationsübungen der Theatergruppe erinnert, der er damals in der Schule angehört hatte.

«Wenn ich an meinen ersten Tag zurückdenke, empfinde ich eine gespenstische Fremdheit. Ich war anwesend und doch abwesend. Ich sah mir alles genau an, hörte jedes einzelne Wort und prägte mir jede Begegnung genau ein und trotzdem stand ich außen vor. Erst als ich das Geld in der Tasche hatte und mich zu Hause in die Wanne legte, wurde alles real.»

«Gut, jetzt erzähl von den Freiern. Fass dich kurz.»

«Manche riechen nach Öl, andere nach Gebirgswasser, gepökeltem Schweinefleisch oder Lagerfeuer.»

Akio drehte sich frontal zur Kamera, als wollte er sich einem Freund anvertrauen.

«Die sauberen Tunten sprühen sich so mit Givenchy, Lauren oder Dior ein, dass es in den Augen brennt.»

Er zog das Unterhemd hoch und zeigte im Profil seine Taille.

«Manche beißen.»

Es entstand eine Pause, die etwas für den Schneideraum war.

«Wie fühlst du dich, wenn du von weiß Gott wem hinter dem Einwegspiegel ausgewählt wirst?»

«Manchmal fühle ich mich wie ein Alleinunterhalter oder ein Krankenhauspatient. Wenn ich vom Jungszimmer über den Flur zu dem Mann gehe, der mich ausgewählt hat, komme ich mir vor wie ein Sträfling in Handschellen.»

Scottie wusste genau, was Akio meinte.

«Super. Versuch's noch mal. Mach es bruchstückhafter», ermutigte ihn Scottie, während er sich hinter Akio eine neue Perspektive suchte.

«Sag, wenn du so weit bist.»

«Manchmal fühle ich mich wie ein Alleinunterhalter.»

Es schien, als würde Akio ins Stammeln geraten. Vielleicht schlugen die Emotionen durch. Scottie brauchte Emotionen. Er brauchte einen Kontrast zu den Jungs aus Nichome und den fünf Minuten mit Ippei, der fast nur übers Geschäft geredet hatte.

«Manchmal fühle ich mich wie ein Krankenhauspatient, der gleich zum Röntgen oder in den Operationssaal gefahren wird.»

Akio benetzte sich das Gesicht mit Wasser und guckte durch den Spiegel in die Linse.

«Manchmal ... besonders wenn ich Hoteljobs oder Hausbesuche mache, frage ich mich, ob der Mann, der mich bestellt hat, vielleicht ein Messer hat. Ob er mich kaltmachen will.»

Er nahm ein Handtuch ohne eine schnelle Bewegung zu machen. Scottie hatte gesagt, langsam sei besser als zu schnell.

«Sag etwas, von dem du glaubst, es wird rausgeschnitten», drängte Scottie

Akio schniefte und unterdrückte ein Grinsen. Dieser Moment würde der Schere zum Opfer fallen.

«Ich habe eine Berufung. Ich bin der süße kleine Bruder des 08/15-Schwulen, der, den alle gern gehabt hätten, um ihn zu missbrauchen.»

«Nein, ich glaube, das können wir drinlassen. Sag ein paar Schimpfworte, damit sie ein Pieper drüberlegen müssen.»

«Letzte Nacht wollte so ein Scheißperverser, dass ich seinen toten Enkel spielte. Ich musste Puder und Rouge auflegen, als wär's meine Beerdigung. Der Typ zog mir einen Anzug samt Hemd und Krawatte an und nahm mich in den Arm. Nach einer Weile zog er mir den Reißverschluss runter und befummelte mich. Obwohl ich angeblich tot war, musste ich in seinem Mund kommen.»

«Das denkst du dir aus.»

Akios Lachen war bis zum Empfang zu hören.

«Ja, stimmt, aber ich mag solche Geschichten. Du nicht?»

Scottie bereute, dass er ihn unterbrochen hatte. Weshalb nicht auch das Abseitige thematisieren?

«Was ist für dich persönlich das Schockierendste an der Prostitution?»

«Schockierend an der Prostitution finde ich die vielen entblößten Seelen, nicht die Schwänze und Ärsche.»

«Super, das war gut, können wir ein bisschen über Familie reden? Was glaubst du, würde deine Familie denken, wenn sie herausfände, dass du anschaffst. Sag, wenn du so weit bist.»

Akios Gesicht wurde ernst. Scottie spürte, dass er einen empfindlichen Punkt getroffen hatte.

«Wenn meine Eltern gewusst hätten, dass bei ihrem Fick im September anno dazumal so einer wie ich rauskommen würde, hätten sie wahrscheinlich Coitus interruptus praktiziert. Oder eine Abtreibung arrangiert.»

«Weiter.»

«Für viele Leute ist es eine schockierende Vorstellung, ein ihnen nahe stehender Mensch könnte sich prostituieren. Als würdest du dem Freier dein Herz ins Loch stecken und nicht deinen Schwanz mit Gummi drüber.»

«Mach weiter und vergiss nicht, das Ganze wird total zerstückelt.»

Es klopfte an der Tür.

«Darf ich zugucken?», fragte Midori fast schüchtern.

«Klar, komm rein.»

Midori steckte sich eine Zigarette an und setzte sich auf die Toilette. Er merkte nicht, dass er mit im Bild war. Scottie empfand das als schönen Gegenpol zu Akio, der sich im Vordergrund die Hände abtrocknete.

Akio sprach spontan einen Satz aus, den er sich vorher zurechtgelegt hatte.

«Wenn du dich prostituierst, kommst du ganz schnell dahinter, wofür der menschliche Körper in Wirklichkeit geschaffen wurde.»

Midori blies drei perfekte Rauchringe in die Luft. Vielleicht wusste er, dass er im Bild war. Vielleicht wollte er dabei sein. Egal, es war gut.

Scottie ahnte, dass gleich ein echter Knaller kommen würde. Die Sony war im Begriff, einen unerwarteten, sensationellen Moment aufzuzeichnen, der den Verkauf des Films garantierte und ihm möglicherweise sogar einen Namen als Regisseur einbringen würde. Sobald dieser Moment im Kasten war, würde Scottie sich ein paar prägnante Worte für die Scheißjournalisten der schwulen Käseblätter/Zeitschriften/Hochglanzmagazine einfallen lassen.

«Ich bin nicht mehr ich selbst», begann Akio und starrte direkt in die Kamera. «Ich bin eine Hure.»

Midori stand auf und legte Akio einen Arm um die Schulter. Das war ein Wahnsinnsbild. Die qualmende Zigarette zwischen Midoris Fingern war wie geschaffen für die Kamera.

«Vielleicht musste ich erst den Wahnsinn des Lebens erkennen, um es in den Griff zu kriegen. Die Prostitution ist wie eine Therapie.»

Akios Blick war zu ernst. Eins und zwei und drei ... und er fing an zu lachen. Alles reine Verarsche.

Diese Stelle würde der Schere zum Opfer fallen.

SAMSTAG

±

#6A

Jeff hatte gerade geduscht, als er Liam und Julie B hereinschwanken hörte.

Es gehe ihr gut, versicherte Ms B Liam, der besorgt war, sie könnte aus dem Fenster stürzen.

«Ich brauche nur ein bisschen frische Luft», sagte sie. «Machst du mir den Reißverschluss auf?»

Es war schon eine ganze Weile her, dass Liam einem anderen Menschen den Reißverschluss geöffnet hatte.

Sie wollte ihn umarmen, traute sich aber nicht ihn anzufassen.

«Keine Angst, ich springe nicht – weder aus dem Fenster noch auf dich drauf.»

«Da», sagte Liam und widerstand dem Impuls, sie auf die rechte Schulter zu küssen, wie er es so oft bei seiner Mutter getan hatte, wenn die zauberhafte kleine Bitte erfüllt war.

«Wenn doch nur ...», begann Julie B.

Ihre Worte blieben im Raum stehen wie der Anfang eines albernen Gedichts, das weder Sinn, Reim noch Rhythmus enthielt, aber vor sentimentaler Trauer überfloss.

«Wenn doch nur was?», fragte Liam etwas zu schroff.

«Ach, nichts.»

Sie schwiegen. Zwischen ihnen hing der leichte Duft des Kamelienöls, mit dem sie sich vor vielen Stunden Haare und Augenbrauen benetzt hatte.

Obwohl Liam die Tür mit aller Sanftheit zuzog, federte sie ein bisschen zurück. Er spähte verstohlen durch den winzigen Spalt.

Ein Spalt gerade groß genug, um das zu sehen, was dunkelblaue Liebestöter einst vor den Blicken des Korbballlehrers verborgen hatten: Julie B nackt bis auf ein hauchdünnes, glänzendes Höschen. Viskose wahrscheinlich. Seidenglatte Viskose. Kurz darauf bekam die Welt ein gelocktes Schamdreieck zu sehen. Sie spielte mit ein paar Strähnen, die ihr ins Gesicht gefallen waren, und drehte sich mit der Unbefangenheit einer Nudistin zum Fenster.

Ihr Gesicht war eine blassrosa Scheibe, Augen und Mund dunkle Schatten.

Normalerweise wischte sie sich vor dem Zubettgehen mit Wattepads die Farben der kommenden Saison aus dem Gesicht. Unter der Haut pumpten feine rote und blaue Blutgefäße drei verschiedene Weißweinsorten durch ihren Körper.

Es war so still, dass Liam für einen Augenblick zu wissen glaubte, was es heißt, gehörlos zu sein. Er schob die Tür wieder zu. Julie B hörte ein Geräusch und ein Lächeln trat in ihre Augen. Sie wollte ihn haben und sie würde geduldig sein. Es ist nur eine Frage der Zeit, sagte sie sich.

Die Namen ihrer Lieblingscocktails schossen ihr durch den Kopf: Black Velvet, Margherita, Screwdriver, Harvey Wallbanger. Dazu hämmerte im Originaltempo ein stampfender Discorhythmus. Vor ihren Augen zogen die Magazincover vorbei, die sie mit ihrem Gesicht veredelt hatte. Aber sie sahen anders aus als sonst – auf der *Brides* stand in denselben Lettern *White Lady*, auf der *Cosmopolitan* stand *Bloody Mary* und aus *19* war ... *Piña Colada* geworden. Sie lachte. Vielleicht war es besser, ein bisschen vom Fenster zurückzutreten.

Ihre Lider juckten und brannten, aber sie wollte unbedingt den Sonnenaufgang sehen, bevor sie sich aufs Ohr legte.

Obwohl sie halb bewusstlos war, hielt Julie B ihre Zigarette elegant zwischen Zeige- und Mittelfinger und streckte sie nach jedem Zug weit von sich weg, als wollte sie sich vor dem giftigen Qualm schützen.

Der Aschenbecher quoll über. Mit Aschenbechern im Schlafzimmer war sie seit jeher penibel und so leerte sie ihn aus dem Fenster.

Ein Drink zu viel, und das angenehme Schwindelgefühl war in Abenteuerdrang und Lust am Verbotenen umgeschlagen. Als Julie B alle Phasen der Trunkenheit durchlaufen hatte und sich einer Alkoholvergiftung näherte, war Liam zu ihrer Rettung geeilt und hatte darauf bestanden, dass sie mit zu ihm kam. Trotz einer leichten Übelkeit hatte sie Appetit auf ein Lamm-Shish-Kebab, auch wenn man davon meistens Durchfall kriegte.

Die schwarze Nacht war blaugrauer Dämmerung gewichen. Die Silhouette der Stadt tauchte wie ein Scherenschnitt aus dem Dunkel auf. Der Tag begann damit, dass sich am Horizont Wolken zusammenbrauten, die sich im Schnellvorlauf zu bewegen schienen. Sie legte sich seufzend aufs Sofa, verfehlte den Aschenbecher und drückte ihre Zigarette am Saum des kurzen Fummels aus, den sie erst vorhin gekauft hatte. Sie betrachtete das Loch mit offenkundiger Gleichgültigkeit. Gedankenfetzen setzten sich zögerlich zu einer Idee zusammen: Vielleicht ... könnte man es ... zwei Zentimeter kürzen. Dann fiel sie in tiefen, betrunkenen Schlaf.

Der lange blau-weiße Kimono, den Jeff sich bei Mitsukoshi gegönnt hatte, klebte an seinem Körper fest, als er sich hinter seine Zimmertür kniete und auf Badezimmergeräusche und Deckenrascheln horchte. Als er aufstand, um sich zu vergewissern, dass die Luft rein war, wäre der Stoff, der im Schritt, über der enthaarten Brust und am Arsch spannte, fast aufgerissen.

Zeit zu gehen, wir sehen uns später.

Bei null anfangen war eine Sache, die Jeff meisterhaft beherrschte.

«Ich bin weg», sagte er wiederholt, während er seinen Kaffee trank und einen Blick auf Julie B auf dem Sofa warf.

Jeff fühlte sich schrecklich. Katerstimmung, gepackte Koffer, Angst. Wie jämmerlich seine dünne Gesichtshaut wirkte, wenn er blass war. Wie starr.

Er rekapitulierte noch einmal, was der Neue aus der Londoner Agentur ihm im Club erzählt hatte. Dinge, die ihm solche Angst eingejagt hatten, dass er sich übergeben musste.

Die alte Tunte im Londoner Büro hatte einen Riesenaufstand gemacht. Seine Shoppingsucht war aufgeflogen. Und seine Vergangenheit. Alles.

Der Fußboden geriet ins Wanken und die blitzblanken Edelstahlkellen, die an der Wand hingen, fingen bedrohlich an zu klappern.

#8B

Sunday Girl kam hinter dem Sofa hervor, um ihr Gesicht gegen das kalte Glas zu drücken. Der Morgen brach in körnigem Blau an und das wollte sie nicht verpassen.

Die beiden Frauen und das Kind, die bis eben weit weg Wäsche von der Leine genommen hatten, waren verschwunden.

Sunday Girls Nase witterte etwas, das nach krankem Tier roch. Nur schlimmer.

Der Hund von oben bellte kräftig; er hatte es auch gerochen. Im Badezimmer war der Geruch am stärksten.

Sunday Girl trabte ins Bad.

Ja, schlimmer als gestern Abend.

Als die Katze zum Fenster zurückkehrte, war der Himmel so schmutzig grau und von Abgasen verpestet wie die Straße.

Sunday Girl sagte einen wolkenverhangenen Tag voraus.

#7B

Takeos Mutter wachte auf und merkte, dass sie nicht allein war.

Matte Lichtstreifen tasteten sich durch die winzigen Spalte zweier Augen, die Schlaf vortäuschten, und trafen die Netzhaut.

Ihre Sicht war eingeschränkt. Sie spürte den Atem ihres Sohns; er atmete unendlich langsam.

«Hier ist eine Tasse Tee für dich, Mama», sagte Takeo und drückte seiner Mutter einen Kuss auf die Stirn.

«Du bist die Allerbeste.»

Er legte seine Wange an ihre, genau wie in den Soaps aus dem Nachmittagsprogramm. Der schwarze Plastikschirm seiner Baseballkappe drückte sich gegen ihren Wangenknochen.

Sie freute sich sehr über seinen plötzlichen Entwicklungsschub. Er war jetzt eher wie ein Freund. Das Kochen gestern Mittag hatte ihr richtig Spaß gemacht. Sie hatten rumgealbert und er hatte sich als Boxer verkleidet. Ihr kleiner Mann. Was machte es schon, wenn er bald nur noch Fakten, Zahlen und Mädchen im Kopf hatte, die viel hübscher waren, als sie es je gewesen war. Hauptsache, er war glücklich.

Seine Abnabelung, die ihr zu Beginn der Woche das Gefühl gegeben hatte, nicht mehr so wichtig zu sein, gab ihrem Leben neuen Auftrieb. Das Kleid, das sie auf sein Drängen hin gekauft hatte, die Lippenstifte, die er ihr mitgebracht hatte ... Ach, dachte sie, ich habe mich wirklich gehen lassen. Jetzt passt er auf mich auf.

In derselben Position, in der sie jetzt lag, hatte Takeo zum ersten Mal Bekanntschaft mit der Außenwelt geschlossen. Autos, Bäume und die Schaukeln im Park waren durch den Schleier ihrer Haare als verschwommene Umrisse wahrgenommen worden. Auspuffgase und die bedrohliche Geruchsvielfalt im Supermarkt waren vom (beruhigenden) Körpergeruch seiner Mutter gefiltert worden.

Der Kuss, den er seiner Mutter auf den Hals gab, kribbelte auf ihrer Haut. Sie schloss die Augen und wusste, dass dieser besonders sanfte, zärtliche Kuss nur von Takeo sein konnte. Ihr Herz schlug so wild, dass es in ihren Ohren pochte.

«Danke», flüsterte sie und drehte ihm den Rücken zu, als wollte sie weiterschlafen. Sie wollte nicht, dass er die Tränen sah. Für einen kurzen Augenblick strichen seine dünnen, langen Finger leicht über ihre Schulterblätter.

«Meine süße kleine Gräte», flüsterte seine Mutter langsam und ganz, ganz leise. «Du wirst deine alte Mama nie allein lassen, nicht?»

Takeo hasste es, wenn sie mit dieser alten Leier kam.

«Natürlich nicht.»

Das und «Du brauchst dich nie einsam zu fühlen, ich werde immer für dich da sein».

«Bei deiner Geburt hast du nur fünf Pfund gewogen, weißt du das?»

Und den Spruch hasste er auch.

Er spürte es, seitdem er die Pornoschnipsel weggeworfen hatte. Es war beim Aufwachen da gewesen, beim Frühstück und den ganzen Tag lang, den er wie ein normaler zwölf-/fast dreizehnjähriger Junge verbracht hatte. Es war da, seitdem alle lebensentscheidenden Dinge geregelt waren. Ein Schmerz, den er noch nie zuvor verspürt hatte und nur mit Mühe identifizieren konnte. Es war anders als bei Kummer oder Heimweh, die, selbst wenn sie einen richtig doll erwischten, eine eigenartige Süße hatten. Der Schmerz, den der Junge empfand, war bohrender als Hunger.

Er schlang die Arme um seine Mutter, weil er hoffte, der Schmerz würde dadurch verschwinden. Aber er kam sich sofort egoistisch vor, weil er nur auf sein eigenes Wohl bedacht war, und das machte das Gefühl noch intensiver.

«Wir zwei Hübschen sollten uns kennen lernen», sagte der Schmerz. «Ja», flüsterte Takeo im Stillen. «Schließlich», fuhr der Schmerz fort, «werde ich in den nächsten Jahren wahrscheinlich recht oft bei dir sein.»

«Vermisst du Papa?», fragte Takeo. So weit hatte er sich noch nie vorgewagt. «Weinst du manchmal wegen ihm?»

Takeos Mutter holte leise tief Luft. Sie versteifte ihren Körper, damit sie nicht zu lachen anfing, und murmelte: «Mmh.»

Das Theater, das sie spielte, bereitete beiden Gänsehaut. Als der wunderbare, warme Duft von Earl-Grey-Tee in ihre Nase strömte, fing sie an zu weinen. Auch durch tiefes Ein- und Ausatmen gelang es ihr nicht, es zu unterdrücken. Zuerst tat Takeo so, als würde er nichts merken, aber dann nahm er sie fest in die Arme.

Sie dachte, er würde gehen; heute war der Turnwettkampf und der Bus sollte um acht Uhr abfahren. Sie dachte, er würde aufstehen, seine Schuhe anziehen und die Tür zuknallen.

Als er neben sie glitt, merkte sie, wie ihre Körpertemperatur erst sank und dann steil anstieg. Sie bemühte sich so zu atmen, als schliefe sie.

Takeo kuschelte sich an sie und küsste sie in den Nacken, als würde er einen Briefumschlag frankieren. Der Geruch im Bett war nicht mehr ihrer.

«Du brauchst dich niemals einsam zu fühlen, ich werde immer für dich da sein», flüsterte Takeo.

Zwei Körper, die gemeinsam ein Bett wärmten. Ihr Atem ging gleichmäßig ein und aus.

SCHULE

«Willkommen in Shiojiri», brüllte ein ätzender Lehrer im gelben Trainingsanzug.

Er benahm sich wie einer, der sein halbes Berufsleben mit hörgeschädigten Schülern zu tun gehabt hatte.

Handa San machte eine kleine Verbeugung und schwieg.

Beide Lehrer waren umgeben von zwölf-/fast dreizehnjährigen bis fünfzehn-/fast sechzehnjährigen Jungs, die auf den weißen Linien eines Sportplatzes standen, der von sehr, sehr hohen Fichten umgeben war.

Bei den meisten hatte der Rasierapparat an Kinn und Wangen seine Spuren hinterlassen.

Takeo hatte im Bus allein gesessen, sich die Schulmütze tief ins Gesicht gezogen und so getan, als schliefe er. Während der ganzen Fahrt hatte er den Kopf gegen das Fenster mit dem dünnen, grauen Flanellvorhang gedrückt, falls jemand auf die Idee kam, ihm aus Jux die Mütze runterzureißen.

Takeo ließ seine Tasche absichtlich im Bus liegen, so dass die meisten schon umgezogen und fertig fürs Aufwärmtraining waren, als er den Umkleideraum betrat.

«Geht's dir gut?», fragte Handa San, der gern gewusst hätte, ob dem Jungen die Nerven flatterten.

«Nein, Sensei», antwortete er eine Oktave tiefer als sonst.

Handa San legte eine Hand unter den Schirm von Takeos Mütze, um die Stirn des Jungen zu fühlen. Er lächelte schwach. Kein Fieber.

«Kopfschmerzen?»

«Bevor Sie fragen, was mein Darm macht, Handa Sensei, ich bin bloß ein bisschen aufgeregt.»

Beide lachten. Handa San eilte davon; er brauchte dringend frische Luft.

Takeo zog sich rasch um und betrat mit ernster Miene den Sportplatz. Der völlig kahl rasierte Schädel ließ den Jungen größer und schlaksiger erscheinen und verlieh ihm eine gänzlich neue, überlegene Ausstrahlung. Die gesamte Mannschaft verstummte.

«In Ordnung, Jungs, kommt bitte alle nach vorn. Gut so. Stellt euch im Kreis um mich auf.»

Handa San kratzte mit dem Daumennagel flüchtig das winzige Geflecht aus Brusthaaren, das aus seinem Halsausschnitt guckte, und ließ die Trillerpfeife rasseln. Ein zarter Luftstrom trug seinen Geruch in die Nase jedes Jungen. «Gut so. Du auch, Daisuke. Omi, Kenichiro, ein bisschen dichter zusammen. Prima. Heute werden wir ...»

Jungsschweiß.

«Knie anheben.»

Jungsgeruch.

«Durch die Nase einatmen.»

Jungs, in seiner Macht.

Jungs.

«Stellt euch auf. Schön dicht zusammen.»

Vorn formierte sich eine Fünfergruppe. Eine zweite folgte in gleichem Muster. Takeo sorgte dafür, dass er in einer Sechzehnergruppe ganz hinten stand – leicht außerhalb der Mitte.

Während die anderen Jungs eine entspannte Haltung einnahmen, spreizte Takeo weit die Beine und verschränkte die Hände über dem Kopf. Dann hustete er und spuckte aus. Das hatte Handa San noch nie bei Takeo gesehen.

«Aus mir wird eine Schwuchtel, Handa San. Selbst wenn ich

heirate, wird eine Schwuchtel aus mir», murmelte Takeo dem Mann zu, der einen Dreisprung weit weg stand.

«Ziehen! Ganz lang machen. Zehenspitzen. Vor. Halten. Zurück. Weiteratmen. Hoch. Oberkörper lang ziehen. Na los, ziehen! Zehenspitzen. Arme senken und eeent-spannen. Sehr gut!»

Ruhig und flüssig zeigten sechzehn Jungs in wunderschöner Zeitlupe ihrem Lehrer, was er ihnen beigebracht hatte. Kein einziges Nachfedern.

Handa Sans Brauen zogen sich zusammen, als er seiner Mannschaft gegenüberstand, die vor Erwartung zitterte. Er zog seinen Trainingsanzug aus, als wollte er ihnen vorführen, wie man strippte.

Er ging zwischen den Jungs hindurch. Ab und zu klopfte er auf ein Kreuz, das sich zu stark oder zu wenig durchbog. Knie bekamen einen Klaps, wenn sie zu sehr belastet wurden, das ein oder andere Kinn wurde angehoben.

Handa San trat hinter drei Fünfergruppen und stand Takeo gegenüber.

Der Junge hatte das Gefühl, als könnte sich der Mann jeden Augenblick in eine Fledermaus mit einer Flügelspanne von einem Meter zwanzig verwandeln und ihn in eine Höhle entführen. Oder in ein Zelt in Österreich.

Erst letzte Nacht hatte der Mann zitternd und mit Gänsehaut im Bett gelegen. Schließlich hatte er mit der weichen, aber kräftigen rechten Hand über seinen Körper gestreichelt. Warme, kreisende Bewegungen.

Dann hatte er seinen Schwanz geknetet und bruchstückhaft vor sich hin geträumt. Bilder des Jungen waren kurz vor ihm aufgetaucht. Er war rasend schnell gekommen, und als es ihm auf die Brust spritzte, hatte er die drei magischen Silben ausgesprochen.

Takeo, wollte er den Jungen warnen, sieh dich vor. Menschen wie ich werden sich auf dich stürzen, weil wir deine Schönheit besitzen/korrumpieren/ausbeuten wollen. Sieh dich vor, Menschen wie ich saugen dich so lange aus, bis du leer und kaputt bist.

Lag in den Augen des Jungen etwas Argwöhnisches, das ihm zu verstehen gab, dass er sich dessen bewusst war? War das ein wissendes Lächeln?

«Gut», sagte der Mann, blieb jedoch stehen und korrigierte zwei perfekt ausgeführte Bewegungen, um im warmen Schatten von Takeos Körper den herrlichen Jungsgeruch einzuatmen.

Takeo hob den schönen Kopf. Die graue Kopfhaut bildete einen scharfen Kontrast zu seinem Gesicht.

«Schön!», sagte der Mann und ging weiter. Er spürte, dass sein Blick so gerade war wie zwei straff gespannte Kranseile.

Es roch schon nach Regen, bevor die ersten dicken Tropfen auf Handa Sans Sporthose und seine sechzehn zwölf-/fast dreizehnjährigen und fünfzehn-/fast sechzehnjährigen Jungs fielen. Die Flecken, die den Himmel schon seit dem frühen Morgen bedeckten, verdunkelten sich. Der warme Regen, der in Sekundenschnelle niederprasselte, glitt in Rinnsalen an ihren Hälsen und Rücken hinunter, durchtränkte die Kleidung und traf die ein oder andere ausgestreckte Zunge. Die Turnhosen färbten sich dunkel und klebten am Körper. Weißes wurde durchsichtig. Haare glätteten sich, Haut bekam zusätzlichen Glanz.

Regen fiel auf die Blätter und bildete Pfützen. Regen tropfte von Nasen, Kinns und Ellbogen. Die klitschnassen Jungs waren begeistert.

Takeo empfand den Regen als Bad fürs Gehirn. Die Tropfen trommelten auf seine Kopfhaut. So muss sich eine Ejakulation anfühlen, dachte er, nur schwerer und – bestimmt – heiß.

Plötzlich standen alle sechzehn Jungs mit freiem Oberkörper im Umkleideraum. Die Luft war sehr, sehr mild.

«Zieht euch aus, trocknet euch ab und dann nichts wie rein in die Trikots. Der Wettkampf beginnt in zehn Minuten.»

#6A

«Gott sei Dank, es ist Samstag», flüsterte er den Kakteen zu.

Kurz vor Mittag entdeckte Liam, dass das Badezimmerregal ausgeräumt war. Sein Zimmer, die Regale und der Schrank waren fast leer. Fast, aber nicht ganz.

Auf Jeffs Kopfkissen lag ein Zettel.

Ich muss abzischen, alter Junge. Der Flieger wartet.
Ist das Leben nicht aufregend!
Hoffe, dir gefällt, was im Schrank hängt.
Alles deins.
Bye.
J

«Ach, an manchen Tagen wache ich auf und fühle mich wie ein überfahrener Hund. So wie heute», stöhnte Julie B.

Sie hatte bestimmt schon besser ausgesehen. Trotz der Unmenge von Flüssigkeit, die am Vorabend durch ihre hübsche Kehle geflossen war, stellte ihre Zunge überrascht fest, dass sie in einem knochentrockenen Mund saß.

Auf dem kurzen Fummel neben dem Sofa lag ein Häufchen, das wie sehr gründlich gekauter Krabbensalat aussah. Liam zeigte ihr den Zettel und übersah bewusst die Sauerei, die farbenfroher war als eine Paella.

Als er in Jeffs ehemaliges Zimmer ging, konnte er beinahe hören, wie sich auf der Stirn von Miss Perfect ein gekräuselter Pfeil bildete.

In seiner Eile, nach ... wohin auch immer ... zu kommen, hatte Jeff sich entschieden mit leichtem Gepäck zu reisen. Vielleicht hatte er nicht mehr genug Geld, um für das Übergepäck zu zahlen, dachte Liam.

Komischerweise hatte er nur die schrillen Klamotten mitgenommen – die Gaultier-Sachen, den extravaganten Versace-Anzug, die eher etwas für Halloween oder das Wigstock-Festival waren. Die klassisch-konservativen, die fast durchweg schwarz, weiß oder grau waren, hatte er Liam vermacht.

Liam strich über die ordentlich aufgehängten Anzüge aus Leinen, schwerer Baumwolle und Samt. Er fühlte sich nicht wohl dabei, denn er vermutete, dass ein anderer dafür geblecht hatte.

In Liams Kleiderschrank roch es nach Jeff, seinen Rasierwassern, den teuren Zigaretten. Die meisten Sachen waren ungetragen. Ein oder zwei nur ein- oder zweimal. Liam hatte sich schon den Kopf zerbrochen, was er zu den Castings für die Schauen anziehen sollte. Dieses Problem war er jetzt los.

«Liam?», drang Julie Bs verlegene Stimme aus dem Wohnzimmer.

«Hier», rief er und warf ihr ein langes schwarzes Hemd und eine passende Bermuda zu, «zieh das an.»

#7B

Obwohl sich bei Takeos Mutter ein Schnupfen ankündigte, war sie wie jeden Samstag zum Aoyama-Friedhof gefahren, um am Grab ihres Manns zu beten. Sie betete für Takeo, Frieden auf der Welt, gutes Wetter – nur nicht für den Mann, den sie aus einem Irrtum heraus geheiratet hatte.

Am Morgen der Beerdigung hatte es so anhaltend geregnet, dass man nicht darüber hinwegsehen konnte. Nicht sintflutartig, aber doch heftig genug, dass sich alle wünschten, sie hätten ihre Schirme mitgenommen.

Der Regen hatte aus der Trauerfeier eine recht kurze Angelegenheit gemacht – niemand wollte sich im Februar eine fiebrige Erkältung holen.

Takeos Mutter hatte den Regen als großes Glück empfunden. Er legte einen Schleier über ein Gesicht, das sich schwer tat Trauer zu zeigen. Was die Leute für Tränen hielten, waren Regentropfen. Welch passender Zufall, hatte sie gedacht, so viel kaltes Wasser, so wenig Wärme.

Auf dem Nachhauseweg blies der Wind ihr Staub in die Augen und sie rieb so lange, bis sie knallrot waren. Als Takeo nach Hause kam, glaubte er, sie hätte geweint. Sie erklärte ihm in aller Ruhe, dass es der Stolz über das Polaroid sei, das Handa San von ihm an den Ringen gemacht hatte, der ihr die Tränen in die Augen treibe – Tränen, die schließlich in Strömen über ihre Wangen liefen. Sie verlor kein einziges Wort über seine (nicht vorhandenen) Haare.

Vermutlich gehörte diese Frisur ebenso dazu wie das Einreiben der Hände mit Kreide. Das war ein Teil seines Privatlebens. Und das ging sie nichts an.

Takeo an den Ringen. Ganz in Weiß. Arme ausgestreckt wie am Kreuz.

«Ach, das ist aber hübsch.»

KELLER

Nur Hiroshi wusste, dass der Mülltütenmann eine Luxuswohnung in Hiro-o mit beneidenswertem Blick auf den Arisugawakinen-Park bewohnte. Nicht einmal Ippei wusste davon. Ippei wusste nur, dass der Mann bar zahlte. Und auf Rot stand.

In dieser Luxuswohnung stand ein wackeliges Regal, das seine Schätze beherbergte: jede Menge Bilder von Männern mit erigierten Schwänzen und wunderbare Sammelbände rund um den Analverkehr mit Titeln wie *All Man*, *Leather Man*, *Bound & Gagged* und *OG*. Der Mann musste in seinem Leben unendlich viele Abonnementsformulare ausgefüllt haben.

Nur Hiroshi kannte die vielen Kunstdrucke an den Wänden, die von Malern der «ästhetischen» Schule des späten 19. Jahrhunderts stammten. Sie zeigten junge Arbeiter am Wasser voller Übermut und Tatendrang. Derbe, freche Burschen in Badezeug oder nackt. Manche schwammen, andere lagen faul in der Sonne. Jungs in den heißen Sommermonaten, ungezwungen und spaßversessen. Manche mit stumm geöffneten Mündern, die Lippen neckisch geschürzt, Grübchen in Wangen und Pobacken. Hübsche, pausbäckige Jungs mit dem Lächeln eines Amors. Jungs in den herrlichen heißen Sommermonaten, golden schimmernde Haut, schlanke, feste Leiber, ganz und gar natürlich. Manche schmuddelig und blass, andere kräftig und muskulös. Eine idyllische Szene, noch unberührt von Aerobic, Fettabsaugungen und Implantaten.

Sie legten einander den Arm um Schultern und Taille, grinsten spontan oder guckten sich tief in die Augen, während sie unbewusst um Bewunderung heischten. Jungs in hitziger Kameradschaft, glücklich ohne Designerkleidung. Natur pur, auf Drucken verewigt und seit vielen Jahren vergöttert. Badehosen, die am Körper klebten und jede Wölbung, jede Ausbuchtung betonten. Körper, die dem kühlen Nass entstiegen und sich in der Sonne hübsch erwärmten, wenn die Hitze in die feuchten Sachen drang. Jungs, von der Sonne geküsst – und Wichsvorlage eines Geschäftsmanns aus Hiro-o, Tokio. Japan.

Beim Anblick dieser Jungs fragte Hiroshi sich oft, wie viele Eimer Sperma er im Lauf der Jahre über Haut, Mund und Arsch in sich aufgenommen hatte. Es hieß zwar, Sperma sei gut für die Haut, aber bei dem hier – dem Dauerfreier, der dauernd gefistet werden wollte – hatte es nicht gewirkt.

Im ersten Programmteil schnitt der Gefistete dem Fister langsam und sorgfältig die Nägel und erklärte ihm leise, dass ein klitzekleines bisschen Blut ihm nichts ausmachte – wobei er derjenige war, der bestimmte, wie viel/wenig dieses bisschen war.

Während dieser Vorrede, die fester Bestandteil des Programms war, blieb sein Körper völlig reglos; nur der Penis richtete sich langsam auf. Das zuckende Ding füllte sich mit warmem Blut und wurde steif. Es wuchs gewaltig an (zumindest wurde es größer) und löste sich von der glatt rasierten Schamregion, in der es verwurzelt war.

Der Schwanz des Manns – sein *Liebesmuskel* – war so übermäßig prall und steif und die Eichel so tiefrot, dass er wie eine Attrappe aussah. Als hätte man ihn aus dem Ladegerät genommen und ihm in den Unterleib gesteckt.

Das arme kleine Ding war jahrelang heftig gerüttelt, geschüttelt und geknetet worden. Hatte Juckreiz, Ausschlag, Bisswunden, geheimnisvollen Ausfluss, Cockringe, Infektionen, Mentholcremes, wunde Stellen, Handcremes, Öle, Warzen, Kondome, Spucke, den beißenden Urin des Manns und seine schleimige Soße erduldet. «Dick» war der kleine Kosename, den er seinem kleinen Schwanz gegeben hatte, und Dick winselte danach, seine Supernummer vorführen zu dürfen.

Der Mann kannte seinen Antikörperstatus nicht. Ihm fehlte die

Gewissheit, so der so. Er hatte sich nicht testen lassen und würde sich die Mühe auch nicht machen. Que sera sera. Das Leben war viel schöner ohne die drei Buchstaben HIV. Aber die Chance bestand, dachte er, denn schließlich fuhr er nicht wegen des Meerblicks seit 1973 jedes Jahr nach San Francisco, sondern wegen der Wonnen, die ihm die Fäuste der Pornostars bereiteten. Er liebte diese Männer. Chad Connors, Steve Marks, Kip Harding, Danny Somers, Ryan Idol, Wes Daniels, Brian Maxx, Randy White, Al Parker, Anthony de Marco, den wahnsinnig niedlichen Joey Stefano. Und Jeff. Jeff Stryker.

Männer in Gummi, Leder, Sportkleidung und Militäruniformen, die stöhnten und stöhnten. Männer, die dank ihrer Gene sensationell bestückt waren.

Die Männer in *Daddy Trains, Bondage Dreams, Inch by Inch, 9 ½ Inches, The Bigger The Better, The Biggest One I Ever Saw, How Big Is Big?, Bigger Than Huge, Jaw Breaker, Like A Horse, Face Down, Deep Inside, Pumped, Man Shit, Human Toilet Seat.*

Polk Street, Castro, Haight-Fillmore, Mission, South of Market, Tenderloin – ÜBERALL GEWESEN. Die Dienste, die im *Blueboy* und im *Advocate* offeriert wurden, hatten ihn so fasziniert, dass er hingefahren war. Er war auf Knien gekrochen, hatte sich gegen Wände drücken lassen und gefesselt im Sling gelegen. In Hinterzimmern, Klappen, Dampfsaunen. Billigen und weniger billigen Hotelzimmern. Mmm, mmm. ALLES ERLEBT.

San Francisco: Gay gay gay. Der beste Ort der Welt für einen Sextouristen.

Aus dem Spaß, der ein ganzes Jahrzehnt überdauert hatte, war schließlich eine Reise ins Leichenschauhaus geworden. Er empfand einen gewissen Respekt vor dem Virus. Was für ein Abenteurer. Er bezwang jeden Berg, überquerte jedes Meer und vernichtete jedes Mal sein Adressbuch.

Wie immer musste Hiroshi eine verspiegelte Sonnenbrille und Lederchaps tragen. Wie immer hatte der Müllsackmann eine Tüte voll mit schönen Sachen dabei, war gut gespült und freute sich schon auf eine gute warme Mahlzeit, wenn er wieder zu Haus war.

Ippei wünschte sich, er hätte das Ganze gar nicht erst zugelassen. Er hatte einen Präzedenzfall geschaffen. So etwas war wirklich, wirklich nur etwas für Hausbesuche.

Eine halbe Stunde lang wurde er mit Wäscheklammern, Tittenklemmen, Wärmesalben und Kerzenwachs behandelt. Gewichte hingen an seinen Piercings, Urin tropfte von seinen Lippen. Je zugedröhnter beide waren, desto mehr verstärkte Hiroshi das S in den S&M-Praktiken, die der Mann so nötig brauchte.

Er trieb sich an seine eigenen Grenzen. Hiroshi, der das Poppers griffbereit in der Hand hielt, begleitete ihn an den Rand des tiefen Abgrunds und sorgte dafür, dass er das Gleichgewicht hielt und nicht zum Höhepunkt kam.

Der Mann packte Hiroshis freien Unterarm und drückte ihn. Die Finger waren schwach. Möglicherweise sollte dieses Zeichen, das als Bitte einzuhalten aufgefasst wurde, Bestätigung signalisieren. Eine Geste der Solidarität, eine Geste, die mehr als Worte ausdrückte. Eine primitive Form, sich über die Aufgabe zu verständigen, die vor ihnen lag. Er wollte kein Mitgefühl, er wollte vom Hüftknochen bis zum Plexus gefistet werden. Ganz einfach.

Der Arsch/das Arschloch/das Loch/der Auspuff konnte weder saugen noch etwas halten oder aufnehmen. Wie große Lippen, denen Mund und Rachen fehlen. Als würde man die Hand in die größte Handtasche seiner Mutter stecken und darin rumwühlen.

Der Müllsack raschelte. Dem Mann gefiel das Geräusch, ein originelles, obszönes Extra, das sich ein Punk/Stricher in einer Sternennacht auf dem Weg nach Hampstead Heath ausgedacht hatte.

Oh ja, mmm. Das knotige, lila Loch öffnete sich wie die Türen eines Kaufhauses. Hier und da (und da ... und dort ...) reizten die Finger ein Warzenfeld und verursachten eine kleine, hochinfektiöse Blutung.

Der Mann fing wie gewohnt an einen einzelnen lauten Ton zu summen. Dieses Element war beim Gefistetwerden genauso wichtig wie Musik von Kraftwerk beim Grasrauchen. Der dürre kleine Stricher aus Crouch End hatte ihm anno '77 verteufelt viel beigebracht. Andy, der überall Sicherheitsnadeln hatte. Andy mit den großen Händen. Andy mit den blauen Haaren und den grünen Zähnen. Kaviar-&-NS-Andy. Ruhe in Frieden.

Der Müllsackmann inhalierte lächelnd Poppers.

«Schade, dass du nicht so große Hände hast wie die Straßenhändler aus Tsukiji. Die stinkenden Straßenhändler aus Tsukiji», lachte er. «Mach weiter, ich bin nicht zart besaitet.»

Hiroshis Finger bewegten sich nicht. Er hätte jetzt gern einen Chirurgenkittel gehabt plus eine Lokalanästhesie für den Müllsackmann – und eine Portion Lachgas für sich selbst.

«Dir ist klar», flüsterte Hiroshi, «dass ich jeder sein könnte. Du hast keine Ahnung, wer ich bin. Ich könnte wahnsinnig sein. Ein Verrückter, der für einen Tag auf Anstaltsurlaub ist, ein psychisch Kranker, der seit Tagen kein Lithium mehr nimmt, weil er keinen Bock mehr drauf hat. Weißt du was ich meine?»

Der Schließmuskel nahm das Handgelenk in die Zange. Der Mann gab wohlige Laute von sich. Hiroshi war bei diesem Teil nicht halb so überzeugend wie Midori. Eines Tages würde er sie beide mieten und sie zur Abwechslung zu sich nach Hause holen. Für einen tollen Abend. Mit den Händen von allen beiden in seinem Arsch. Mmm. Hinterher eine Kleinigkeit essen. Im Restaurant. Beim Chinesen. Dann weiter in einen Club. Und dazu viel schönes Koks.

Hiroshi flüsterte: «Dein Leben liegt ganz in meiner Hand. Mach dir das jetzt klar. Der junge Mann mit der Gummihandschuhfaust und dem Müllsack könnte ein Irrer sein.»

Er bewegte langsam die Hand. Kein Widerstand, der Schließmuskel entspannte sich sofort. Gekonnt gemacht. Zwei Meister ihres Fachs.

«Ich könnte dir mit einem kurzen, furchtbaren Ruck die Gedärme rausreißen und dich töten. Ich hätte nichts zu befürchten. Ich sag einfach, es war ein Unfall. Schließlich wissen alle, auf was für Sauereien du stehst. Du bezahlst dafür. Macht nichts, wenn ein Tröpfchen Blut fließt, nicht wahr, Schätzchen? Vielleicht stoße ich dir *diese* Hand in den Rachen und sag der anderen Guten Tag.»

Als der Mann völlig aus dem Häuschen geriet, schaltete Hiroshi einen Gang runter. Starkes Rascheln. Dann wieder von vorn. Tiefer, immer tiefer rein. Endorphine rauschten durch ihn hindurch wie eine Flagge auf dem Weg zur Mastspitze.

«Mach dich weiter auf.»

Der Mann keuchte schwer.

Dann kam das Wort, über das er sich jedes Mal ärgerte: «Drück deine Fotze raus. Na komm, zeig uns deine Arschfotze.»

Hiroshi spürte, wie das Blut des Manns zirkulierte. Er nahm ihn als Maschine wahr, als dreckiges, verstopftes Leitungsrohr, das gewartet werden musste. An den klischeehaften Pornofilmgrimassen, die über Müllsack Sans Gesicht huschten, erkannte Hiroshi, dass er sich überdurchschnittlich gut amüsierte. Er erreichte in der Tat eine neue Stufe, eine persönliche Bestleistung. FAN-tastisch.

Hiroshi zog die Beine des Manns noch ein bisschen weiter auseinander, als würde er einer Frau beim Geburtsvorgang helfen. Ein stechender Geruch schlug ihm entgegen. Er kam aus den tiefer gelegenen Darmwindungen, und als Hiroshi sich zurücklehnte und ächzte wie ein Speerwerfer, wurde der Geruch noch stärker.

«Du bist gut, sehr gut», sagte der Mann mit breitem Lächeln und wischte sich mit dem rauen, rasierten Handrücken über die feuchten Lippen.

«Mmm.» Er warf den Kopf zurück und die Kette, die er zwischen den Zähnen hielt, riss an seinen Brustwarzen. («O Bob», stammelte er und sah die Themse und St. Paul's Cathedral vor sich. «Uuh-oah.» Er konnte fast die Laurie-Anderson-CD hören. Armer Bob, er trug nie Gummihandschuhe. Ruhe in Frieden.)

Der Schwanz wurde geknetet, gebogen, verletzt und nach allen Regeln der Kunst traktiert.

Hiroshi betrachtete seinen Arm. Bisher hatte er den Leberfleck im oberen Viertel seines Unterarms immer sehen können – aber jetzt steckte er weit darüber hinaus drin.

Der schwitzende Mann vollführte schnelle Wichsbewegungen, die seine hängenden, in irrem Tempo schlackernden Hoden durcheinander wirbelten; dabei rollte er leicht hin und her, als führe er Karussell. Die sprühende Explosion, die er nicht länger zurückhalten konnte, die er geschehen lassen musste, kam schnell.

Als der Mann ejakulierte, fing er an zu reden und stieß keuchend einige verbale Kostbarkeiten hervor:

* «Scheiße, ist das geil!»
* «Ja, Jaa!»
* «Ohh Gott, jaa!»

Sein Sperma schoss heraus und klatschte auf seine Brust.

Als die letzte Ladung in seinem Bauchnabel landete, bekam er den (typischen) unerträglichen Ausdruck eines Menschen, der um sein Leben ringt. Sein Mund formte sich zu einem großen O, aus dem sich ein lang gezogenes, hartes Stöhnen herauspresste, als würde er sterben.

Dann hustete er.

In einer Stunde würde der Mann wieder bei seinen Disketten, Flussdiagrammen und Zahlen sein und zur Ruhe kommen.

SONNTAG

日

#6A

Liam legte die Hände hinter den Kopf und führte abwechselnd Ellbogen zum Gegenknie. Er zählte laut mit.

Nach einer Weile kam das Zählen gepresster und er rang nach Atem. Er schob die Zehen unter ein Hängeelement und fing an fünfzig Sit-ups zu zählen.

Als er damit fertig war, drehte er sich auf den Bauch, stellte die Hände in weitem Abstand voneinander auf, spannte den Körper an und begann mit Liegestützen. Jeder einzelne Muskel seiner Rückenseite, von den Waden bis hoch zum Nacken, trat hervor, während er hundert Mal ein-/ausatmete.

Danach brach er ächzend zusammen; ihm tat alles weh und er brauchte dringend eine Flasche Wasser und eine kühle Dusche.

Er fühlte sich großartig. Der Jetlag war überwunden und er hatte viel nachgedacht.

1. Er wollte raus aus der Wohnung und in eine japanische Pension in Ueno ziehen, von der er gehört hatte. Die Pension war billiger und das Frühstück war im Preis inbegriffen. Golding verlangte exorbitant hohe Mieten. Er wollte nicht so werden wie die anderen Models.

2. In Omotesando hatte er ein Mountainbike im Sonderangebot gesehen. Er würde es kaufen.

3. Er spielte mit dem Gedanken, auf seine alte Lehrerausbildung zurückzugreifen, damit er sich einen Job suchen konnte, wenn er als Model auf dem Trockenen lag, was, wie ihm ein inneres Gefühl sagte, im Frühjahr der Fall sein würde. Viele Sprachschulen suchten nach qualifizierten Lehrkräften. Der BBC English Club, Kent Eigo Kogo Gakuin, das Model Language Studio, WINS – die gelben Seiten waren voll mit Anzeigen. Aber zuerst würde er sich an die Amerikanische Schule, die Britische Schule und die International School of the Sacred Heart wenden, um die Lage zu sondieren.

4. Er würde seine Wohnung zum Verkauf anbieten. Es war Zeit, sie loszuwerden. Einen Schritt weiter zu gehen. Er würde einen Makler in der Old Street anrufen. Die Nachbarin besaß einen Schlüssel und könnte welche nachmachen lassen.

5. Er würde seine alte Nikon abstauben und sich auf die japanische Jugendkultur konzentrieren. Reportagen an die Sonntagsbeilagen oder Lifestylemagazine verscheuern. Er nahm sich vor, schon bei der nächsten Schau Backstagefotos zu machen.

Er fühlte sich großartig. Das Leben war schön. So gut wie heute war er schon seit Jahren nicht mehr drauf gewesen.

#7B

Takeo griff spontan nach dem kleinen Messer, das schon zum Karottenschneiden bereitlag, und tat mit einer schwungvollen, von einer Grimasse begleiteten Gebärde, als würde er sich die dünne, blasse Kehle aufschlitzen.

Aus derselben Kehle drang ein groteskes Röcheln und Speichel sprühte aus seinen Mundwinkeln.

Seine Mutter stieß einen Klageschrei aus, der durch die ganze Küche hallte. Es folgte ein Wimmern ohne Tränen. Dann lachten beide. Solche Späße machten sie öfter. Das war bestimmt gespielter Selbstmord die Zweihundertste.

Während seine Mutter im Badezimmer mit Raumspray und Bleichmittel zugange war, stellte Takeo seinen Schreibtisch so um, dass er längs vorm Fenster stand. Dann legte er die Matratze und zwei Kissen darauf. Die Matratze, die bedenklich weit über der Tischkante hing, sah aus wie der Käse auf einem Cheeseburger.

Draußen brannte die Sonne; es war der letzte heiße Tag des Jahres.

Takeo tat etwas, was ihm mehr als nur einmal verboten worden war: Er nahm auf seinem Schreibtisch ein Sonnenbad und ließ die Beine aus dem Fenster baumeln. Mein Vater hat das auch immer getan, rechtfertigte er sein Vorhaben im Stillen. Außerdem bin ich kein Kind mehr; ich bin fast dreizehn.

Er reckte sich und gab ein hohes Gähnen von sich. Seine Mutter blieb wie angewurzelt stehen. Sie hörte ihren vor langer Zeit verstorbenen Mann.

Takeo war nackt unter den schwarzen, glänzenden Laufshorts und hatte den Walkman auf. Nicht lange und der Elastikbund würde unter seinen haarlosen Eiern sitzen. Er aß eine Nashi-Birne, von der gelegentlich etwas Saft tropfte. Die hellen Spritzer rannen seitlich an seiner warmen, trockenen Brust herunter und hinterließen Flecken auf den Shorts.

Die hohe Luftfeuchtigkeit überzog die festen Jungsmuskeln mit einem Schweißfilm. Die Poren öffneten sich und ließen Luft ein. Takeo streckte sich lang aus und schob sich eine Hand unter den Kopf mit den frischen, borstigen Stoppeln. Er lag da, als würde er darauf warten, vom blauen Himmel untersucht zu werden. Als wollte sein Körper vor den gelegentlich vorbeifliegenden Flugzeugen mit seiner Reife prahlen.

Er aß die Birne samt Kerngehäuse und legte den Kopf auf die warmen Hände. Im Geist zeichnete er einen Querschnitt des Hochhauses, in dem er wohnte, und unterteilte ihn in saubere Rechtecke. Dabei fiel ihm auf, wie viele Nachbarn es gab, von denen er rein gar nichts wusste.

Er richtete sich auf und betrachtete das Haus gegenüber. Da waren zum Beispiel die Leute im Penthouse. Der gesamte fünfte Stock, #4A, #3B, #2B und #1B. Die Wohnung nebenan war seit fast einem Jahr unbewohnt. Niemand wollte sie haben. Takeo vermutete, dass der ständige Lärm in #6A ein Verkaufshindernis darstellte.

«Mir wäre lieber, du würdest das sein lassen», sagte Takeos Mutter, die in der Tür stand.

Takeo erstarrte.

«Was ist, wenn es ein Erdbeben gibt?»

Beide lachten.

«Was für ein Abgang», gluckste Takeo, «*Platsch!*»

Takeos kleines Herz wummerte; er hatte sie nicht kommen hören. Er überlegte, wie lange sie schon in der Tür gestanden hatte.

«Ich bin nur kurz weg. Bis nachher.»

«Ist gut. Tschüs.»

Sonntagsmorgens ging sie immer für eine Stunde zum Brustschwimmen. Es war ihre einzige sportliche Betätigung, wenn man das Tragen der Einkaufstüten und das Putzen beiseite ließ.

Und #10A, setzte Takeo seine Gedanken fort. Er wusste gar nichts über #10A. Oder den Keller.

Als er hörte, wie die Wohnungstür zuging, bekam er für fünf Sekunden von Kopf bis Fuß eine Gänsehaut. Die Eier in dem faltigen, zusammengezogenen Skrotum wurden so hart wie kleine betriebsbereite Batterien. Sie steckten voller Leben und kleinen, ganz eigenen Begierden.

In seinen Gedanken blitzte das Wort auf: Onanie. ONANIE. O-N-A-N-I-E.

ONANIE.

An diesem Wort hingen andere kleine Worte wie Fahnen an einem Drachen: wichsen, abrubbeln, sich einen runterholen.

Er griff an das gespannte Baumwollfutter der Shorts und betastete die dicke Ader, die über seinen Schwanz lief und sich durch den Stoff abzeichnete.

Angst hüpfte in seinem Bauch wie ein Flummi. Er stellte sich vor, wie Handa San ihm die feuchten Lippen ins Genick drückte, und seine helle Haut überzog sich mit einer grünlichen Gänsehaut. In seinem Kopf und in den Lenden pulsierte das Blut. Eine schlecht rasierte Mundpartie schürfte seinen Hals auf, Hände streichelten seine weiche, warme Haut, während er so tat, als würde er sich gegen die Erwachsenenzunge sträuben, die nach dem rosafarbenen sauberen Innern seines Ohrs suchte. Die Shorts, die sich an sein Gesicht drückte, nahmen ihm die Luft.

Ein kleines steifes Ding schnellte hervor und klatschte gegen die Stelle, wo neue Schamhaare hervorstakten. Takeo starrte erst das kleine Feld an und dann seinen Penis, der sich erhoben hatte wie ein warnender Zeigefinger.

Wieder einmal hefteten sich die Augen des Jungen auf das kleine Schlitzauge oben auf der steinharten Erektion.

Sex. SEX. S-E-X.

Alles war so neu und ungewohnt und wollte erst entdeckt werden.

SEX.

Als sein Herz anfing so schnell und unkontrolliert zu pochen, dass es ihm bis hinauf in den Hals schlug, probierte er zu wichsen.

Eine innere Neugier kitzelte ihn und sein Körper wand sich, als wollte er sich häuten.

Seine Zehen bogen sich, die Hände ballten sich zu Fäusten und die Bauchmuskeln sprangen hervor, während er sich hin und herwälzte und zusammenrollte wie ein gehobelter Holzspan. Dann verlangsamten sich seine Bewegungen und er unterdrückte ein Stöhnen, wodurch das erregte Zittern und der Schmerz, den das Ganze verursachte, noch schlimmer wurden.

Er wollte endlich das Geheimnis lüften. Wann würde er seinen ersten Orgasmus haben?

Im Radio wurde Simply Red gespielt, und da er Simply Red bescheuert fand, wechselte er den Sender. Er stellte auf höchste Lautstärke und machte dann ein bisschen leiser.

Verzerrte Gitarrenklänge übertönten das Geräusch von zerbrechendem Glas, das aus der Wohnung drüber kam.

Am Himmel zogen langsam Wolken vorbei, die aussahen wie Fingerabdrücke.

Der Junge fing an zu singen.

KELLER

Auf der Massageliege saß ein Mann in schwarzem Trainingsanzug. Er war müde; er hatte die ganze Nacht lang geschwitzt wie ein Vergewaltiger.

Er war nervös/aufgeregt/genervt. Sein erstes Mal, hatte Ippei gesagt. Keine Tipps. Das erste Mal mit einem Mann, hatte Akio sich gefragt, oder das erste Mal, dass er dafür bezahlte?

«He, ich will nur ein bisschen Spaß, verstanden?» waren die knappen Worte, mit denen er Akio begrüßte.

Akio vermutete, dass der Mann aus – er sagte nicht, von wo er kam – diese Worte nicht zum ersten Mal sagte.

Er stellte sich innerlich auf 08/15-Sex ein und schickte sich an dem Mann zu sagen, wie hübsch er und wie groß sein Ding sei und was für gute Zähne er habe. Und dass er hoffe, ihn bald wieder zu sehen. Aber der Mann gebot ihm abrupt Einhalt.

Er tat, als müsste er sich kratzen, und fuhr mit abgekauten Fingernägeln über den dunklen Schatten seines geschorenen Kopfs. «Kannst du ... würdest du ... bitte ... das hier anziehen?»

Aus einer Takashimaya-Tüte kamen dunkelblaue Shorts, ein weißes T-Shirt und Turnschuhe zum Vorschein. Die Sachen rochen ein bisschen nach Fundbüro. Jungsgeruch setzte sich gegen feuchten Mief durch.

Die Sachen waren Akio nur eine halbe Nummer zu klein. Nur eine Idee zu eng. Aus einer Seibu-Tüte, die in der anderen steckte, wurde eine schwarze Schuluniform genommen: eine Grundausstattung der Marineschule Bremen aus dem 19. Jahrhundert. Eine Mütze war auch dabei.

«Die Uniform über die Sportsachen?»

«Das wäre schön.»

«Hier umziehen oder im Badezimmer?»

«Ich ... ich dreh mich um.»

«Okay.»

Der Mann dachte an einen zwölf-/fast dreizehnjährigen Jungen, dessen Namen er am liebsten leise vor sich hin gesungen hätte.

Die Mütze saß keck in Akios Nacken.

«Zieh sie bitte etwas tiefer.»

Er meinte ganz tief, damit das Gesicht des Strichers verdeckt war. Damit aus dem Körper der Jungskörper seiner Träume wurde.

Akio stand volle zwei Minuten reglos da. Als nichts geschah, begann er die Uniform langsam auszuziehen, als wäre er in einem Traum/Ballett/Operationssaal/zurück im Umkleideraum seiner alten Schule. Er konnte die weißen Linien auf dem Sportplatz förmlich riechen.

«Ziehen! Ganz lang machen. Zehenspitzen. Vor. Halten. Zurück. Weiteratmen. Hoch. Oberkörper lang ziehen, nicht nach vorn kippen. Na los, Sasabe. Ziehen! Kobayashi, nicht so schnell. Zehenspitzen. Arme senken und eeent-spannen. Gut!»

Der Mann klang wie ein (nervöser, aber netter) Lehrer. Seine Stimme hallte von den tapezierten Wänden wider und kam aus allen Richtungen wie im Dolby-Surround-Sound. Akio stellte sich überaus geschickt an. Sehr erfreulich.

«Sieh mir zu.»

Flüssig und ruhig wiederholte Handa San in wunderschöner Zeitlupe die vorgeschriebene Übung. Akio sah zu, wie die Muskeln elegant die Luft durchschnitten. Es war eine Dehnübung – eine einfache Dehnübung. Er hatte sie seit der Kindheit zigtausendmal ausgeführt und dabei oft NHK geguckt.

«An dieser Stelle nicht nachfedern. Und hier ... gib so viel Druck, wie es gerade noch angenehm für dich ist.»

Die Haut des Manns war fast so braun wie Vollmilchschokolade; offenbar hielt er sich viel in der Sonne auf. Wunderschöne breite Schultern.

«Verstanden?»

Der Mann kratzte mit dem Daumennagel flüchtig das winzige Geflecht aus Brusthaaren, das aus seinem Halsausschnitt guckte, und ließ die Trillerpfeife rasseln. Akios Neugier für den Körper des Manns war entfacht. Ein zarter Luftstrom trug seinen Geruch in die Nase des falschen Jungen.

«Lass es uns noch einmal versuchen.»

Akio zog die Augenbrauen zusammen und wartete so gebannt auf den Startbefehl, dass er zitterte. Jeder Muskel, jede Sehne war angespannt. Bereit.

«Und ziehen! Ganz lang machen. Zehenspitzen. Vor. Was habe ich gerade über das Nachfedern gesagt? Halten. Weiteratmen. Zurück. Hoch. Na los, Hosokawa. Ziehen! Zehenspitzen. Arme senken und eeent-spannen. Besser.»

Als Lehrer, vor allem als Sportlehrer, bin ich unmittelbar von vielen Hundert Jungs unterschiedlichster Gestalt und Größe umgeben. Manche sind von der Taille aufwärts mit Akne übersät, dachte der Mann. Mein Beruf als Lehrer ermöglicht es mir, mit Tausenden in Kontakt zu treten. Hoffentlich lasse ich die Finger von ihnen.

Plötzlich sah er das schmale umgedrehte «U» vor sich, wo Takeos Pobacken zusammentrafen, eine Rundung, die nur Jungs haben. Diese Stelle zwischen den langen (vollkommenen, vollkommenen, vollkommenen) Beinen besaß einen unersättlichen Mittelpunkt – sein Arschloch.

Er stemmte die Hände in die Hüften und ließ den Blick über die Decke schweifen. Ein eingebauter Radar, den nur Sportlehrer und Bauern besitzen, fantasierte sich eine Regenwahrscheinlichkeit von neunzig Prozent.

«Ein Freiwilliger vor.»

Ein Arm, zerbrechlich wie dünnes Eis, schoss in die Höhe.

«Du.»

Ihre Blicke trafen sich.

Akio hob langsam die langen Wimpern und lächelte (ein Lächeln, das Zähne entblößte, die so weiß waren wie Rettich, und sich bis in die Augen ausdehnte). In den geweiteten Pupillen loderte ein schwarzes Feuer, das sich vollendet vom strahlenden Weiß abhob.

«Sieh mir zu.»

Ein einzelnes Augenpaar gehorchte. Akio wollte denselben Haarschnitt haben wie der Mann. Er hatte die Frisur satt, die er trug, seit er fünfzehn/fast sechzehn war. Er wusste, dass seine Mutter entsetzt sein würde, aber er beschloss, morgen oder übermorgen zum Friseur zu gehen. Er würde sie auf zwölf Millimeter stutzen lassen, genau wie der Freier. Das könnte gut fürs Geschäft sein, dachte er.

«Ganz lang machen. Zehenspitzen. Siehst du, kein Schaukeln. Schön flüssig. Halten. Zurück. Eeent-spannen.»

Er lächelte. «Perfekt!»

Akios Schwanz war während der Übung angeschwollen. Die Shorts waren viel zu klein für ihn. Sie saß so hauteng, dass es wehtat.

«Gut gemacht, Takeo», sagte Handa San beiläufig, als er die Trillerpfeife an die Lippen führte und sein Mund kurz von seiner Faust verdeckt wurde.

Akio lächelte mit einem schiefen Grübchen in der rechten Backe und einem Funkenregen in den Augen – der Mann hatte seinen Namen nicht richtig verstanden, aber er würde ihn nicht korrigieren.

«Kaust du etwa?»

Akio erstarrte.

«Hast du ein Kaugummi im Mund?», bohrte Handa San nach.

Akio nickte.

«Spuck ihn aus. Sofort.»

Akio spuckte das Kaugummi in den Mülleimer.

«Unterhemd ausziehen.»

Akio hatte eine volle Erektion, als Handa San sich hinter ihn stellte.

«Und das», sagte Handa San zur Türklinke, der kleinen Zinkmülltonne, dem Lichtschalter, «diese horizontale Linie, die den unteren Rand seiner Brustmuskulatur markiert, ist ... das Zwerchfell.»

Akio spürte die Wärme des Zeigefingers, der seine Haut ganz leicht berührte.

Handa San zog den Jungen an sich. Seine Hand glitt mit kreisenden Bewegungen über den Stricherkörper. Doppeltes Kreisen über dem heißen Schwanz.

Er klopfte auf die Massageliege.

«Ist gut», sagte Akio.

«Hier wird nicht geredet», bellte Handa San. «Zehn Liegestütze.»

Er blies so laut in die Trillerpfeife, dass am Empfang, im Goldfischglas, im Bad, in drei weiteren schmutzigen Zimmern sowie hinten im Büro geräuschvoll Luft eingesogen wurde. «Na los, du sollst nicht mit der Matte schlafen, du sollst Liegestütze machen!»

Akio, der nur noch federleichte, seidenglatte Synthetikshorts am Leib trug, tat wie ihm geheißen.

«Anspannen! Mehr! Na los, du strengst dich nicht an!»

«Auf den Rücken. Sit-ups. Zehn.» Wieder die Trillerpfeife.

Leicht behaarte Beine auseinander, leicht behaarte Beine zusammen, leicht behaarte Beine in der Luft. Handa San betrachtete die weichen, schlanken, leicht behaarten Schenkel. Runder Hintern, sehr schmale Taille, glänzende Augen und Haare. Fast neunzehn und voller Adrenalin.

Stricherschweiß.

«Kreisen mit den Hüften!»

Strichergeruch.

«Beugen und strecken!»

Ein Stricher in seiner Macht.

«Gut, letzte Woche hast du das noch nicht gekonnt. Prima!»

Akio entdeckte eine Veränderung in der Stimme des Manns. Sie wurde weicher. Entweder würde er gleich loslegen oder gefühlsduselig werden.

Wenn man Takeo auf irgendeine Weise wie einen Ballon auf Erwachsenengröße aufblasen könnte, schwirrte es Handa San durch den Kopf, wäre er sein Traummann. Genau das wollte er, einen aufgeblasenen Jungen. Einen Riesenjungen – den perfekten Kindmann.

Für Handa San war es völlig unvorstellbar, diesen Jungen – oder einen anderen – zu ficken.

Der aufgeblasene Takeo hätte Schamhaare. Er könnte nie einen Jungen ohne Schamhaare ficken, es sei denn, sie wären abrasiert.

«Hallo», sagte Handa San lächelnd.

«Hallo», antwortete ein perfekter Kindmann.

Es war Zeit für die Anweisung, die er jedes Mal mit klopfendem Herzen schrie. Er versuchte einen kühlen Eindruck zu erwecken und sah – leicht paranoid – zum Mülleimer.

«Ab unter die Dusche!»

Der Stricher war mehr als attraktiv, er war begehrenswert und das war ihm durchaus bewusst. Er war mit einem jener trägen, verwegenen Schwänze gesegnet, die darauf bauen konnten, zu einer verblüffenden Länge anzuschwellen.

Akio fühlte sich an seine Schulzeit erinnert und ein leichter Schauer lief ihm über den Rücken. Es war noch gar nicht so lange her, dass er mit den anderen Jungs unter der Dusche gestanden hatte, während der Sportlehrer an der Tür aufpasste, dass nicht rumgealbert oder gefummelt wurde und niemand auf einem Stück Seife ausrutschte. Er spürte, wie seine einst so kostbare Jugend langsam entschwand, und war bereit sich dem Mann hinzugeben, der im Begriff stand, ihn zu berühren. Gleich. Ganz sicher.

Rötlich braune Brustwarzen wurden mit dem kleineren der beiden Handtücher abgetupft. Akios Penis, der leicht dunkler war als der Rest seines Körpers, zappelte, als er ihn fadenscheinig abtrocknete.

Sein Bilderbucharsch hatte ihm die ganze Woche über lächelnde Gesichter eingetragen. Erdnussförmige Backen, hart und kantig, gekrönt von himmlisch zarter Haut. Nur leicht behaart. Tiefe Spalte. Kein einziger Pickel. Ein Geruch nach Babyöl und hübschem, sauberem Jungen. Eher das Ideal eines Arschs als der eines lebendigen Menschen. Angenehmer für die Zunge als ein Gesicht. Einfacher. Weniger Informationen, die verdaut werden mussten. Keine herausfordernden Blicke, vor denen man sich verstecken, mit denen man spielen, die man erwidern musste. Keine hervorspringende Nase in der Mitte. Ebenmäßig. Eine einladende Spalte, ein köstliches Loch. Warm, ausdruckslos, stumm. Eine offene Projektionsfläche, leicht zu lenken. Ein Arsch zum Ficken eben.

Handa San wollte diese Lippen küssen. Er würde es tun. Ja.

«Beeilt euch, Jungs!», bellte er mit der Stimme seines alten Sportlehrers. Akio musste kichern. Er ließ das Handtuch fallen.

Handa Sans Hände legten sich um den Hals des Strichers. Akios Scheitel ruhte an Handa Sans Kinn. Bauch an Bauch, die Beine ineinander verschränkt, Lippen, die sich in einem hauchzarten, ganz und gar zögerlichen ersten Kuss begegneten.

Takeo würde himmlisch schmecken und sein Speichel auch, den er gern schlucken wollte. Takeo würde unsagbar weich sein.

Ta-ke-o – diese drei Silben waren alles, was der Mann beim Onanieren je ausgesprochen hatte.

Akios Atem roch nach künstlich aromatisiertem Kaugummi. Ananas. Auch sein Speichel schmeckte danach. Das verlieh ihm einen unerwartet jugendlichen Reiz.

Handa San streichelte dem Stricher sanft übers Haar. Es war zu einem glänzend schwarzen, perfekten Bob frisiert, der sich über der Stirn in zwei vollendete Flügel legte. So ähnlich wie Takeos Haare, bevor er sie sich abgeschnitten hatte.

Handa San legte die Wange an Akios, genau wie in den Soaps aus dem Nachmittagsprogramm. Anfangs war die Wärme schön, dann war es zu viel. Zu nah, zu heftig.

Takeos Entwicklung machte Handa San Angst. Der Körper des kleinen Jungen, den er so stark, so beweglich gemacht hatte, würde bald mit dunklen Haaren bedeckt sein. Bald würde er nur noch Fakten, Zahlen und – wahrscheinlich – Mädchen im Kopf haben. Für Handa San befand sich der Junge, der die letzten Tage der Kindheit, der Unschuld verlebte, auf dem Höhepunkt seiner Schönheit. Er wollte, dass seine zarte Jugend und seine Anmut sich bewahrten. Takeo, dachte er, war so jung, so leicht zu zerstören. Handa San fühlte sich machtlos.

Der Kuss, den er auf Akios Hals drückte, kribbelte auf der Haut. Alle vier Brustwarzen im Zimmer wurden hart. Er wünschte sich, es wäre Takeos Mund, in den er jetzt die Zunge steckte.

Sein Herz schlug so wild, dass es in seinen Ohren pochte. Für Akio schmeckte der Kuss nach Abschied.

Die rechte Hand des Manns drückte seinen Schwanz und bog ihn durch, fügte ihm Schmerz zu. (Schönes Gefühl.)

«So süß», flüsterte der Lehrer langsam und ganz, ganz leise.

Akio roch so herrlich und warm, dass er weinen musste. Er konnte es nur durch tiefes Ein- und Ausatmen unterdrücken.

Angst flatterte ihm im Bauch wie die großen, schwarzen Schmetterlinge, die zuweilen in dichten Schwärmen über Gräbern fliegen. Kopf und Lenden beider Körper pochten gleichmäßig.

«Was hast du in der nächsten Stunde, Takeo?», fragte Handa San. Er sah an dem Stricher vorbei, als würde er gar nicht existieren.

«Geschichte, Sensei.»

«Na! Dann mal ab durch die Mitte und schnell zu ... zu Geschichte!»

Handa San deutete mit einem Kopfnicken zur Tür.

Akio, der mit der Hand über Handa Sans Brust fuhr und eine steife Brustwarze spürte, fragte: «Soll ich wirklich gehen?»

Handa San nickte.

«Ich möchte für ein paar Minuten allein sein.»

«Ist gut.»

Akio schloss die Tür hinter sich. Handa San stellte sich in den Kreis, der die letzten Reste von Akios jugendlicher Hitze abstrahlte. Er sog die Wangen an, brachte einen großen Speichelklumpen auf und spuckte ihn mitten in sein Spiegelbild.

Der Mann mit dem ziemlich beeindruckenden Lebenslauf zog sich nackt aus und fuhr mit kreisenden Bewegungen über seine Brust. Sein zuckender Schwanz füllte sich mit Blut und wurde hart. Er roch seine Achselhöhlen und den Mülleimer. Seine Lenden und den Mülleimer. Er wollte, dass ein fast dreizehnjähriger Junge ihn auf die zarteste Stelle seines straffen, muskulösen Halses küsste.

«Verheiratet?», fragte er.

«Nein», antwortete er.

«Lebst du allein?»

«Ja. Ich bin nämlich eine Schwuchtel. Selbst wenn ich heirate, werde ich immer eine scheiß Schwuchtel sein. Ein Pädophiler, der sich nicht im Griff hat, ein Ephebophiler, eine perverse Sau.»

Er wusste nicht, ob er lachen oder weinen sollte. Er holte sich in weniger als einer Minute einen runter.

Es klopfte an der Tür.

«Einen Moment», rief Handa San und sah auf die Armbanduhr. Höchste Zeit zu gehen. Er musste noch Berichte schreiben.

Wäre dem Mann eine geeignete Waffe wie das größte aller Schlachtermesser in die rechte Hand geglitten, hätte er möglicherweise voll Vergnügen und aus nächster Nähe dabei zugesehen, wie

Handgelenke/Kehle/Schwanz/Bauch und andere Teile seines Körpers Stück für Stück zerstochen, aufgeschlitzt, abgetrennt und zerhackt worden wären.

Als er das Haus verließ, wirkte Handa San wie ein Mann, der in Kürze mit dem Hund Gassi geht oder um den Wassergraben joggt, der den kaiserlichen Palast umgibt.

Wohnung 7A

Luft strömte in und aus Nasenlöchern.

Der Anblick des mageren, vollendet proportionierten Körpers hatte den Zuschauermund ausgetrocknet.

Die Schatten zwischen den einzelnen Rippen wurden fasziniert wahrgenommen; alle paar Sekunden musste neu scharf gestellt werden.

Kamera, Stativ und Dunkelkammer hätten schon vor Jahren angeschafft werden sollen.

«KlickKlickKlick. Das wäre ein schönes Bild gewesen.»

Negative entwickeln, Kontaktabzüge herstellen, Fotos vergrößern – jede Körperstelle des Jungen ließe sich in beliebigem Maßstab aufblasen und als überlebensgroße Reproduktion an die Wände hängen.

Der Junge in 3D. Als Hologramm. Als virtuelles Spielzeug. Der Junge als gefühlsechte, lebensgroße Puppe.

«Mmm.»

Der Junge schien Selbstgespräche zu führen. Dann entdeckte der Zuschauer die Kopfhörer und begriff, dass er sang.

Der Zuschauer hörte im Geiste das Klicken des Auslösers und das Surren des Motors, der den Film vorspulte.

«Ooh, geil.»

Der Junge tat gerade etwas, wofür ihn seine Mutter mit drohendem Finger gerügt hätte; er sonnte sich nackt. Dann verließ er plötzlich seinen Platz und kehrte mit einer zweiten Birne zurück, von der gelegentlich Saft tropfte. Die hellen Spritzer rannen quer über seine Brust. Er rieb sie mit dem Mittelfinger der freien Hand in die Haut ein.

«Los, mach das noch mal. Aber langsam», flüsterte der Zuschauer, während eine kleine braune Flasche *Rush* aufgeschraubt wurde.

Die hohe Luftfeuchtigkeit überzog die Zuschauerhaut mit einem Schweißfilm. Die Poren öffneten sich und ließen Luft ein. Der Junge schloss die Augen, streckte sich lang aus und legte sich eine Hand unter den Kopf. Es sah aus, als würde er darauf warten, von dem Fernglas untersucht zu werden. Als wollte sein Körper damit prahlen, wie sehr er in letzter Zeit in die Höhe geschossen und wie reif er geworden war. Er aß die Birne samt Kerngehäuse und schob sich die zweite Hand unter den Kopf.

«KlickKlickKlick.»

Die Daumen des Jungen strichen entweder träge über seinen Körper oder gaben der linken Brustwarze eine gründliche, sanfte Massage. Dabei spreizte er die Beine.

«Das solltest du lieber nicht tun.» Das Fernglas wurde gesenkt. Kleidungsstücke mussten ausgezogen werden.

Das Fernglas, das nur mit einer Hand gehalten wurde, war wieder da. Den Zuschauer kribbelte es am ganzen Körper.

Während der Junge zu schlafen schien, wurden seine Genitalien inspiziert.

«KlickKlickKlick.»

Die Naht: Ein schmaler, rauer, bernsteinfarbener Wulst, der vom Anus entlang des Damms mitten über den Hodensack lief und mit der Vorhaut endete, so als wäre der Junge in zwei Hälften zerteilt und mit groben Stichen wieder zusammengeflickt worden.

Als der Junge die Augen wieder öffnete, lag etwas Lebloses darin – wie bei einem (sehr großen) toten Tier. Was würde er als Nächstes tun?

«Nicht weggehen, bitte nicht», flüsterte der Zuschauer.

Küche. Kühlschrank. Er trug wieder die schwarzen Shorts. Dann nahm er erneut die alte Position ein.

Die Coladose öffnete sich mit einer kleinen Explosion. Er legte den Mund über die Öffnung und saugte den weichen braunen Schaum ab. Sehr sexy. Die Cola rann über seinen Körper. Dann verschwand er wieder.

«Ich werde mir auf jeden Fall eine Kamera mit einem großen, langen Teleobjektiv besorgen.»

Aber der Zuschauer wusste, dass Fotografien nicht ausreichten. Der Junge ließ sich nicht durch bloße Flecken auf weißem Papier abbilden – oder besitzen.

Minuten später kehrte der Junge, der sich unter der Dusche abgekühlt hatte, zurück und rieb sich mit einem hellblauen Handtuch die Haare.

Er schlang sich das Handtuch um die Hüften, erfrischt und zu allem bereit. Der Mund des Zuschauers erstarrte zu einem O und stieß ein stummes Wolfsgeheul aus.

Fünf Minuten lang briet der Junge unter einem Film aus Schweiß und Öl. Er lag völlig reglos da.

«Tu etwas.»

Er hob den Kopf, nahm seinen Penis locker zwischen die ausgestreckten Finger und den Daumen und bewegte die Hand in irrwitzigem Tempo auf und ab. Seine Zehen verkrampften sich und die freie Hand ballte sich zur Faust, während er sich in Schwindel erregende Höhen trieb ... dann brach er plötzlich ab, wahrscheinlich aus Furcht, er könnte zerbersten. Der Paukist musste weiter auf seinen großen Einsatz warten.

«Wenn doch nur ...»

Der Junge drehte sich auf den Bauch, um seinen Rücken zu bräunen.

#8B

An Shinohara Sans Ohrläppchen hingen weder filigrane, mit Süßwasserperlen besetzte Ringe aus vergoldetem Silber noch trug sie italienische Seide um den Hals.

Nachdem ihr Mann verkündet hatte, er würde spazieren gehen

und erst in ein paar Stunden zurückkehren, hatte sie in einem Wutanfall das Wohnzimmer kurz und klein geschlagen ohne Materialien wie Stein, Holz, Lehm, Papier, Bambus oder Glas die geringste Achtung entgegenzubringen.

Die langen getrockneten Gräser, die der Lehrer aus dem Abendkurs als Modell vorgeschlagen hatte, lagen zusammen mit den Skizzen dieser Woche im Müll.

Ihr Blick wanderte über den Bürgersteig. Die Sonne schien hinab auf siebenhundertfünfzig Variationen von Grau. Wie gehabt. Es war ein langer Weg bis nach unten – lang genug für ein Haiku oder auch zwei.

Sie brauchte etwas zu trinken und beschloss sich noch ein Glas einzuschenken.

Shinohara Sans Katze Sunday Girl lag unter dem Sofa. Das schien der sicherste Ort zu sein, während die – wie sie fand – schönen, interessanten Ziergegenstände aus allen Zeitaltern von Mutter Erde auf dem Wohnzimmerfußboden zu Bruch gingen. Sie hatte diese Schmuckstücke sehr gemocht und sich immer vorgesehen, dass sie keins umstieß, wenn sie auf ihre Streifzüge ging.

«Nein, nein, nein!», hatte er gestern Abend gesagt und ein seltsamer Ausdruck war in sein Gesicht getreten. Damit war Paris erledigt gewesen. Dann hatte er ficken wollen.

Sie hatte ihm von dem Blutsturz erzählt, den sie mit neunzehn in Folge einer Abtreibung erlitten und bei dem sie über einen Liter Blut verloren hatte. Und auch von dem (verheirateten) Ladenbesitzer aus Tsukiji, der ihr die Seele aus dem Leib gefickt hatte. Schließlich hatte sie gesagt, dass sie das Weihnachtsgeschenk haben wolle, dass er ihr letztes Jahr versprochen habe: die Scheidung.

Die sechseckigen lachsrosa glasierten Kacheln, die Wände und Fußboden des Badezimmers verkleideten, strahlten. Alles war blitzblank. Der Raum war picobello bis auf den Duschvorhang, der mit Flecken übersät war. Sie zog den Vorhang zu und spuckte gegen den Spiegel.

«O Gott, aus der Tiefe meines Herzens steigt unendliches Leid empor», sagte sie zwei Oktaven höher als sonst. Sie trank noch einen Schluck und eine Träne tropfte in ihr Weinglas. Dann warf sie den Kopf zurück und fing an zu lachen. Ihre Zähne erstarrten im Spiegel zum Standbild. Sie schloss die Augen und legte sich die freie Hand auf den Bauch. Sie schluchzte mehrmals kurz und tief auf und schaukelte dabei hin und her, genau wie ihre Mutter es jeden Tag gemacht hatte.

«Ich bin unglücklich, unglücklich, unglücklich. Ich habe ein beschissenes Leben. Ich werde niemals Spaß haben.»

Sie fing wieder an zu lachen.

«Ich lächle. Schaut her, ich lächle.» Sie klang sehr müde. «Ich lache. Hört doch, ich lache. 1-2-3 ...» Dann begann sie heftig zu weinen – Wa-ha-ha, wa-ha-ha. Die Tränen liefen ihr in die Mundwinkel und sie schluckte sie hinunter.

Shinohara San sah zu, wie die Wanne voll lief, und goss eine ganze Flasche Badezusatz in den Wasserstrahl. Auf dem Wasser bildete sich cremiger Schaum. Schaumberge, Limettenduft.

«Badezeit», sagte sie tonlos zu ihrem Spiegelbild, das unter dem beschlagenen Glas nur noch als verschwommener Umriss zu erkennen war. Als sie sich vorbeugte, um mit dem Ellbogen die Wassertemperatur zu prüfen, trat ein neues Speckröllchen hervor. Sauberes, helles Fett. Sie hatte zugenommen.

Nur Kopf, Knie und Schultern guckten aus dem Wasser heraus, wie abgeschnitten und ausgestellt. Das Wasser war warm bis heiß: perfekt.

Der Wein, der neben ihr stand und sonst sanft und verlässlich ihre Sinne benebelte, schaffte es diesmal nicht, sie betrunken zu machen.

Sie trank das Glas aus und warf es gegen den Spiegel. Ein paar Scherben prallten ab und sprangen ihr entgegen. Eine verletzte sie an der linken Brust. Die Haut schob sich zurück, riss sofort auf, Blut schoss heraus und färbte das Wasser in tropischem Rosa. Sie ließ das Blut laufen.

Als die Tränen erneut in ihr hochstiegen, schloss Shinohara San die Augen und spürte, wie eine tiefe Entspannung einsetzte und sie langsam in Schlaf hinüberglitt. Die Schaumblasen platzten eine nach der anderen ... manchmal auch mehrere auf einmal.

«Ich bin neununddreißig», schrie sie an die Decke.

Ihr Gesicht verkrampfte sich, als ihr die Tränen in die Augen schossen. Sie traute sich nicht zu blinzeln. Damit keine Tränen herabtropften, riss sie die randvoll gefüllten Augen weit auf.

«Miau», miaute Sunday Girl.

Dann hörte sie den Fahrstuhl, die Tür.

«Was zum ...?»

Ihr Mann, der in den letzten drei Jahren ihren Geburtstag vergessen hatte, trat mit einem Blumenstrauß ins Badezimmer und zog aus der Brusttasche des dunkelblauen Kaschmirjacketts, das seine Frau für ihn ausgesucht hatte, zwei Flugtickets für einen fernen Ort namens Paris.

#7B

Falls mich da draußen jemand durch ein Teleskop, ein Fernglas oder eine Kamera beobachtet, wüsste ich zu gern, was er jetzt denkt, dachte Takeo.

Er bohrte die Daumen ungefähr zwei Zentimeter neben dem Loch in die Pobacken, zog sie auseinander und flüsterte «Leck mich!» ins Kissen.

Wohnung 7A

Der Anus erinnerte den Zuschauer an ein Leica-Objektiv, ein teures Gerät mit vielen Blenden.

Der Junge würde brutal mit dem Gesicht nach unten auf dem Bett landen. Die vielen Küsse würden ihm den Atem rauben.

Er würde heiß sein, verschwitzt. Dann verklebt. Zum Kampf würde es nicht kommen; der Junge würde vorher überwältigt werden.

Lust schoss in diejenigen Regionen des Zuschauerhirns, die seit langer Zeit brachlagen.

Die Zuschauerzunge würde sich in den glatten, rosa Schlitz hineinwinden. Dann würde ein Finger die Nerven in seinem Arsch mit langsamen, quälenden Bewegungen stimulieren und schließlich würde ein kreisender Daumen in ihn eindringen. Vielleicht, dachte der Zuschauer, werde ich ihn zwingen ein Kleid zu tragen.

Der Junge würde Schmerz und einen gewissen Stolz dabei empfinden, begrapscht zu werden wie ein blödes Mädchen. Seine Tränen würden ebenso wie sein Schweiß eher süß als salzig schmecken. Die Vergewaltigung mit dem Finger würde rücksichtsvoll ablaufen. Schließlich würde der Fingerfick in sanfte Bewegungen übergehen, die alle Wunden heilten. Der Zuschauer würde den schlaffen, zusammengerollten Körper in den Armen wiegen und das (vollkommen passive) tränenüberströmte Jungsgesicht streicheln.

Er sauste wie ein geölter Blitz durch die Küche und hielt sich das Handtuch vor. Seine Mutter war zurück. Sie hatte sich frische Blumen gekauft.

Selbst durch das Fernglas sahen die Blumen künstlich aus – sie kamen aus einem Geschäft, nicht aus dem Garten.

Ein leises Lächeln, dann wurde zweimal hintereinander dreimal heftig gehustet.

#9A

Das Mädchen aus dem neunten Stock war allein zu Hause und betrachtete sich im Spiegel.

Sie hatte so etwas noch nie getan und wusste, dass ihre Mutter an die Decke gehen würde. Das Ganze kam ihr ein bisschen blöd vor. Und merkwürdig. Langsam bekam sie Angst vor sich selbst. Dann war es genau richtig, oder nicht?

Sie fühlte sich großartig – vielleicht so wie ein Insekt, das aus seiner Puppenhülle schlüpft, oder eine Schlange, die sich häutet.

Sie trank noch einen Schluck, ließ die Flüssigkeit von einer Backe in die andere schwappen und schluckte runter. Dann war sie bereit ihr Werk zu vollenden.

Wie würde man einen solchen Haarschnitt nennen, überlegte sie. Ein normaler Kurzhaarschnitt war es nicht – der war nur im Nacken und an den Seiten kurz –, aber kurz war es auf alle Fälle.

Jetzt konnte sie nicht mehr das hübsche Mädchen spielen. Würde man sie in der Schule mit dieser Frisur nach Hause schicken? Sie spielte mit dem Gedanken, ihre Haare zu bleichen oder ganz abzurasieren.

Atsko sah zu, wie die Wanne voll lief, und goss eine Mischung aus Badezusatz und Haarshampoo in den Wasserstrahl. Auf dem Wasser bildete sich cremiger Schaum. Schaumberge, Erdbeer- und Mangoduft.

Das Wasser war nahezu kochend heiß: perfekt.

Sie fand es toll, sich um zwei Uhr nachmittags mit halb geschlossenen Augen ihren Tagträumen hinzugeben, obwohl sie eigentlich etwas Sinnvolles hätte tun sollen. Der Sake, der neben ihr stand, benebelte wie immer sanft und verlässlich ihre Sinne und machte sie betrunken.

Ein Gefühl von Freiheit, das sie jedes Mal überkam, wenn ihre Eltern verreist waren, durchströmte sie. Dieses Gefühl war kostbar. Es war eine Ewigkeit her, dass sie einen kleinen Sonntagsausflug gemacht hatten. Sie überlegte kurz, wie sie den Sake ersetzen sollte, den sie in sich hineingeschüttet hatte. Dann war es ihr plötzlich scheißegal.

Die Enthaarung war erfolgreich verlaufen, nur an einzelnen Stellen musste rasch mit einem *Bic* nachrasiert werden.

Ein langsames Ziehen der Klinge entfernte die ersten widerspenstigen Schamhaare. Der Vorgang wurde mehrfach wiederholt. Wie Rasen mähen, dachte sie – mit einem stumpfen Rasenmäher.

Das sorgfältige Schaben fing an sie zu langweilen und plötzlich rutschte ihr die Klinge ab. Die Haut schob sich zurück, riss sofort auf, Blut schoss heraus und färbte das Wasser in tropischem Rosa. Vielleicht gab es ein gedämpftes Zischen.

«Jungs haben es echt gut», beschwerte sich Atsko bei ihren eingeseiften Brustwarzen.

Ihr wurde bewusst, dass die Schule sie nicht nur langweilte, sondern deprimierte. Besonders die Nullen aus ihrer Klasse deprimierten sie. Anders als die hatte sie nicht vor, die Schule möglichst unauffällig hinter sich zu bringen; sie wollte herausstechen. Sie wollte nicht einfach ein Erdenbürger mehr sein, der Kinder kriegte und irgendwann starb – und schnell vergessen wurde. Sie hatte keinen festen Plan, aber eins war sicher. Es war bescheuert, in der Schule den Dummkopf zu spielen. Es machte viel mehr Spaß, durch Einsen die Erwartungen der anderen auf den Kopf zu stellen.

#8B

Auf einer Staffelei thronte eine fast fertige Stadtansicht – die Aussicht aus dem Wohnzimmerfenster. Das Bild war am Nachmittag in froher Eile gemalt worden und noch feucht.

«Ist Ihr Mann nicht zu Hause?», fragte Takeo.

«Er ist auf dem Golfplatz», antwortete Shinohara San. «Wir sind allein.»

Takeo errötete.

Der Junge fand die Atmosphäre so unkonventionell und aufregend, dass er die Flachheit des Bilds, die an Malen nach Zahlen erinnerte, übersah.

Shinohara San hatte sich für ein Porträt im Profil entschieden.

«Sieh bitte zum Fenster hinaus», sagte sie.

Die Sonne ging gerade unter und schwaches Licht drang schräg durch die leicht geöffneten Lamellen. Der Kondensstreifen eines Düsenjets, der sich durch den wolkenlosen Himmel zog, sah aus wie eine Narbe. Das Licht schien eine Aura um Takeos junges Gesicht zu legen. Ideal, dachte Shinohara San, während sie den weißen Bleistift über dem unlinierten, schwarzen, fünfzig Blatt starken Din-A4-Block schweben ließ.

«Die Augen bitte ganz stillhalten.» Sie klang zufriedener als sonst.

Takeos Blick folgte einer Linie, die zu einem Ziel führte, das ihn magisch anzuziehen schien. Im siebten Stock des Hochhauses gegenüber war eine Gestalt zu erkennen, die sich dicht und verstohlen an die Jalousie drückte.

Takeo fuhr sich mit der Hand über die stoppelige Kopfhaut.

Die kurzen Haare, dachte Shinohara San, machen ihn älter und härter. Er wird erwachsen. Der Blick der Frau verweilte auf der blauen Levi's ihres Modells, die ihm früher viel zu weit gewesen war.

Er saß mit geradem Rücken vor ihr auf dem Hocker, ließ die Hände auf den Knien ruhen und starrte blind aus dem Fenster. Das schwarze Unterhemd schlabberte unter den Achselhöhlen. Ein Schweißrinnsal bewegte sich auf den gerippten Halsausschnitt zu. Takeo kratzte kurz mit dem Daumennagel über den rinnenden Tropfen.

Ein zarter Luftstrom trug seinen Geruch in Shinohara Sans Nase. Sie genoss ihn ebenso wie den Blick, den sie von der Seite durch das Unterhemd auf seine kleine Brust hatte.

Jungs wie er, die rochen wie ein hübsches, sauberes Mädchen, wurden in Amerika regelmäßig als vermisst gemeldet.

«Hast du Hunger?»

«Jungs im Wachstum haben immer Hunger», antwortete er mit den Worten seiner Mutter.

Komische Antwort, dachte Shinohara San, aber irgendwie anziehend.

«Ich habe Kuchen gebacken», verkündete sie. «Ich schneide dir ein Stück ab, sobald wir mit der ersten Skizze fertig sind. Eine Viertelstunde noch, einverstanden?»

Er nickte lächelnd.

Seine Augen hatten noch dieselbe Farbe, dieselbe Form, aber das, was sonst dahinter gelegen hatte, war verschwunden oder hatte sich verändert. Der kleine Liebling, den sie kannte, war nicht mehr da. Ja, seine Mutter hatte Recht – er wurde erwachsen. Sie würde über der Oberlippe einen leichten Schatten zeichnen müssen.

Shinohara San nahm eine Rasierklinge und spitzte den Bleistift extra fein an.

Wolken, die aussahen wie Australien, Afrika, die Iberische

Halbinsel und der italienische Stiefelabsatz, zogen vorbei. Ein ganzer Zoo voller Formen – Gebirgskatzen, Pythons, zwei vollkommen ausgebildete Elefanten, ein Brathuhn. Natürlich sahen die Wolken genauso wenig wie Afrika oder Elefanten aus, wie Shinohara Sans Ehe jemals ideal gewesen war, aber für Takeo waren diese Himmelsgebilde wirklich und besonders. Er sah begeistert in den Himmel, während die Frau sich zum Zeichnen bereitmachte.

an army of soldiers
a band of musicians
a muster of peacocks
a bench of magistrates
a covey of grouse
a gang of

An den Rest konnte Takeo sich nicht mehr erinnern. Er konnte sich nicht konzentrieren. Verträumt ließ er die Knie zusammen- und auseinander federn. Die Gestalt am Fenster war verschwunden.

Der Junge überraschte sich dabei, wie er still das ätzende Lied mit den verzerrten Gitarrenklängen und dem hämmernden Beat vor sich hin sang. Die Melodie ging ihm nicht mehr aus dem Kopf. Die Lieder, die er am liebsten mochte, waren alle auf Englisch. Er fand das toll, wünschte sich aber, er könnte mehr verstehen als nur ab und zu ein paar Worte.

«Setz dich so hin, wie es bequem für dich ist.»

Das sollte «*Halt still!*» heißen. Shinohara San blätterte den Block um.

Takeo stützte das Kinn in die Handfläche und lehnte sich gegen den Fenstersims. Er nagte an seiner Unterlippe, bis Shinohara San ihn aufforderte damit aufzuhören, weil sie sonst zu bluten anfangen würde.

an army of soldiers
a band of musicians
a muster of peacocks
a bench of magistrates

a covey of grouse

a gang of labourers

a tuft of grass

a staff of servants

i WANT TO FUCK YOU

Takeo dachte an nichts/Handa San/nichts und dass er aus unerfindlichen Gründen immer i statt I schrieb.

Der dünne sechseckige Bleistift fühlte sich gut an zwischen Shinohara Sans Zähnen. Sie biss nicht zu, sondern ließ ihn still ruhen; nur von Zeit zu Zeit ließ sie ein wenig locker und drehte ihn exakt einmal herum, was ein Geräusch verursachte, das nur sie hören konnte.

Ihre Blicke begegneten sich für den Bruchteil einer Sekunde. Dann malte sie den ersten weißen Strich auf das schwarze Papier und sang:

«Komm, Frühling, bitte komm bald,
Das Baby fängt schon an zu laufen,
Sie hat neue rote Schuhe,
Sie möchte gern nach draußen.»

Takeo schenkte ihr ein Lächeln, das «*Tolles Lied!*» ausdrückte, und wandte den Blick wieder dem Häufchen Totalversager aus der Nachbarschaft zu, das am Ende der Straße auf einer Mauer saß und auf den Bus wartete.

Der eine, dessen hübsche schwarze Augen im Schatten seiner Baseballkappe lagen, war das Hingucken auf alle Fälle wert. Gertenschlanke Taille. Er rauchte seine Zigarette mit sichtbar fragwürdigem Genuss, aber dafür umso großspuriger.

Eine alte Frau ging steif und unbeholfen an ihnen vorbei, noch unsicher, wie sie den Stock handhaben sollte, den sie zum ersten Mal benutzte. Sie blieb stehen und sprach die Jungs an, aber sie behandelten sie wie Luft, als wäre sie eine Verrückte. Vielleicht war sie das.

Takeos Blick wanderte zum Hochhaus gegenüber. In manchen Wohnungen bekam man einen besseren Einblick als in andere. Stockwerk für Stockwerk identisch, nur durch Wände voneinander getrennt. Oft gab es gemeinsame Momente: Licht wurde ein-/ausgeschaltet, Tische wurden gedeckt, Fenster eilig geschlossen, wenn es draußen donnerte. Gleichzeitiges Leben und doch jeder für sich. Die Bewohner nahmen einander kaum wahr und ebenso wenig nahmen sie wahr, dass sie beobachtet wurden.

Wohnung 7A

Hinter der Jalousie, die stets im selben Winkel eingestellt war, wurde noch ein Schluck Pokari Sweat getrunken. Ein scharfes Augenpaar musterte den Jungen in der Ferne.

Vom Wohnzimmer aus, das die Atmosphäre einer engen Gasse verströmte, richtete sich das Fernglas auf die feinen Farbschattierungen seines Gesichts, der Lippen, der Wimpern.

Oberhalb des dichten schwarzen Urwalds unter der grauen Jeans war straffe, unbehaarte Haut zu sehen. Die Bauchmuskeln waren glatt und hart. Wenn die (überraschend starken) Arme angehoben wurden, traten vertikale und horizontale Linien hervor, die einander überkreuzten. Die Augen waren starr, magnetisiert.

Ein Richtmikrofon, das die Polizei zum Abhören verwendet, wäre jetzt schön gewesen. Hübsches Spielzeug. Der Mund, der nicht zum Lächeln geschaffen war, lächelte. Es waren beide Hände nötig, um das schwere Fernglas ohne Zittern zu halten.

Eine konzentrierte Zunge legte sich an der Oberlippe an und formte sich zu einem Bogen. Der Junge aus dem siebten war jetzt im achten.

Wie immer behinderten die mit Bedacht eingestellten Lamellen leicht die Sicht und umrahmten sein Bild oben und unten mit langweiligem Weichzeichner. Hinter dem Fernglas saßen zwei dunkle Augen, die in einem Knochendreieck steckten, das zu schmelzen schien.

In diesen Augen lag ein schwarzer Glanz, derselbe Ausdruck, den Hunde bekommen, wenn sie bumsen wollen. Augen, die nur eins im Sinn haben.

Im Zuschauermund sammelte sich Speichel. Eine schlanke, ausgemergelte Gestalt trat entschlossen ans Fenster. Der eiserne Griff, mit dem das Fernglas festgehalten wurde, strahlte rohe Körperkraft aus.

Der schöne Jungskörper wurde in gespannter Stille überwacht. Ein eindringlicher, intimer Blick.

Die Frau wusste, es war verrückt, was sie vorhatte. Aber sie wollte es trotzdem.

#8B

Als in der Wohnung im siebten Stock gegenüber die Jalousie hochgezogen wurde, sah Takeo das wunderschöne, leuchtende Farbenspiel an den Wänden.

Für einen irren Moment verlieh die Nachmittagssonne den Wänden ein karibisches Flair – strahlend blauer Himmel, strahlend blaues Meer. Alle weichen Gold- und Bernsteintöne des Sonnenuntergangs waren zu sehen.

Takeo drehte erschrocken den Kopf zur Seite, als hätte er einen Atompilz gesehen. Dann wanderte sein Blick zaghaft zurück zum Fenster. Shinohara San, die mit der Rundung seines linken Ohrs beschäftigt war, hatte nichts bemerkt.

«Sie haben das Fernglas weggenommen», sagte Takeo.

Sie hielt inne und dachte nach.

«Möchtest du's haben? Warte, ich ... un instant, s'il vous plaît.»

Takeo stand am Fenster und rieb sich mit der flachen Hand den Schenkel.

Sein Atem bildete um seinen Kopf herum einen silbernen Nebelring. Als er es bemerkte, schrieb er rückwärts seinen Namen hinein und wischte ihn dann mit der weichen, warmen Handfläche aus. Takeo musste ein bisschen lachen, als er mit der Hand über die Scheibe wischte. Die Bewegung ähnelte einem großen (und dennoch schüchternen) Begrüßungswinken.

«Da hast du es», sagte sie tonlos zu seinem verschwommenen

Spiegelbild im Fenster. «Es gehört dir. Betrachte es als Bezahlung fürs Modellstehen.»

Beide hörten, wie draußen der Fahrstuhl anhielt. Beide hörten, wie mit einem Ruck die Türen aufgingen. Koffer, Seufzen, schlurfende Schritte.

Beide hörten, wie munter die Klingel gedrückt wurde, eine elektronische Melodie, die bis in die Nachbarwohnung drang. Es wurde geseufzt und Verärgerung zum Ausdruck gebracht. Kein lächelndes Gesicht an der Tür; keine Hände, die mit dem Gepäck halfen.

Beide hörten das Warten, die Stille.

#8A

Ding-Dong machte die Klingel wieder. Ding-Dong x 3. Niemand öffnete.

Shigerus Mutter lächelte.

Vielleicht macht er ein Nickerchen, dachte sie. Ausgegangen war er nicht. Bestimmt nicht. Sie hatte gesagt, sie würden um fünf zurück sein, und es war jetzt Punkt fünf Uhr.

Shigerus Vater seufzte und schüttelte verärgert den Kopf. «Typisch.» Dann wurde mit den Schlüsseln hantiert.

Shigerus Mutter war sonnengebräunt, körperlich fit und um einige Pfunde leichter. Sie wollte vor ihrem Sohn angeben und mit der Wäsche anfangen.

Die Mutter klingelte erneut und hoffte, jeden Augenblick nackte Füße zu hören, die zur Tür liefen – vielleicht wurde ihr Sohn von einem schönen Essen aufgehalten, das anzubrennen drohte.

«So, so», sagte der Vater eines toten Sohns mit tonloser Stimme.

Der Schlüssel wurde vorsichtig ins Schloss gesteckt und leise umgedreht. Falls Shigeru schlief, wollte seine Mutter ihn mit einem Kuss aufwecken.

Der Geruch schlug ihnen sofort entgegen. Es roch faulig. Scharf und bitter-süß. Abgestanden. Ein Gestank, widerlicher als schwarze Blätter in einem Bach im Mai. Dennoch zogen sie sich erst die

Schuhe aus, bevor sie eilig die Wohnung betraten. Irgendetwas stimmte nicht.

Er öffnete die Fenster, sie ging zum Mülleimer in der Küche. Dann folgten sie gemeinsam ihren Nasen.

Das Neonlicht ging an. Pause. Lidschlag. Stille.

Das ganze Badezimmer glitzerte, als wäre es mit Silber überzogen worden. Aber das Glitzern kam von den Flügeln vieler Hundert Fliegen, die auf etwas saßen, das einmal das Gesicht ihres Sohns gewesen war.

Zwei Augenpaare strengten sich an, als müssten sie sich in einem dunklen Raum zurechtfinden.

Beider Stirn legte sich in Falten, als die starr aufgerissenen Augen etwas erblickten, das an das Baby erinnerte, das vor gut neunzehn Jahren auf die Welt gekommen war. Allerdings waren durch die Augen des Babys von damals keine Maden gekrochen.

#8B

Ein Klageschrei hallte durchs Haus.

Ein Schrei, der unermessliche Seelenqual ausdrückte. Er klang wie die Alarmanlage eines Autos, die am Feiertag anspringt: erbarmungslos.

Dem Schrei folgte Weinen. Dem Weinen folgte ein Wimmern ohne Tränen.

Shinohara San und Takeo hörten, wie die Tür von #7B aufging. Beide wussten, dass Takeos Mutter fürchtete, ihrem Sohn könnte etwas zugestoßen sein.

Die Zeit blieb stehen: Keiner der beiden rührte sich. Keiner der beiden konnte rückgängig machen, was geschehen war, denn offensichtlich war etwas geschehen.

«Bleib hier, Takeo.»

Shinohara San musste sich erst sammeln und einmal tief durchatmen, bevor sie in der Lage war, aufzustehen und die paar Schritte zur Tür zu gehen. Als sie die Nachbarwohnung erreichte, in deren offener Tür Takeos zutiefst erschütterte Mutter stand, hob der Junge das Fernglas.

Die Brustwarzen, die er sah, waren weich und rosa, so ähnlich wie die seiner Kusine, die er vor zwei Wochen kurz gesehen hatte, als ihr nach dem Sprung vom Dreier das Oberteil runtergerutscht war. So ähnlich wie die Titten auf den Magazinen, die für alle sichtbar im obersten Regal des durchgehend geöffneten 7-Eleven auslagen und auf die er regelmäßig zusteuerte. So ähnlich wie die hübschen Pastellfarben auf den Seiten 93 und 94 im Sozialkundebuch.

Als die Frau das Fernglas senkte, sah Takeo, dass ihre Augen dunkel und sehr lebendig waren. Sie strahlten. Die hellrosa Lippen und die kleinen Muskeln um ihren Mund wirkten so voll und jung. Er konnte sehen, wie sie atmete; sie atmete unendlich langsam.

Beider Atem ging gleichmäßig ein und aus.

Die Frau musste so um die ... es war schwer zu schätzen, denn ihr Gesicht verschwand sofort wieder hinter dem Fernglas.

Sie war bestimmt – so ungefähr – nicht älter als ...?

Als Takeo die Treppe runterrannte, schlug sein Herz so wild, dass es in seinen Ohren pochte.

#8A

Shigerus Vater übergab sich im Wohnzimmer in den Papierkorb.

Zu allem Unglück war es ein Weidenkorb. Der hübsche kleine Gegenstand ließ mehr vom Erbrochenen des Manns durchsickern, als er in sich hielt.

«Schöne Sauerei», sagte er und übergab sich gleich noch einmal. Er tröstete sich mit der Gewissheit, dass es nicht lange dauern würde, bis man die Überreste seines erbärmlichen Sohns in einen trostlosen, fabrikähnlichen Zweckbau schaffen würde.

Der Magen der Frau zog sich zusammen.

Sie schnappte nach Luft, stinkender Luft. Sofort bildete sich auf Stirn und Oberlippe ein dünner Schweißfilm.

Die Magensäure fing an zu blubbern und sie eilte rasch zur Toilette. Plötzlich krampfte ihr Magen sich zu einer kleinen, festen Faust zusammen und presste seinen Inhalt dorthin zurück, woher er gekommen war.

Während sie noch den Klodeckel anstarrte (und sich wünschte, sie hätte ihn trotz ihres verwesenden Sohns, der daneben lag, angehoben), schoss ihr das halb verdaute Essen aus dem Mund, landete sprudelnd im Waschbecken und floss in den Ausguss.

Ihr Mann, der Vater, sah an die Decke. Normalerweise hätte er die fette Fliege, die neben der Lüftung saß, totgeschlagen – aber sie war nicht allein. Sie hatte ihre Familie dabei und Freunde der Familie. Es waren unzählige. Sechs Schwärme vielleicht.

Der Mann dachte nur an die Unannehmlichkeiten, die der Vorfall verursachte. Er wusste nicht, ob er 110 (Polizei) oder 119 (Krankenwagen und Feuerwehr) rufen sollte. Sein Blick richtete sich bereits auf die Zukunft: Saubermachen, die Beerdigung, der Umzug an einen Ort, wo sie niemand kannte – wo niemand davon wusste. Vielleicht konnte nur die gute Luft in Tsuda ihre Nasen von diesem furchtbaren Gestank reinigen.

Nachdem ihr Magen sich – mit reichlich Galle – entleert hatte, spülte die Mutter mit Wasser nach und setzte sich zum Weinen auf den Klodeckel. Sie starrte fest in das Gesicht ihres toten Sohns und versuchte sich jeden einzelnen Ausdruck ins Gedächtnis zu rufen, den sie je darin erblickt hatte. Sie überlegte, was die letzten Worte gewesen waren, die er zu ihr gesagt hatte.

Hatte er erst «Ich liebe dich» und dann «Auf Wiedersehen» gesagt oder war es umgekehrt gewesen?

«Warum hat er das getan?», fragte der Vater eines toten Jungen sein Spiegelbild und fuhr sich mit der Hand über den kahlen Schädel.

«Ich weiß es nicht», sagte die Mutter eines toten Jungen zwei Oktaven tiefer als sonst.

Zwischen ihren Zehen steckte eine spitze Kiefernnadel. Sie war in die Haut eingedrungen. Sie zog die Knie eng an die Brust, vergrub das Gesicht in dem warmen Zwischenraum und weinte.

#7B

Die Frau mit dem Fernglas tat mit der freien Hand lauter spektakuläre Dinge.

Takeo zog das schwarze Unterhemd aus und ließ erst die alte Levi's und dann die Unterhose runter. Er hielt sich eine Hand über die Erektion. Sein langer, magerer, blasser (völlig passiver) Körper erstrahlte im Licht. Aus dieser Perspektive hätte Takeo ein großes, mageres Mädchen sein können. Dann zeigte er seine Erektion – im Profil.

Die Frau winkte ihrem kleinen Vogeljungen ausgelassen zu.

Kopf und Lenden beider Körper pochten gleichmäßig.

Als sie die feuchten Lippen ans Fenster drückte und mit kreisender Zunge über die Scheibe leckte, verspürte Takeo das Verlangen, aus seinem Schwanz zu pissen oder zu bluten. Er presste seinen Körper gegen die Fensterscheibe. Das kalte Glas fühlte sich aufregend und gefährlich an.

Meins, dachte sie, während sie die rosa Falten ihrer Schamlippen auseinander zog und die vergrößerte Klitoris freilegte. Es war eine gewaltige, provozierende Geste, die spöttisch dazu aufforderte, sie zu lecken.

Ihre Lippen bewegten sich. Sie sagte etwas. Oder sang, dachte Takeo.

an army of soldiers?

a band of musicians?

a muster of peacocks?

a bench of magistrates?

a covey of grouse?

a gang of labourers?

a tuft of grass?

a staff of servants?

i WANT TO FUCK YOU?

Durch den Schleier seiner Wimpern sah Takeo verschwommen die Lichter Tokios.

Er drückte seinen Schwanz, bog ihn, fügte ihm Schmerz zu. Winzige Blutgefäße platzten. Seine Augen waren starr auf das haarige Dreieck der Frau gerichtet, das eine Vagina bedeckte, die einst von einem kleinen Kopf bis zum Aufreißen gedehnt worden war, bevor die Hebamme die enttäuschenden Worte ausgesprochen hatte: «Es ist tot.»

Vor und zurück ging die Vorhaut, die vom vielen Reiben brannte. Er hatte keine Ahnung von der hohen Kunst des Wichsens.

Durch das Fernglas sah sie, wie sich die Augen des Jungen kurz schlossen und dann wieder öffneten – ein ekstatisches Leuchten lag darin.

Sein Körper zappelte wie eine Marionette und er spürte etwas, das er noch nie gefühlt hatte. Irgendwo in Herznähe machte sich ein rhythmisches Pochen bemerkbar – ein Zucken, als wollte sich etwas aus ihm befreien.

Als er merkte, dass es so weit war, überkam ihn panische Angst: Es war, als ob ein Insekt mit ruckhaften, drängenden Stößen seinen engen Kokon sprengt und sich mit befreiten Flügeln in die Lüfte erhebt.

«Mmm.»

Die erste weiße Ladung schoss in hohem Bogen heraus und klatschte gegen die Fensterscheibe. Ein echter, nicht einstudierter Ausdruck trat in sein Gesicht. Der erste Orgasmus.

Es war vorbei. Sein Penis fiel in sich zusammen und wurde weich wie Kitt. Das war es also, worum so viel Theater gemacht wurde. Es war ein bisschen wie Niesen.

Er hatte damit gerechnet, dass kochend heiße weiße Blitze aus seinem kleinen Mäuseschwanz herausschießen würden. Am Fenster lief ein Schleim herunter, der wie billige Handcreme aussah, und er fragte sich, ob er jetzt Blut pissen würde.

Einen Augenblick lang empfand Takeo Abscheu – das war das Zeug, das Handa San ihm in seinen Fantasien auf die Brust gespritzt hatte.

Bescheuert. Total eklig. Abartig. Die Gedanken an Handa San ließen sich offenbar auf die gleiche Weise beseitigen wie Pickel.

Ich will nicht so sein, schrie eine Stimme in seinem Inneren, die sich noch im Rausch der ersten Ejakulation befand. Ich muss nicht so sein. Lieber schneide ich mir die Pulsadern auf. Lieber will ich tot sein.

Homos, die lecken und geleckt werden wollten. Homos, die es in den Mund und in die Arschfotze haben wollten. Drecksäue. Solchen Sex wollte er nicht.

S-E-X, SEX ... Eine Vagina, warm und verschlossen wie eine Handtasche ... das wollte er. Eine Klitoris, die manchmal wie ein Knopf, manchmal wie ein Fühler aussah. Fotze. Muschi. Wenn du eine Fotze fickst, braucht du keine Angst zu haben, dass du Scheiße am Ding hast, dachte Takeo.

Als die Frau aus Wohnung 7A sah, wie die Spritzer das Fenster trafen, das so viel Himmel hereinließ, atmete sie geräuschvoll aus.

Takeo musste ein bisschen lachen, als er mit einem Socken über die Scheibe wischte und alles verschmierte. Für sie sieht es bestimmt aus wie ein großes Abschiedswinken, dachte er.

Der heiße Atem der Frau hatte um ihren Kopf herum einen silbergrauen Nebelring gebildet. Sie bemerkte es und schrieb rückwärts ihre Telefonnummer hinein. Ein spontaner Impuls.

Sie beobachtete durchs Fernglas, wie ihr junger Gespiele ins Wohnzimmer rannte, die ersten drei Stellen wählte und dann das Fernglas zur Hand nahm, um die Nummer zu überprüfen.

Er fragte sich, wie ihre Stimme klingen würde.

Was sollte er bloß sagen? Oder würde sie das Reden übernehmen? Und was, wenn sie wollte, dass er zum F... vorbeikam?

Er sah, wie die Frau in der Wohnung im siebten Stock den Hörer abnahm. Ihre Lippen bewegten sich, aber Takeo hörte nur das Besetztzeichen.

Die Frau schien zu erstarren und ließ den Blick über die Fenster schweifen, die sie in- und auswendig kannte. Bei manchen waren die Vorhänge halb zugezogen, bei anderen die Rollos immer unten. Viele hatten Jalousien, die stets im selben Winkel eingestellt waren.

Das Fernglas wanderte im Zickzack über verschwommenes Beton, bis es im obersten Stock des Hochhauses auf ein kristallklares

Bild traf: eine schlanke, ausgemergelte Gestalt, die telefonierte. Das Penthouse. War das die Person, deren Stimme sie hörte?

Da. Die alte Tunte aus #10B hielt grazil das denkbar zierlichste Opernglas in der Hand, während sie verzückt in eine Schuljungenpfeife blies. Und dort, der Vater des Kleinen aus #4B telefonierte ebenfalls, während er leise über seine Frau kicherte, die sich bemühte, eine Kamera scharf zu stellen. Der Ausländer in #6A vergnügte sich mit einem alternativen Besichtigungsprogramm. Und da, im neunten, die Rentnerin, die früher Croupier war. Sie stand hinter einem Teleskop, lüpfte ihr altes Nachthemd und wackelte mit den Hüften.

In Wohnung 7A wurde der Hörer aufgeknallt.

Als die Frau das Fernglas senkte, sah man ihr die vierundvierzig Jahre bis auf die letzte Minute an. Entsetzen lag in ihrem Gesicht, während sie die bereits verblassende Nummer eilig von hinten nach vorn auswischte. Takeo beschloss die Wiederwahltaste nicht zu drücken.

Als das Telefon erneut klingelte, war eine junge Frau oder ein Mädchen am Apparat, die ihr mit der hohen Piepsstimme einer schläfrigen kleinen Schwester einen ekelhaften Vorschlag machte. Die kleine Sprechpuppe fragte, ob die Frau vielleicht Lust auf ein paar lesbische Experimente habe.

Die Jalousie in Wohnung 7A schnappte zu.

GLOSSAR

Adon: japanisches Schwulenmagazin

Akira: japanische Zeichentrickfigur

Ame: Regen

Amylnitrit: Herzmedikament, das häufig zur Luststeigerung beim Tanzen und beim Sex angewandt wird

An-An: japanische Zeitschrift für Mädchen

Arigato: danke

Barazoku: ältester japanischer Schwulenführer, vergleichbar mit dem *Spartacus*. Sehr ausführlich und ca. 550 Seiten dick. Barazoku bedeutet wörtlich übersetzt «Rosenfamilie».

Big Issue: Londoner Obdachlosenzeitschrift

Burakumin: soziale Minderheit, die traditionell verfemte Berufe ausübte und erst 1871 den gesetzlichen Status des Bürgers erhielt. Die Burakumin sind auch heute noch Opfer von Diskriminierung.

BVD: bekannte Unterwäschemarke

Canesten: Mittel gegen Pilzinfektionen

Catalina: große amerikanische Filmproduktionsfirma, die auf Schwulenpornos spezialisiert ist

Chan: diminutives Suffix, das in der Regel nur für die Anrede von Kindern und keinesfalls von Männern verwandt wird. Schwule verwenden «chan» jedoch als Kosewort.

Channel 4: großer britischer Fernsehsender

Chaps: westliches, hosenähnliches Kleidungsstück, das die Beine bedeckt, aber Schritt und Hintern freilässt

Dazed & Confused: Londoner Trendmagazin

Dettol: antibakterielle Waschlotion

Drag King: lesbisches Pendant zu Tunte/Drag Queen, eine Frau in mehr oder weniger spektakulären Männerkleidern

Edwin: Hersteller von Jeans- und Freizeitkleidung

Fundoshi: traditionelles Baumwollkleidungsstück vergleichbar mit einem Jockstrap.

Gaijin: Ausländer

Gattan: britisches Modeversandhaus

Genki: gesund, wohlauf, vital

Gomenasai: Entschuldigung

Hai: ja

Hi-8: Camcorder von Sony

Hot Dog: japanische Zeitschrift für Jungs

HX: kostenlose amerikanische Schwulenzeitschrift

JUMP: japanische Zeitschrift für Jungs

Kimigayo: die japanische Nationalhymne

Mainichi Shimbun: überregionale Tageszeitung

Mitsukoshi: Luxuswarenhauskette

NBC: großer amerikanischer Fernsehsender

Nemeth, Christopher: britischer Modedesigner, vor allem in Japan erfolgreich

NHK: große japanische Fernseh- und Rundfunkanstalt

Nichome: größtes Schwulenviertel Asiens

0101: das Kaufhaus Marui

Ohio: Abkürzung für «Ohio gozaimasu». Guten Morgen

Okama: abfällige Bezeichnung für Homosexuelle

Old Compton Street: schwules Zentrum des Londoner Stadtteils Soho

Origami: japanische Kunst des Papierfaltens

Pokari Sweat: in Japan sehr beliebte Limonade, die als Sportgetränk beworben wird

Popeye: japanische Zeitschrift für Jungs

Poppers: s. Amylnitrit

Roppongi Crossing: achtspurige Schnellstraße

Rot: steht in der schwulen Farbenlehre für Fisten. Dunkelrot: beidhändiges Fisten

Rush: Poppersmarke

Sacha: Puppenmarke. Männliche Puppen sind besonders begehrte Sammlerobjekte

Sainsbury's: britische Supermarktkette

Seibu: Kaufhaus

Sensei: Lehrer, respektvolle Anrede

Shubunkin: Goldfischart

Simasen: Entschuldigung: Tut mir Leid

Takashimaya: Kaufhaus

Tanuki-Soba: Nudeln in Fischbouillon mit einer Teigkruste, Spinat und Fischküchlein

Tatami: Reisstrohmatte als Bodenbelag

Tearsheet: Zeitschriftenseite, die z.B. ein Model als Beleg erhält

Todai: Die Universität von Tokio. Sehr renommiert

VWE: Abkürzung für «very well endowed». Großer Schwanz

Wigstock: New Yorker Dragqueen-Festival

Yamaguchi, Herbie: japanischer Fotograf

Yoroshiku onegaishimasu: bedeutet wörtlich übersetzt «Bitte behalten Sie mich in Erinnerung». Formelle Begrüßung zwischen Menschen, die sich zum ersten Mal begegnen. Wird fast ausschließlich in beruflichen Zusammenhängen benutzt

YOUNG: japanische Zeitschrift für Jungs